W0194573

Horst Obleser
Parzival
auf der Suche nach dem Gral
Tiefenpsychologische Aspekte
der Gralslegende

Mythos
und Psyche

Horst Obleser

Parzival auf der Suche nach dem Gral

Tiefenpsychologische Aspekte der Gralslegende

Bonz.

Adolf Bonz Verlag GmbH
Leinfelden-Echterdingen

Die Deutsche Bibliothek – CIP-Einheitsaufnahme

Horst Obleser
Parzival auf der Suche nach dem Gral: Tiefenpsychologische Aspekte der
Gralslegende
Leinfelden-Echterdingen: Bonz 1997

Mythos und Psyche

ISBN 3-87089-385-0

© 1997 by Adolf Bonz Verlag GmbH, Leinfelden-Echterdingen
Druck: Gulde-Druck GmbH, Tübingen
Umschlag: Berthold Gaupp jun., Stuttgart

Inhaltsverzeichnis

Die Schreibweise der Namen und Orte orientiert sich hier an die im Reclam-Verlag erschienene Übertragung von Wolfgang Spiewok. In allen Zitaten wird die von den jeweiligen Autoren praktizierte Schreibweise eingehalten.

Vorbemerkungen

* übersetzt aus dem Altfranzösischen von Rath, Wilhelm: Das Buch vom Gral, (E. Hucher: »Le Grand Saint Graal«, Le Mans 1875, siehe Literaturangaben)

* Mönch Helinandus zit. nach Emma Jung, in »Die Graalslegende in psychologischer Sicht«, Olten 1980, S. 29. Emma Jung gibt in diesem Buch eine ausführliche Darstellung der verschiedenen Quellen und ihr historisches Auftreten bei der Entstehung der Gralslegenden.

* zit. nach Emma Jung, S. 317

Es begann in den ersten Jahren des 8. Jahrhunderts n. Chr. in einer Karfreitagsnacht. In den Wäldern des fernen Britannien hatte ein einfacher Eremit eine Vision. Niemand mehr kennt heute seinen Namen. Nur an sein eigenes Seelenheil denkend, konnte er nicht ahnen, daß er damit eine wahre Flut an Dichtung und Prosa in Bewegung setzte, die uns noch heute fasziniert und beschäftigt. Dieser Mönch berichtet, wie er von Christus selbst ein kleines, handtellergroßes Büchlein erhält, in dem vom Gral zu lesen war,* und das er auf geheimnisvolle Weise bald darauf wieder verliert. In einer Heldenfahrt, auf der er von himmlischen Kräften geleitet wird, gewinnt er es zurück. Was der Gral wirklich ist, bleibt zu diesem Zeitpunkt für Nichteingeweihte noch im Dunkeln. Erst 500 Jahre später, im Jahre 1204 schreibt der Mönch Heliandus eine Chronik nieder, aus der wir mehr über den Gral erfahren:

> Der Eremit hat selbst eine Beschreibung des Gesichts [Vision] verfaßt, welche Geschichte vom Gradale genannt wird. *Gradalis* oder *Gradale* heißt nämlich französisch eine breite und etwas vertiefte Schüssel in welcher den Reichen kostbare Speisen vorgesetzt werden, die einzelnen Stufen in verschiedenen Reihen angeordnet.*

In der mittelalterlichen Legendenbildung wurde der Gral rasch zur Schale, die Christus mit seinen Jüngern bei seinem letzten Mahl benützt hatte und die durch den Decurion Josef von Arimathia bewahrt worden war. Er war es auch, der den Leib Christi vom Kreuz genommen und in dieser Schale das Blut Christi aufgefangen hatte. Die so geheiligte Schale gab den um sie Versammelten mit ihrer nährenden und spendenden Kraft eine »unbeschreibliche Süße der Gnade, und ihre Herzen waren erfüllt davon.«* Doch nur die Gerechten und Guten konnten dies verspüren, die Ungerechten mußte ihr fernbleiben, da sie es nicht empfinden und wahrnehmen konnten.

Der Gral galt im Mittelalter, und bei manchen Forschern auch noch heute, als wirklich existierender Gegenstand. Eine Variante beschreibt eine kostbare, smaragdene Schale, die aus dem

Tempel in Jerusalem stammen sollte, und St. Greal genannt wurde. Für andere ist sie die Schüssel, aus der König Artus speiste.*

*Jung, E., S. 19

Besonders Robert de Boron hatte sich der Legenden um den Gral angenommen und sie in seiner Dichtung entwickelt, die etwa um 1180 bis 1200 entstanden sein könnte. Doch weder der berühmte Meister höfischer Epik in Frankreich, Chrétien de Troyes, noch Wolfram von Eschenbach rezipieren in ihrem Werk diese Vorarbeit, auch wenn beide den Gral ins Zentrum ihrer Erzählung rücken.

Die Gralslegende entstand aus vorchristlichen Quellen und wuchs durch die Legendenbildung im Mittelalter in gewaltigen Proportionen an, die den Sturz Luzifers ebenso umfaßten wie die Vertreibung von Adam und Eva, Salomon, die Kreuzigung Christi u. v. a. m.. Chrétien de Troyes erschloß 1180 – 1189 n. Chr. als einer der ersten die Gralslegende »Li Contes del Graal« im Sinne des höfischen Liebesideals.* Etwa 20 Jahre später (um 1200 bis 1210) übernahm Wolfram von Eschenbach (geboren etwa um 1170, gestorben nach 1210) die Legende. Dabei stimmen Handlung und Personen oft erstaunlich genau mit Chrétien de Troyes überein, auch wenn er selbst mehrfach auf eine andere Quelle für seine Geschichte verweist. Seinen eigenen Angaben zufolge diente ihm als Vorlage ein gewisser Provençale Kyot, der allerdings nie verläßlich nachgewiesen werden konnte. Er gestaltete den »Parzival« in 25000 Versen aus. In Parzival, IX. Buch, schreibt er darüber:

> Kyot, der berühmte Meister der Dichtkunst, fand in Tolédo in einer unbeachteten arabischen Handschrift die Erstfassung dieser Erzählung. Zuvor mußte er die fremde Schrift lesen lernen, allerdings ohne die Zauberkunst zu studieren. Ihm kam zustatten, daß er getauft war, sonst wäre die Erzählung bis heute unbekannt geblieben. Keine heidnische Wissenschaft reicht nämlich aus, das Wesen des Gral zu entschlüsseln und in seine Geheimnisse einzudringen. Einst lebte ein Heide mit Namen Flegetanis, der für seine Gelehrsamkeit hochberühmt war. Dieser Naturforscher stammte von Salomon ab und war aus altem israelischem Geschlecht. Seine Abstammung läßt sich zurück verfolgen bis in die Zeit vor der

* Der »Li Contes del Graal« von Chrétien de Troyes umfaßte zunächst 1600 Verse, die bald von anderen Dichtern nach seinem frühen Tod auf das Sechsfache angereichert wurden. Die Arbeit dürfte etwa um 1180 im Auftrag des verstorbenen Grafen Philip von Flandern begonnen worden sein. Ihm diente als Quelle, was er schlicht als »le livre« bezeichnete, das allerdings nie genau ermittelt werden konnte. Möglicherweise bezieht es sich jedoch auf eine alte Handschrift, die im Jahre 1875 unter dem Titel »Le Grand Saint Graal« herausgegeben wurde.

8

Menschwerdung Christi, als die Taufe unser Schutz vor dem Höllenfeuer wurde. Dieser Mann zeichnete die Geschichte des Grals auf... Der Heide Flegetanis besaß Kenntnis über die Bahnen der Sterne und ihre Umlaufzeit. Mit dem Kreislauf der Sterne ist aber das Geschick der Menschen eng verbunden. So entdeckte der Heide Flegetanis in der Konstellation der Gestirne verborgene Geheimnisse, von denen er selbst nur mit Scheu erzählte. Er erklärte, es gebe ein Ding, das »der Gral« hieße; diesen Namen las er klar und unzweideutig in den Sternen. »Eine Schar von Engeln ließ ihn auf der Erde zurück, bevor sie hoch über die Sterne empor schwebte und vielleicht, von ihrer Schuld befreit, wieder in den Himmel gelangte. Seither müssen ihn Christen mit ebenso reinem Herzen hüten. Wer zum Gral berufen wird, besitzt höchste menschliche Würde.«*

* P., IX; 453, 11

Über das Parzival-Epos wurde uns ein differenziertes psychologisches Bild des mittelalterlichen Rittertums und des Minnedienstes zugänglich gemacht. Wolfram von Eschenbach formte die Gestalten Parzival und Gawan zu Idealbildern des christlichen Ritters, um die sich das Epos rankt und deren Beziehung zu den Frauen dabei eine zentrale Bedeutung zukommt. Beide Ritter befanden sich auf der Suche nach dem Gral, wenn auch aus sehr unterschiedlichen Motiven.

Parzival ist nicht erst seit der Romantik oder Richard Wagners gleichnamiger Oper (Bühnenweihfestspiel) »Parsifal« Symbol des nach Vervollkommnung strebenden Helden, der sich vom unwissenden Jungen zum weisen Mann und Gralskönig entwickelt. Dieser Weg ist weit, erstreckt sich über viele Jahre und ist mit viel Schmerz, Schuld und Verstrickung verbunden.

Der geheimnisvolle Gral, ob als Gefäß oder Stein, faszinierte die mittelalterliche Welt, wobei die einmalige Verschmelzung von matriarchalen Mythen mit der christlichen Heilslehre den Hintergrund dafür gab. Der Inhalt des Epos sei mit wenigen Sätzen angedeutet: In märchenhafter Form wird der Gral von einem geschwächten und kranken König auf einer nur schwer erreichbaren Burg behütet. In weitem Umkreis verödetes Land umgibt die Burg des kranken König. Nur wenn ein Ritter, der sich durch seine untadelige Lebensweise und sein vortreffliches Rittertum auszeichnet, die Gralsburg findet und eine bestimmte Frage stellt, kann der König geheilt werden. Dieser Ritter ist Parzival. Doch bei seinem ersten Besuch ist er vom Anblick der Ereignisse in der Burg überfordert. Die Erlösung von Leid und Schmerz kann nicht geschehen. Ein zweiter, langer Weg mit vielen Abenteuern und Wirren muß bewältigt werden, bis König und Land geheilt sind, und Parzival der neue König und Hüter des Grals wird.

Wolfram von Eschenbach beginnt sein Epos mit der indirekt ausgesprochenen Warnung, bei seiner Dichtung sich nicht in oberflächlicher Betrachtung zu verlieren. Er schreibt: »Was suche ich aber gerade dort Beständigkeit, wo es in ihrer Natur liegt, zu verschwinden, wie die Flamme im Quell oder der Tau in der Sonne!« Mit einer Weisheit verströmenden Haltung spannt er ein psychologisches Netz vor uns auf. Mit ihm umgarnt er seine Helden, ihre Gegenspieler, spielt mit seinem Humor und seiner Selbstironie, auch wenn er sich gelegentlich in seinen Schilderungen verliert oder etwas ermüden kann. Dann wiederum kann er in feinen Worten psychische Zusammenhänge aufzeigen, die uns Respekt vor diesem Dichter und »Psychologen« des Mittelalters abverlangen.

»Ist zwîvel herzen nâchgebûr, daz muoz der sêle werden sûr« sind seine ersten Zeilen, und sogleich lassen sie das Thema aufscheinen, das Parzival über lange Zeit beschäftigen wird. Den Zweifel überwinden, zur »stæte« (Beständigkeit) gelangen und »sælde« (Seligkeit) erringen, ist ein langer Weg. Erst wenn man sich durch die Unausgegorenheit des eigenen Wesens hindurchgearbeitet hat, kann in unserem Kulturkanon dieser Zustand erreicht werden. *tumbheit*, *zwîvel* und *sælde* sind die Stationen des Gralsuchenden*, damals und heute, ob er Gachmuret oder Parzival heißt, oder ein Mensch unserer Zeit ist.

Im 13. Jahrhundert wurde die Suche nach dem Gral als Gleichnis für den nach Vollendung strebenden Ritter dargestellt. Das

* von dem Borne übersetzt die drei Begriffe mit Kindlichkeit, Zweifeln an Gott und Geistesgewißheit, S. 218

10

Gefäß, in dem das Blut Christi bzw. die Hostie aufbewahrt wurde, war ein Faszinosum. Wer diese Kostbarkeiten in seinen Besitz brachte, war der mystischen Erleuchtung gewiß. Heute haben wir zu diesen Phänomenen eine andere Beziehung und können mit solchen Vorstellungen nur noch wenig anfangen. Umso erstaunlicher ist es, daß die Gralsidee nicht nur in der Romantik des letzten Jahrhunderts so großes Interesse und Begeisterung ausgelöst hat, sondern auch zur Zeit des Nationalsozialismus dazu benützt werden konnte, viele Menschen an sich und die Staatsgewalt zu binden. Zweifellos waren es ganz andere Motive, die das Interesse an der Grallegende und ganz besonders am Gral selbst bewirkt haben.

Viele Theorien sind aufgestellt worden

- zum Ort der Gralsburg,
- zur historischen Zeit der Handlung,
- zu Vorlagen für Personen, Orte, Gebäude und Objekte (besonders Gral, Lanze, Schwert) und
- zum heutigen Verbleib der Gralsobjekte bzw. wo sie verschollen sein könnten.

So gibt es Versuche, das Vorbild der Gralsburg in Burg Wildenberg im Odenwald, der Stammburg der Grafen von Wertheim, in deren Dienste Wolfram von Eschenbachs stand, zu suchen. »Munsalwäsche«, der Name der Gralsburg, ist die direkte Übertragung von »Wildenberg«. Auch die Burg Trifels bei Annweiler wird diskutiert.* Ebenso gibt es viele Anstrengungen, den Gral oder die Loginus-Lanze, die Lanze mit der die Seite Christi am Kreuz geöffnet wurde, mit historischen Artefakten in Verbindung bringen wollen. Der Stein der deutschen Kaiserkrone gilt für einige als Vorbild für den Gralsstein.

* Spater, F.: Der Trifels – die deutsche Gralsburg, in: Kircher B.: Das Buch vom Gral, S. 313

Diese Untersuchungen, all die Betrachtungen und Spekulationen, sollen hier jedoch nicht interessieren, da hier der Schwerpunkt auf der mythischen Verdichtung liegt und ihre psychologischen Hintergründe beachtet werden. Die Gralssuche ist ohne

11

Zweifel ein archetypisches Ereignis, das sich in vielerlei Gestalt im Alltagsleben beobachten läßt. Dann heißen die Personen nicht mehr Parzival, Sigune, Jeschute, Gawan oder ähnlich, sondern es sind Hans Meier, Liese Müller, also Menschen wie wir selbst. Selten ist dieser Vorgang bewußt oder wird gar mit diesen archetypischen Prozessen in Verbindung gebracht: Wenn z. B. ein junger Mensch ganz plötzlich weiß, wohin er sich in seiner beruflichen oder persönlichen Entwicklung hinwenden will, oder wenn rasch klar zu sein scheint, mit welchem Menschen man sich partnerschaftlich zusammentun möchte, oder wenn jemand in große religiöse Zweifel fällt – es ließen sich noch viele Beispiele aufzählen –, so ist es den betroffenen Menschen selten bewußt, daß es sich um einen seelischen Vorgang handelt, der sich an bestimmten psychischen Schwellensituationen ergibt und zwingend entwickelt. Ein derartiges Erlebnis ist noch nicht mit der Gralssuche identisch, gehört jedoch zu deren archetypischen Mustern.

Die »Gralssuche« verläuft für die meisten Menschen unbewußt. So versäumen sie ein großes Erlebnis, das zwar von Schmerz, Scham, Zweifel und Unzufriedenheit begleitet ist, dafür aber den Suchenden mit seinem Dasein verbinden und identisch mit ihm machen kann. Dann ist der Zustand, den die Mystiker als Erleuchtung bezeichnen, nicht mehr fern. »Gralssuche« hat wenig damit zu tun, daß die Suchenden religiöse Interessen entfalten oder sich einer bestimmten Disziplin unterwerfen müssen. Die Bedeutung der Gralsidee verwirklicht sich in der Bereitschaft des Individuums, sich auf den Weg zumachen, der einem die eigene Bestimmung oder Berufung verdeutlicht. Der nächste Schritt ist der, diesem Ruf zu folgen, koste es, was es wolle. Hier scheiden sich die Geister, denn nur wenige, die zwar den Ruf in sich hören, sind auch bereit, ihm zu folgen. Zu groß sind die Ängste ob der möglichen Verzichte oder Opfer, die geleistet werden müßten, um mit sich und seinen Zielen in Einklang zu gelangen.

Auch wenn sich über die Jahrhunderte hinweg die kulturellen

und gesellschaftlichen Rahmenbedingungen ständig verändert haben, so ist der archetypische Gehalt der Gralssuche konstant geblieben. Die verschiedenen archetypischen Gestalten, Parzival, Gawan, Gachmuret, Herzeloyde, Anfortas, Trevrizent und wie sie alle heißen, konstellieren sich immer wieder und zu allen Zeiten. Dies geschieht weitgehend unabhängig von kulturellen und gesellschaftlichen Einflüssen. Sie sind Ausdruck von entscheidenden Lebensprozessen und Suchbewegungen. Ziel dieser Suche ist das Erreichen und Erwirken einer Harmonie, die immer wieder verloren geht und deshalb immer wieder neu gesucht werden muß. Gleichgewicht ist nicht von Dauer, sonst wäre es statisch und würde dem Tod entsprechen. Jeder Schritt, jede Bewegung auf unserem Weg verändert die Kräfteverhältnisse. So ist das Bemühen um Balance ein Ausdruck des Lebens. Darüber hinaus aber gibt es Ereignisse, die uns stärker erschüttern und uns klare Antworten und Entscheidungen abverlangen. Dann beginnt in der Regel ein Archetyp zu wirken und fordert uns zur Gänze.

In der Gralslegende finden sich besonders viele solcher archetypischer Positionen: z. B. Parzival verläßt seine Mutter; Gachmuret zieht auf Heldenfahrt; Herzeloyde versucht, ihren Sohn an sich zu binden und vor den Gefahren der Welt zu beschützen. Aber auch weniger dramatische Ereignisse, ein Wiedersehen z. B., bringen Prozesse in Gang, bei denen wir archetypische Muster beobachten können. Deshalb besitzen die Geschehnisse um Parzival für uns alle so große Bedeutung. Zudem zeigen sie noch Lösungswege auf.

Kann ich z. B. Parzival oder Gawan in mir selbst sehen? Oder kann ich, weil ich vielleicht älter bin, eine Haltung in mir beobachten, die der einer Herzeloyde oder eines Gachmuret ähnlich ist? Oder hat sich in mir und um mich herum ein Generationskonflikt konstelliert, wie er sich um den Gralskönig finden läßt? Jede Gestalt birgt in sich Antriebspotential für die Entwicklung, beinhaltet antagonistische Kräfte und wirft Spannungen auf, die beantwortet und verarbeitet sein wollen.

Das Parzival-Epos beinhaltet einen großen Reichtum an direkten und indirekten Aussagen und Symbolen, und sicherlich wird es noch viele Versuche geben, sich diesem Werk zu nähern. Es stellt sich die Frage, was Wolfram von Eschenbach wirklich wußte? Welches esoterische Wissen besaß er, um so feine Handlungsstränge und versteckte psychologische Aussagen machen zu können? Seine intuitive Verarbeitung des Stoffes von Chrétien de Troyes – ich gehe von der Annahme aus, daß dies die Vorlage für seine Dichtung war – zeichnet sich durch eine große Stimmigkeit in den beschriebenen Biographien aus und durch die Art, wie er die Handlung ausgestaltet und formuliert hat.

Aus der Fülle der Gralsinterpretationen, die in den letzten hundert Jahren geschrieben worden sind und die in den verschiedensten wissenschaftlichen Disziplinen erfolgten, eröffnen sich immer wieder neue Facetten und Betrachtungsweisen. Und immer wieder ist es verblüffend, als wie vielfältig, reichhaltig und tiefgründig sich die Dichtung Wolframs erweist.

Vor 800 Jahren hat Wolfram von Eschenbach das Parzival-Epos aus einem Menschenbild heraus gedichtet, das über lange Zeit zukunftsweisend geblieben ist. Er hat die Handlung der Dichtung auf eine Weise abgeschlossen, die psychologisch weit über den Bewußtseinsstand seiner Zeit hinaus reichte. Sein auf Toleranz ausgerichtetes Menschenbild, seine undogmatischen religiösen Anschauungen und sein Humor ermutigten das Publikum zu einer unorthodoxen Lebensanschauung und zeigten ihnen indirekt den Weg, an die eigene Berufung zu glauben. Auch wenn es, nach seinen Worten, dazu der Gnade Gottes bedraf, benötigt es doch die unentwegte eigene Anstrengung, um den Gral zu erringen.

Viele Gründe haben dazu beigetragen, das Parzival-Epos zu einem bedeutenden Dokument unserer Kulturgeschichte werden zu lassen. Allein 75 vollständige Handschriften und viele Bruchstücke zeugen davon, wie sehr dieses Werk auf seine Zeit einwirkte. Dies ist überraschend, wenn man die schwere Lesbarkeit berücksichtigt. Wolframs Sprache ist »ihrem Wesen nach bizarr, außergewöhnlich seltsam. Sie erschließt dem Leser des Originals ihren spröden Reiz nur bei angestrengt-einfühlsamer, hellwacher, assoziationsbereiter Lektüre, doch hat man erst einmal den ästhetischen Reiz dieser hintergründig-humorigen, bisweilen spitz-ironischen oder gar saftig-derben Schnörkel entdeckt, so wird man diesem eigenartigsten der deutschen Epiker des Mittelalters mehr freund.«*

* Spiewok: Nachwort zu Wolfram von Eschenbach: »Parzival«, übersetzt von Spiewok W., Stuttgart 1981, S. 674

In den rund 25000 Versen steckt eine Menge sprachlicher Bilder mit einer vielfältigen Symbolik und einer dichten Problemfülle. Da die meisten höfischen Zeitgenossen Wolfram von Eschenbachs weder lesen noch schreiben konnten, mußte ihnen dieses dichterische Werk mit gekonnter Rede vorgetragen und gelegentlich auch vorgesungen werden. Die detailgenaue Schilderung höfischen Lebens und der hintergründige Humor dürften es den Zuhörern leichtgemacht haben, diesen sich über viele Abende erstreckenden Darbietungen zu lauschen. Mit großem Geschick sind die krisenhaften Zustände des Ritter- und Königtums ebenso erfaßt wie die religiös-spirituelle Krise des dreizehnten Jahrhunderts. Walter von der Vogelweide beschreibt diese Zeit: »Treulosigkeit lauert im Hinterhalt, Gewalttätigkeit treibt Straßenraub; Frieden und Recht sind todwund.«* Alle deutschen Kaiser haben Schwierigkeiten im Umgang mit den Krisen politischer und religiöser Art und dem weithin in Erscheinung tretenden blutigen Fehdewesen. Während Kaiser Friedrich II. sich mit seinen Interessen nach Sizilien und Italien zurückzieht, strebt Papst Innozenz III. nach der Weltherrschaft (beide sind Zeitgenossen Wolfram von Eschenbachs). Die schärfer werdenden Widersprüche zwischen der Lehre der Kirche und ihrer gelebten Realität führen zu einer Laienbewegung mit urchristlichen Idealen, die versucht, den Weg zu Gott und seinen Lehren ohne die Vermittlerrolle der Kirche und des Priestertums zu suchen. Zahllos sind die religiösen Sekten dieser Zeit, wobei besonders die asketisch-mythischen Katharer und andere mehr bibelgläubige und kirchenfeindliche Gruppen (Waldenser) die kirchliche Hierarchie und ihr Lehrgebäude bedrohen.

* Walther von der Vogelweide, zit nach Spiewok, Bd. II, S. 680

Was sich ebenfalls im Parzivalepos widerspiegelt, ist das neue und tolerante Verhältnis abendländischer Feudalherren zu morgenländischen Fürsten, was durchaus nicht im Sinne der Kirche war, die zu dieser Zeit – und die folgenden Jahrhunderte – noch sehr mit der Verdammung der Heiden beschäftigt war und außerdem die Hochkultur der als bösartig und unkultiviert angesehenen Heiden verleugnete.

Wolfram von Eschenbach gelingt es, die zahlreichen Figuren seines Epos und viele fast märchenhafte Motive zur Vision eines Toleranzdenkens zu verbinden. Er rückt in einer adeligen Gesellschaft Abend- und Morgenland zusammen, und läßt diese sich, gelöst von kirchlichen Dogmen, zu einer Gemeinschaft entwickeln. In der Vorstellung vom Gral erübrigt sich der Anspruch der Kirche, der alleinige Mittler zwischen Menschheit und Gott zu sein. Die wichtigsten Werte sind dabei Toleranz und gegenseitige Achtung. Frei von kirchlichen Einflüssen bildet in seiner Schilderung die Gralsgemeinschaft die ideale Gesellschaft. Nicht in der asketischen Weltverneinung ist das Heil zu sehen. Sein Anliegen ist das sinnvolle gesellschaftsbezogene Wirken im Dienste und Auftrag Gottes.* Wolfram gab seinem Werk eine tiefe geistige Dimension und unterschied sich in der darin enthaltenen Moral radikal von anderen Versionen der Gralslegende. Für ihn war die keusche Ehe und die Erfüllung der weltlichen Pflichten ein wichtiges Anliegen und nicht asketische Enthaltung und Rückzug aus der Welt.

* Spiewok, W., Bd. II, S. 702

Die Zeitlosigkeit des Heldenweges, den Parzival gehen muß, macht diese Dichtung und die dahinter liegenden Mythen auch heute noch interessant. Durch die große persönliche Betroffenheit, mit der Parzival sich zu seiner Berufung zum Gral durcharbeitet, seine starke Empfänglichkeit für Empfindungen und Bilder, die tiefen Zweifel, aber auch der Mut, den Weg zu suchen, lassen eine große Nähe zu ihm entstehen. Dies wird auch der Grund sein, warum gerade die Gralslegende für Menschen, die sich mit Schmerz und Leid abquälen müssen, so trostreich wirken kann. Der Mythenforscher Campbell schreibt: »Immer hatten Mythen und Riten vor allem die Funktion, die Symbole zu liefern, die den Menschen vorwärtstragen, und den anderen, ebenso konstanten Phantasiebildern entgegenzuwirken, die ihn an die Vergangenheit ketten wollen. Es ist durchaus möglich, daß die große Häufigkeit der Neurosen in unserer Kultur ihren Grund im Verfall jener mythologischen Instanzen hat, die dem Individuum wirksam den Rücken stärkten.«*

* Campbell, J., S. 20

Auch vielen Menschen, die psychotherapeutische Hilfe in Anspruch nehmen, ihre Heldenreise noch nicht angetreten haben, sondern erst damit beschäftigt sind, auf elementare Weise ihre Welt so in Ordnung zu bringen, um den Weg ins Leben überhaupt in einer für sie akzeptablen Weise antreten zu können, bringen die Märchen und Mythen oft entscheidende Anstöße.

Der nachfolgende Aufbau berücksichtigt, so weit das zu verantworten war, die möglichst detailgenaue Erzählung entlang des Parzival-Epos. Dabei wurde als Ausgangspunkt die bei Reclam erschienene Übersetzung von Wolfgang Spiewok gewählt, da sie in ihrer Prosaform die größte Textnähe zum »Parzival« des Wolfram von Eschenbachs zu gewährleisten scheint. Andere Varianten der Gralslegende wurden nur ausnahmsweise verwandt und sind jeweils gesondert angegeben.

Unter diesen Gesichtspunkten wird die Gralslegende, wie sie Wolfram von Eschenbach dargestellt hat, unter tiefenpsychologischen Aspekten bearbeitet, wobei die Gestalt Parzivals im Mittelpunkt stehen wird. Der erste Teil enthält in sehr geraffter Form die Gralserzählung. Nach den einzelnen Episoden der Gralslegende folgen jeweils die tiefenpsychologische Betrachtungen, wobei der Schwerpunkt auf einzelnen Personen oder Handlungen liegt. Im zweiten Teil, der die Kenntnis der Gralserzählung voraussetzt, erfolgt die umfassende Betrachtung besonderer Szenen, bei denen die Suche nach dem Gral den Abschluß bildet.

17

I. Teil
Vom Dümmling
zum Gralskönig

Der Tölpel

In einem fern abgelegenen Wald wuchs Parzival auf dem Gut seiner Mutter auf. Mit seinem Klepper war der etwa 18jährige Junge, bewaffnet mit Pfeil und Bogen und seinem Wurfspieß, auf die Jagd geritten, als er in der Nähe den Klang von Hufschlägen vernahm. Den Jagdspeer in seiner Hand wiegend, sprach er übermütig: »Wollte doch der Teufel in zornigem Grimm herbeikommen, ich würde es mit ihm aufnehmen.« Da sah der kampfbegierige Bursche drei Reiter galoppieren, die von Kopf bis Fuß gewappnet waren. In seiner Einfalt hielt der Knabe die drei für göttliche Gestalten. Mitten auf dem Weg warf er sich auf die Knie und rief laut: »Hilf mir, Gott, denn du kannst Hilfe bringen!«*

* P., III

Der vorderste Reiter ritt ein prächtiges Pferd, die ganze Kleidung war voller Glanz, und der Saum des Waffenrocks streifte das taufunkelnde Gras. Seine Steigbügel waren mit klingenden Goldglöckchen verziert, und wenn er den rechten Arm bewegte, erklangen ebenfalls Glöckchen. Dem Jüngling aber erschien er wie ein Gott, denn seine Mutter, die Königin Herzeloyde, hatte Gott als Lichtgestalt beschrieben. Er rief deshalb immer wieder laut: »Hilf mir, hilfreicher Gott!« und warf sich immer wieder anbetend auf die Knie.

»Ich bin nicht Gott, doch seine Gebote erfülle ich gerne. Wir sind Ritter.« entgegnete der Fürst in der prachtvollen Rüstung. Da fragte der Knabe: »Du sprichst von Rittern. Was ist das? Hast du nicht die Stärke Gottes, dann sage mir, wer die Ritterwürde verleiht.«

Als die Ritter ihm erzählten, daß dies bei König Artus geschehe und sie den Jüngling genauer betrachteten, mußten sie erkennen, daß Gott an ihm ein wahres Wunderwerk vollbracht hatte. Seit Adams Zeiten, so schreibt Wolfram von Eschenbach, habe es keinen schöneren Mann gegeben. Später war sein Lobpreis in aller Frauen Munde.

Der Knabe bestaunte und betastete die Eisenteile der Rüstung und betrachtete den Kettenpanzer. Schließlich wurden die übrigen Ritter ärgerlich, daß sich ihr Herr solange bei dem närrischen Knaben aufhielt. Und bevor sie weiterritten, sprach der Fürst: »Gott schütze dich! Ach, wäre ich doch so schön wie du! Gott hätte dich vollkommen geschaffen, wenn du auch mit Verstand zu leben wüßtest. Seine Allmacht halte alles Unheil von dir fern!«

Von Stund an war es dem Jungen gleichgültig, wer die kleinen und großen Hirsche erlegte. Er lief zu seiner Mutter und erzählte ihr sein Erlebnis. Bei seinen Worten erschrak sie sehr. Sie sank nieder und lag ohnmächtig vor ihm. Als sie wieder bei Sinnen war, suchte sie vergeblich nach einem klugen Einfall, um den Knaben davon abzuhalten, nach Ritterehre zu streben. Sie überlegte: »Die Menschen sind mit Spott schnell bei der Hand. Mein Kind soll seine herrliche Gestalt in Narrenkleider hüllen. Wird er dann gezaust und verprügelt, findet er sicher zu mir zurück.«

Aus grobem Sackleinen schnitt sie ihm Hemd und Hose zurecht, die seine nackten Beine jedoch nur bis zur Hälfte bedeckten. Seine Füße steckte sie in Bauernstiefel aus ungegerbter Kalbshaut. Als er wie ein Narr gekleidet war, sprach sie zum Abschied: »Du sollst nicht davon ziehen, ohne von mir einige gute Ratschläge zu erhalten. Ziehst du auf ungebahnten Wegen, so meide dunkle Furten; seichte und klare Furten kannst du ohne weiteres durchschreiten. Zeige dich höflich und grüße alle Menschen, denen du begegnest. Hält dich ein alter, erfahrener Mann zu gutem Benehmen an, dann folge willig seiner Lehre und zürne ihm nicht. Kannst du von einer edlen Frau Ring und freundlichen Gruß erringen, so greife zu, denn es vertreibt alle trüben Gedanken. Zögere nicht beim Küssen und schließe sie fest in die Arme. Wenn sie keusch und rechtschaffen ist, erlangst du Glück und edlen Sinn.

Ferner sollst du erfahren, mein Sohn, daß der stolze, kühne Lähelin deinen Fürsten zwei Reiche – Valois und Norgals – entrissen hat, die eigentlich dir untertan sein sollten. Einen deiner Fürsten, Turkentals, hat er getötet, deine Untertanen ließ er erschlagen oder in die Gefangenschaft führen.«

Der Knabe versprach der Mutter, es ihm heimzuzahlen. Früh bei Tagesanbruch verließ er die Mutter, die ihn küßte und ihm noch ein Stück nachlief. Als sie den Sohn, der frohgemut davonritt, nicht mehr sehen konnte, sank die Königin zu Boden und starb vor Schmerz.

Parzival, der in der Erzählungs Wolfram von Eschenbachs erst am Ende des 2. Buch zur zentralen Gestalt wird, tritt uns als Dümmling gegenüber, wie er aus vielen unserer Märchen bekannt ist. Das zugrunde liegende Schema sieht vor, daß mit dem Tölpel zunächst nicht viel anzufangen ist. In manchen Geschichten benötigen solche Figuren jahrelang, bis sie zu ihrer Aufgabe finden. Entweder weil sie zunächst antriebslos sind und als ausgesprochene Nesthocker angesehen werden müssen, oder weil ihre Umgebung ihnen nichts zutraut. Häufig sind es die jüngsten Söhne, die verträumt im Schatten ihrer größeren Brüder verbleiben und erst durch deren Versagen zu ihrer Chance kommen, oder sie werden fast gewaltsam – meist von ihrem Vater – daran gehindert, als gleichwertig wie ihre Brüder angesehen zu werden. Dabei ist es gerade der jüngste und dümmste Sohn, der die Heldenaufgabe als einziger zu lösen vermag.

Die seltsame Weltfremdheit des jungen Parzival läßt sich leicht verstehen, wenn wir das Schicksal seiner Eltern betrachten. Seine Mutter, Herzeloyde, war bereits zweimal Witwe geworden: Der erste Mann starb noch am Hochzeitstag bevor die Ehe vollzogen war; ihr zweiter Mann, Gachmuret, war, während Herzeloyde mit Parzival schwanger war, einem orientalischen Fürsten zu Hilfe geeilt und im Orient gefallen. Sie hatte sich nur kurz über die Geburt ihres Sohnes freuen können, danach überwältigte sie der Schmerz, und es regneten Tränen auf das Neugebo-

Tarotkarte

21

rene nieder. Es ist, als wollte Wolfram schon an dieser Stelle zeigen, wie früh Freude und Schmerz als die häufigsten Gefühle im menschlichen Spektrum in die Psyche eingeprägt werden. Es entspricht ganz der Beobachtung im klinischen Alltag, wie schutzlos eine Depression der Mutter das Kind trifft und tiefe, schwerwiegende Folgen in der späteren Entwicklung zeitigt. Dabei kann es nicht darum gehen, es einer Mutter zu verübeln, wenn sie Schmerz, Trauer oder andere depressive Gefühle verarbeiten muß. Hier soll nur darauf hingewiesen werden, daß wir später bei Parzival, wie bei anderen Kindern mit ähnlichen Erfahrungen, die Konsequenzen dieser Auslieferung an das mütterliche Gefühl wieder finden. Parzival wird sich mit depressiven Gefühlen abquälen müssen, deren Ursache nur schwer faßbar sein werden, die aber in seiner Beziehung zu seiner frühen Mutter begründet sind.

Aus Angst, sie könnte ihren geliebten Sohn auf die gleiche Weise wie ihren zweiten Gatten verlieren, hatte sie versucht, fernab aller Gesellschaft und höfischen Verpflichtungen im Wald Soltane ihr Kind großzuziehen. Dies war ihr gelungen bis zu dem Moment, als die vier Ritter in Parzivals Leben einbrachen und den Jüngling mit der Idee des Rittertums in Berührung brachten.

In diesem Teil der Biographie Parzivals fallen mehrere Aspekte besonders ins Auge: Die Mutter lebt abgeschieden im Wald, und Parzival wächst vaterlos auf. Beide Umstände werden sich in prägender Weise auf ihn auswirken und bedeutende Spuren in ihm hinterlassen bzw. eine bestimmte Ausrichtung in ihm bewirken. Der Wald steht als Symbol für einen wenig bewußten und naturnahen Zustand, der von außen noch recht unstrukturiert erscheint. Er ist der Ort der Finsternis und unbekannter Gefahren, voller Geheimnisse und verborgener Kräfte. Im Falle Parzivals können wir hier von unentwickelten Kräften sprechen und darin auch das festhaltende Prinzip des Mütterlichen erkennen. Es muß auch angenommen werden, daß Parzivals Mutter den Ort, an dem sie ihren Sohn aufwachsen lassen wollte, mit Bedacht gewählt hat. Nur in der Abgeschiedenheit eines Ortes, von der Zivilisation kaum berührt, konnte sie die Bedingungen finden, um ihren Sohn möglichst lange – in ihrer Phantasie vielleicht für immer – bei sich zu behalten. Zunächst ist ein solcher Wunsch natürlich und entspricht ganz dem mütterlichen Beschützerinstinkt. Schwierig wird ein solches Verhalten erst, wenn eine Mutter nicht rechtzeitig erkennt, wann sie ihr Kind loslassen und in die Welt entlassen muß.

Da dies kein abrupter Vorgang ist sondern allmählich stattfindet, ermöglicht er es den Eltern und dem Kind, sich in diese Phase hinein zu entwickeln. Schon Kleinkinder »arbeiten« an ihrer Autonomie und haben dabei viel Angst zu bewältigen. Das bekannte »Fremdeln« ist bereits eine erste Folge der eigenen, nach außen gerichteten Impulse, denen sich das Kind nicht problemlos überlassen kann. Zu groß ist der Widerspruch zwischen den Bedürfnissen nach sicherer Geborgenheit an der Mutter und dem Drang, sich für die neue Umwelt zu interessieren. Die Kontakte mit der Umwelt gehören unbedingt dazu, um die Dyade* zur Mutter allmählich zu lösen. Deshalb ist die Anwesenheit eines Vaters oder einer anderen dritten Person, die andere Qualitäten, andere Haltungen und neue Bindungsmöglichkeiten beinhaltet, im Leben des Kindes so wichtig. Ein psychisch gesundes Kind wird im Lauf seiner Entwicklung immer wieder gefordert, die Beziehung zur Mutter mehr und mehr zu lockern, um sich schließlich nach den erworbenen Erfahrungen dem Leben zu stellen und das Elternhaus zu verlassen.

Bei Parzival läßt sich sein zunehmender Drang nach Selbständigkeit deutlich erkennen: Schon vor der Begegnung mit den Rittern jagt er gerne im Wald und zeigt sich dabei durchaus abenteuerlustig, wenn sein bevorzugtes Jagdwild die Hirsche sind. Dies bedarf eines gehörigen Maß an Geschicklichkeit, Geduld und Ausdauer. Er besitzt also durchaus einige wichtige Fähigkeiten und ist nicht nur das verschlafene Bürschlein, das sich zu Hause von der Mutter verwöhnen läßt und all die Liebe bekommt, die er nicht mit einem väterlichen Rivalen teilen muß.

* Zweierbeziehung zur Mutter

23

Zur Persönlichkeit Parzivals müssen wir noch etwas Wichtiges zum Verständnis seiner Kindheit nachtragen. Wolfram von Eschenbach schreibt:

*»Mit eigener Hand schnitzte er sich Bogen und Pfeile und erlegte auf der Pirsch viele Vögel. Hatte er aber einen Vogel erlegt, der zuvor mit lautem Schall gesungen hatte, dann weinte er und raufte sich in Verzweiflung die Haare. Er selbst war schön und wohlgestaltet. Jeden Morgen wusch er sich am Bach auf der Wiese. Kummer kannte er nicht, wäre nicht der Gesang der Vögel gewesen, dessen Süße ihm seltsam tief ins Herz drang, so daß sich seine kindliche Brust voll Sehnsucht weitete. Dann lief er bitterlich weinend zur Königin. Sie fragte: ›Wer hat dir etwas getan? Du warst doch nur draußen auf der Wiese.‹ Er konnte jedoch nicht erklären, wie es bei den Kinder häufig ist.«** *P., III; 118, 12–22

Von hier aus wird in einer weiteren Stelle die Perspektive Herzeloydes geschildert, in der die Angst der Mutter besonders deutlich wird und an die Tötung der einjährigen Knaben durch Herodes denken läßt:

»Die Königin ging dem lange nach, bis sie ihn eines Tages zu den Gipfeln der Bäume hinaufstarren und dem Vogelsang lauschen sah. Sie bemerkte wohl, daß sich die Brust ihres Kindes bei dem Gesang sehnsuchtsvoll weitete, bezwungen von angestammter Wesensart und kindlichem Lebensdrang. Ohne recht zu wissen warum, richtete Frau Herzeloyde ihren Haß auf die Vögel und wollte ihren Gesang zum Verstummen bringen. Sie befahl ihren Ackerleuten und Knechten alle Vögel zu fangen und zu töten. Doch die Vögel waren flinker als die Häscher, so daß einige dem Tode entgingen und am Leben blieben; sie sangen nur umso fröhlicher.

Da sprach der Knabe zur Königin: ›Was wirft man den Vögeln vor?‹, und er verlangte, daß man sie auf der Stelle in Frieden ließe. Seine Mutter küßte ihn auf den Mund und rief: ›Warum nur breche ich das Gebot des höchsten Gottes? Sollen die Vögel um mei-

* »ôwê, muoter, waz ist got?«, P., III; 119, 18

* P., III; 119, 23–120, zit. nach Spiewok

*nen Willen auf ihren frohen Gesang verzichten?‹ Der Knabe aber fragte sogleich die Mutter: ›Ei, Mutter, was ist das, Gott?‹**

*›Ich will ihn dir genau beschreiben, mein Sohn. Er hat sich entschlossen, Menschengestalt anzunehmen, und ist strahlender noch als der helle Tag. Merke dir eine Lehre, mein Sohn: Solltest du je in Not geraten, so flehe ihn um Beistand an, denn er hat der Menschheit in seiner Treue noch stets geholfen. Ein anderer heißt Höllenfürst. Der ist schwarz und voll Untreu. Vor ihm und vor zweifelndem Schwanken mußt du dich hüten!‹ So erklärte seine Mutter ihm den Unterschied zwischen Dunkelheit und Licht. Danach sprang er schnell davon.«**

An dieser Episode wird zum einen deutlich, daß die Mutter zwar um ihr ängstliches und eifersüchtiges Verhalten weiß, aber auch, wie tief die Angst in ihr verankert ist, diesen Jungen an die Welt zu verlieren. Zum anderen zeigt sich, wie sehr Parzival, weich und sensibel, für die Natur und ihre Geschöpfe offen ist, obwohl er gleichzeitig zu ihrem Jäger oder zum Begrenzer ihrer Freiheit wird. Dieser hier enthaltene Widerspruch wird sich noch lange Zeit durch sein Wesen und seine Handlungen ziehen. Neben seinem schon früh spürbaren Heldenmut und seinem starken Drang nach Aktivität klingt im Umgang mit den in ihrer Freiheit beschnittenen Vögeln die empfängliche und erlebnisbereite Seite seiner Psyche an. Dabei scheinen die Vögel hier in ganz besonderer Weise zu einem Symbol geworden zu sein, in dem sich seine ganze Sehnsucht nach Freiheit und Überwindung der beengenden Grenzen ausdrückt; Grenzen, die aber nicht nur in der Persönlichkeit und dem besonderen Arrangement seines kindlichen Umfelds zu sehen sind, sondern Grenzen, die sich in der Körperlichkeit des Menschen manifestieren und verlangen, transzendiert zu werden. Doch bis Parzival hierzu in der Lage sein wird, muß er in vielen Auseinandersetzungen diese Grenzen erst erfahren.

Wenn Parzival sich ambivalent den Vögeln gegenüber verhält, so spiegelt sich darin der Widerstreit der in ihm aktivierten archetypischen Positionen: Der Vogel selbst ist ein Symbol der Transzendenz. Er kann zum Himmel aufsteigen und ist in vielen Mythen unterschiedlichster Kulturen das Sprachrohr Gottes. Es scheint, als spüre der Knabe auf einer vorbewußten Stufe, welche Möglichkeiten dem menschlichen Geist gegeben sind, wenn es ihm möglich ist, sich den unterschiedlichen Grenzen seines Körpers, seiner Seele und seines Geistes zu stellen und sie vielleicht zu gegebener Zeit zu überwinden.

In Parzivals Umgang mit den Vögeln bildet sich so etwas wie eine erste Präfiguration seines Umgangs mit den Frauen, denen er immer wieder Schmerz zufügt, um dann doch wieder bereit zu sein, alles zu tun, um diesen Schmerz oder das von ihm verursachte Leid wieder gut zu machen.

Die seltsame und für den Jüngling emotional kaum zu bewältigende Reaktion auf die Begegnung mit den lichtgestaltigen Rittern ist in der Haltung seiner Mutter begründet, die ihn zwar mit den zu dieser Zeit durchaus üblichen Gottes- und Teufelsvorstellungen bekannt macht, ihn aber gleichzeitig damit überfordert. Dies läßt sich schon daraus erkennen, daß Parzival sogleich von der Mutter wegrennt, als diese ihm ihre Erläuterungen auf seine Frage »Was ist Gott?« gibt. So nur ist es verständlich, daß sich in ihm die von der Mutter angebotene Gottesvorstellung über die Erscheinung der Ritter stülpt. Da er zunächst im Wald beim Klang der fremden Hufe an den Teufel denkt und sich ihm als Held entgegenstellen will, muß er sich eigentlich beim Anblick der lichtvollen Ritter in den Himmel versetzt gefühlt haben. Bei Chrétien de Troyes finden wir diese Stelle etwas verständlicher, da Parzival dort ruft: »Ach, Herr, Gott, erbarmen! Das sind Engel, die ich hier sehe! Wahrlich, nun habe ich schwer gesündigt, nun habe ich gar schlecht gehandelt, da ich sagte, es seien Teufel; und meine Mutter erzählte mir keine Lügen, als sie mir sagte, die Engel seien die schönsten Wesen der Welt außer Gott, der schöner ist als alle... Und das sagte meine Mutter selbst, daß man an Gott glaubt, ihn anbeten und kniefällig ehren müsse; ich werde diesen Anbeten und alle anderen mit

* zit. nach Sandkühler, K., Stuttgart
1983, S. 9–10

ihm.«* Seine Bitte um Vergebung für seine Sünde ist in der Ver-
wechslung von Gott und Ritter begründet. Anschaulicher läßt
sich der naive unbewußte Zustand kaum darstellen. Ein weiter
Weg liegt noch vor ihm, diese Verwirrung zu lösen und eine Integration beider darin verkörperten Kräfte zu erreichen.

Zweifellos wirkt die Begegnung mit den Rittern für Parzival wie
ein tief eingreifendes Initiationserlebnis, das zuerst das Ende
seiner Kindheit, aber auch die Berufung zu einem neuen Entwicklungsabschnitt bedeutet. Bei Chrétien de Troyes bricht die
Mutter tot auf einer Brücke vor dem Haus zusammen. Hierbei
symbolisiert sich ganz besonders der Übergang von einem Bereich in einen anderen: Sie kann dem Sohn in die neue Welt
nicht folgen, sie muß zurückbleiben und ihn seinen eigenen Gesetzen überlassen.

Die Frage »ôwê, muoter, waz ist got?« (Ei, Mutter, was ist das,
Gott?«) wird für Parzival zur Schicksalsfrage. In diesem Dialog
mit seiner Mutter bricht das frühe Interesse des Jungen an den
spirituellen Fragen auf. Die Mutter kann ihm aber nur antworten mit dem Verweis auf die Treue Gottes, *sîn truiwe*, die stets
hilft. Ihr Gottesbegriff und -verständnis ist zu sehr von den Traditionen ihrer Zeit bestimmt, als daß sie ihm hätte differenzierter antworten können. Doch Parzival ist ein Spätentwickler und
bringt als solcher eine wichtige Voraussetzung für eine erweiter-
te und vertiefte Innerlichkeit mit, während seine Fähigkeiten,
die äußere Welt zu verstehen und zu erkennen, sich sehr viel
langsamer entwickeln. In ihm arbeiten solche Gedanken weiter,
und er wird seinen Gott suchen, der für ihn zunächst nur die Gestalt einer Elternpersönlichkeit haben kann. Vorerst ruht er
ganz im Gottesbild, das ihm die Mutter übermittelt, wie sie es
selbst erlebt. Dabei läßt sich leicht vorstellen, wie dieses Bild
von Ambivalenzen durchzogen sein muß: Immerhin hat Herzeloyde zweimal einen Gatten verloren. Sollte sie da nicht auch
ein wenig mit ihrem Gott gehadert haben? Zu einem späteren
Zeitpunkt in Parzivals Biographie wird sich dieser Zweifel wieder finden lassen.

27

Parzivals Zustand ist in gewisser Weise dem von Rapunzel vergleichbar, die von ihren Eltern in den Turm eingemauert wird, um schließlich aber doch von einem fremden Prinzen geschwängert zu werden (»laß deinen Zopf herunter«) und, ausgestoßen, äußerst schwierige Jahre in der Wildnis verbringen muß. Sind es bei Rapunzel die Eltern, die durch diese grausame Abspaltung von der alltäglichen Umgebung ihr Kind vor Gefahren und Verlust schützen wollen, ist es bei Parzival die Mutter. Sie glaubt durch das isolierte Leben in Soltane, fernab der Versuchungen, denen Gachmuret erlag, ihren Sohn vor dem Kontakt mit dem Ritterleben bewahren zu können. Hinter der fürsorglichen Haltung Herzeloydes verbirgt sich ein rücksichtsloser Egoismus, wenngleich dessen Quelle, die Angst vor Wiederholung und Verlust, somit verständlich ist.

In dem bretonischen Märchen »Peronnik«* findet sich eine interessante Parallele zu Parzival. Die Erzählung beginnt mit den Worten:

> Peronnik war einer von den Einfältigen, denen ihr auch schon begegnet seid: Sie stehen wie Kälber herum, die den Weg zum Stall verloren haben, mit großen Augen und großem Mund halten sie Ausschau, als wenn sie etwas suchten. Sie sind immer auf der Wanderung, nie am Ziel. So war es auch mit Peronnik.

Dieser Tölpelhans, so nannte ihn die Geschichte, erfuhr durch einen Ritter von zwei Wunderdingen im Besitz eines Zauberers auf einem Schloß: Eine goldene Schale spendet Gerichte und Reichtümer aus der ganzen Welt – und es genügte, aus ihr zu trinken, um von allen Übeln geheilt zu werden und die Toten wieder zum Leben zu erwecken. Und eine Lanze aus Diamant, die alles tötet und vernichtet, was sie trifft. Dorthin gelangt man nur durch den Trugwald. Dahinter muß man einen Apfel vom Baum pflücken, den ein Zwerg mit einem feurigen Schwert hütet. Auch die lachende Blume braucht es dazu, die von einem Löwen bewacht wird, aus dessen Mähne Vipern züngeln. Schließlich führte der Weg über den Drachensee. Man muß dort mit dem schwarzen Mann kämpfen, der mit Eisenkugeln be-

* Peronnik, Ein bretonisches Märchen aus der Sammlung E. Souvestre, Stuttgart 1984. Der Versuch, dieses Märchen als Grundlage für die Gestalt Parzivals anzusehen, dürfte unangemessen sein, da es eher ein Nachklang eines Prosaromanes aus dem Gralskreis ist.

waffnet ist, und dann anschließend das Tal der Verführung durchqueren. Jetzt wartet eine schwarz gewandete Frau, die weitere Hinweise gibt.

Peronnik gelingt mit seiner einfachen, ehrlichen und doch intelligenten Art das Unglaubliche. Der Zauberer stirbt beim Biß vom Apfel und der Berührung durch die schwarze Frau- der Pest. Im Keller des Schlosses findet er Schale und Lanze. Das verzauberte Schloß verschwindet donnernd. Peronnik gelangt aus dem Wald und hilft einem von Feinden bedrohten Königreich. Mit der Schale rettet er das Volk vor dem Verhungern und mit der Lanze schlägt er das feindliche Heer.

In diesem Märchen finden wir alle wichtigen Stationen des Heldenweges und somit die archetypische Grundlage der Gralslegende: Der Tölpelhans erweist sich tüchtiger als 100 Ritter vor ihm. Trottelhaft und doch feinfühlig überwindet er alle Gefahren. Er bezwingt die drachenhaften Wesen, erlangt den im Keller – in den Tiefen des Unbewußten – verborgenen Schatz. Mit diesen Kostbarkeiten bringt er dem Kollektiv Hilfe und Rettung.

Schale und Lanze entsprechen Gral und Gralslanze, die einzelnen Stationen exakt dem Heldenweg Parzivals.

Anmerkungen zur Berufung des Helden

Aus Mythen und Märchen wissen wir, daß die Berufung des Helden immer unter besonderen Umständen stattfindet: der dunkle Wald, der große Baum, der murmelnde Brunnen und Schicksalsboten, die sich in einer entsprechenden Verkleidung nähern.

Handle es sich nun um die Königstochter, wenn ihr die Loslösung aus der gewohnten glücklichen Einheit mit ihrem königlichen Papa bevorsteht, um die Gottestochter Eva, wenn sie reif ist, das Idyll des Gartens zu verlassen, oder um den werdenden Buddha, wenn

er in höchster Konzentration sich anschickt, die letzten Horizonte
der geschaffenen Welt zu sprengen: immer kommen die gleichen
archetypischen Bilder ins Spiel, die Gefahr, Beistand, Prüfung,
Übergang und die Mysterien der Geburt in ihrer fremden Heiligkeit darstellen.*

* Campbell, J., 1989, S. 57

Die Zeichen, die den Helden zum Aufbruch gemahnen, können
sehr vielfältig sein. Im Falle des Prinzen Sidharta, dem späteren
Buddha, geben die Götter diesem ein Zeichen, in dem sie den
bis dahin von Alter und Tod ferngehaltenen Jüngling damit konfrontieren, daß sie einen aus ihrer Mitte in einen gebrechlichen
Alten, zahnlos, grauhaarig, buckelig und gebeugt verwandeln
und ihn dem werdenden Buddha zeigen. Je mehr sein königli-
cher Vater ihn durch die Verstärkung der Wachen vor entsprechenden Eindringlingen in den königlichen Garten zu schützen
sucht, um so differenzierter werden die Hinweise der Götter,
die schließlich darin enden, daß ein sorgfältig gekleideter
Mönch durch den Garten schreitet – auch er ist ein verwandelter
Gott –, was dazu führt, daß der werdende Buddha an dem Gedanken der Abwendung von der Welt Gefallen findet. Was bei
Buddha der erscheinende, vom Leid des Alters gezeichnete
Mönch ist, sind bei Parzival die Ritter, denen er begegnet.

Die Angst, die sich bei der Berufung und bei der Trennung meldet, kann natürlich auch verdrängt oder übertönt werden. Parzival ist in seinem Wesen so sehr von der ihm göttlich anmutenden
Erscheinung erfaßt, daß er für Ambivalenz oder Zögern gar keinen Raum hat und in diesem Augenblick auch nicht erleben
kann, daß schmerzhafte Strapazen oder sonstige Schwierigkeiten ihm begegnen könnten.

Parzivals Entwicklung ist ein ausgezeichnetes Beispiel für den
unbewußten Beginn eines Entwicklungsweges, der durch ein
äußeres Erlebnis (hier die Begegnung mit den drei Rittern) einen Impuls bekommt, und von da an mit großer Vehemenz
drängt, den persönlichen Heldenweg zu beginnen. In der Psychologie des Helden ist dies die Station, an der er sein Zuhause
und seine Mutter verlassen muß.

Wenn wir hier von einem Berufungserlebnis sprechen, so ist dies nicht ganz korrekt, da Parzival zu diesem Zeitpunkt seine Aufgabe noch nicht erkennt und auch nicht erkennen kann. Er will zunächst nur Ritter werden. Das bedeutet ihm alles. Was es für ihn persönlich bedeuten wird, Ritter zu sein und die entsprechenden Ideale, Verpflichtungen und die damit verbunden Belastungen zu tragen, weiß er zu dieser Zeit noch nicht. Er ist nur und ausschließlich von der Sonnenhaftigkeit und Göttlichkeit der Ritter beeindruckt.

In der Psychologie wird unter einem Heldenmythos die Bildung und Erhaltung des Ich-Bewußtseins verstanden, die als Leistung des Ichs angesehen werden müssen. Dafür bedarf es einer Anstrengung, die weit über das Alltägliche hinausgeht und im Kampf gegen bestehende, tradierte Kräfte eingesetzt werden muß. Erst dann kann ein Ich-Zustand erreicht werden, der den neuen Bedingungen entspricht und zeitgemäß ist. Das Unbewußte entwickelt dabei einen außerordentlichen Sog und bringt die Gefahr des Zurücksinkens in die Unbewußtheit. Aus allen Kulturen ist das Phänomen bekannt, daß Nymphen oder Nixen entsprechende Wesen mit ihrem Gesang den Menschen in ihr Element zurücklocken. So übt das Unbewußte eine mächtige Anziehungskraft aus, die nur mit großer Anstrengung und Kontinuität überwunden werden kann. Parzivals erster Schritt in die Bewußtheit ist deshalb das Verlassen des Zuhause, ohne Rücksicht darauf zu nehmen, was dort passiert. Später wird er sich wieder den Konsequenzen dieses Verhaltens zuwenden, wenn weitere Kräfte und Fähigkeiten entwickelt sind, und er sich damit auseinandersetzen kann. Erst dann wird er seinen Blick auf den Tod der Mutter richten können.

Von besonderer Bedeutung ist in diesem Zusammenhang das Fehlen des Vaters in Parzivals Entwicklung. Gewöhnlich trägt die Anwesenheit des Vaters dazu bei, daß Kind und Mutter nicht in der Zweierbeziehung hängen bleiben. Er bewirkt durch seine Anwesenheit eine entscheidende Auflockerung im Beziehungsgefüge, die einseitige Fixierungen verhindert.

Eine Frau ohne Mann wird natürlich geneigt sein, alles, was sie von diesem erwartete, zum Beispiel, daß er ein Held sei, auf den Sohn zu übertragen, in der Hoffnung, dieser werde erfüllen, was dem Vater nicht gelungen war. Zudem spielt auch folgende merkwürdige Tatsache eine Rolle: In Träumen und Phantasien glücklich verheirateter Frauen tritt oft eine geheimnisvoll faszinierende Männergestalt auf, ein dämonischer oder göttlicher Traum oder Schattengeliebter, den C.G. Jung als Animus bezeichnet, und nicht selten hegt die Frau im geheimen mehr oder weniger bewußt die Idee, daß eines ihrer Kinder, mit Vorliebe das Älteste oder Jüngste, von diesem Seelengeliebten abstamme.* * Jung, E., S. 46

Wir können an vielen Mythen und Märchen beobachten, daß es zur archetypischen Konstellation des Helden gehört, daß er ohne Vater aufwächst. Meist sind die Väter der Helden Götter oder wenigstens mit übermenschlichen Fähigkeiten ausgestattet. Es bleibt also durchaus zu fragen, welche Inhalte über die Persönlichkeit des Vaters dem Knaben Parzival von seiner Mutter übermittelt wurden? Oder hat die Mutter versucht, das Ritterleben des Vaters zu tabuisieren, ähnlich wie sie versucht hat, die Vögel töten zu lassen, um die Rufe der Freiheit, den ihr Gesang verkörperte, nicht an das Ohr ihres Sohnes dringen zu lassen? Umso mächtiger mußte die Begegnung mit den Rittern auf den Jüngling wirken.

Herzeloyde erkennt als Mutter, daß sie den Jüngling nicht länger halten kann. Mit all ihrer Geschicklichkeit bäumt sie sich gegen die Trennung auf, indem sie den Jüngling in Narrenkleider steckt und hofft, daß ihn Hohn und Spott zu ihr zurückführen werden. Doch Parzival ist durch nichts mehr aufzuhalten. Alles versinkt neben der Idee, Ritter zu werden, und eine unbändige Kraft treibt ihn in sein Schicksal. Inflationär erfaßt von dem Gedanken an das Rittertum, hält ihn dies in einer Umklammerung männlich bestimmter Werte fest. Das Fenster zur Frau, zum Weiblichen, öffnet sich ihm nur gelegentlich und kurz. Dies ist dann die Zeit, in der er sensibel ist und weiche Seiten zeigt (siehe Begegnungen mit Sigune).

Vorerst ist er noch der von *tumbheit* bestimmte Mensch, der erst am Ausgangspunkt seines Weges ist. Doch genau dieser Dümmling hat die Kräfte in sich bewahrt, die er braucht, um sich eines Tages als junger, unverbrauchter Mensch den alternden und erstarrenden Traditionen entgegen zu stellen, um sie zu besiegen. Es ist der Königsweg, der so beginnt, auch wenn zunächst im Toren oder Tölpel scheinbar nur das Gegenteil wahrzunehmen ist.

Gachmuret, Parzivals Vater

Gachmuret von Anjou galt als abenteuerlustiger Ritter und großer Held. Auf das Erbe seines Vaters legte er keinen Wert und überließ es seinem Bruder. Gachmuret zog in die Ferne und ließ seine Mutter im größten Schmerz zurück. Sie haderte mit Gott, nach dem Verlust ihres Gatten nun auch ihren Erstgeborenen zu verlieren.

Gachmuret wollte nur dem mächtigsten König dienen. Dies führte ihn zum Kalifen Baruc in Bagdad, der damals als der mächtigste Herrscher der Erde galt. Ihm half er bei seinen Kämpfen gegen Ägypten, das sich nach einer Niederlage unterwerfen mußte. Alle seine Unternehmungen waren von Glück begleitet, doch Gachmuret konnte nicht bleiben. Ihn zog es weiter über Arabien, Persien, Damaskus, um schließlich nach Afrika zu gelangen, in das Land der Mohrenkönigin Belakane. Sie war in äußerster Not und von vielen Feinden bedrängt. Mit seiner Schlachtenerfahrung gelang es ihm, auch diese Kämpfe zu Gunsten der Königin zu entscheiden. Die beiden verliebten sich ineinander und heirateten. Doch der stolze, kühne Ritter blieb nicht lange. Seine Abenteuerlust ließ sich kaum noch bezähmen. Alle Lebenslust war ihm vergällt, weil er sich nicht in ritterlichen Kämpfen erproben konnte.

Er wußte den Konflikt zwischen der Liebe zu seiner schwarzen Gattin und seinem Drang nach Abenteuern nur einseitig zu lösen. »Heimlich bei Nacht fuhr der edle Ritter davon. Als er seine Gattin verließ, trug sie ein drei Monate altes Kind unterm Herzen. Ihn aber trieb der Wind rasch davon.«* Er ließ all sein Gold auf ein Schiff schaffen und gelangte mit diesem nach Sevilla.

* P., I; 55, 12

Er hatte ihr einen Abschiedsbrief hinterlassen, in dem er sie seiner Liebe versicherte, aber auch seine Schwierigkeiten aussprach, die in ihrer beider unterschiedlichen Glauben begründet waren. Weiter schrieb er: »Solltest du einen Sohn gebären, so wird er gewiß Löwenstärke zeigen, denn er entstammt dem Geschlecht derer von Anjou. Die Liebe selbst wird ihm als Schutzgöttin beistehen, so daß er seinen Feinden ein gefährlicher Gegner im Kampf sein wird und wie ein Hagelschauer über sie kommen wird. Mein Sohn sollte einst wissen, daß Gandin von Anjou, der im ritterlichen Zweikampf fiel, sein Großvater ist. Dessen Vater namens Addanz traf das gleiche Schicksal; denn er brachte seinen Schild niemals heil nach Hause zurück. …« *

* P., I; 55; 27

Belakane gebar einen zweifarbigen Sohn, dessen Haut weiß und schwarz gescheckt war. Sie nannte ihn Feirefiz von Anjou. Später nannte man ihn »Waldvernichter«, weil er so viele Lanzen und Schilde durchstach.

Gachmuret war unterdessen auf der Suche nach seinem Vetter in Tolédo gelandet und erfuhr, daß Königin Herzeloyde im fernen Kanvoleis ein Turnier veranstaltete, dessen Sieger sie heiraten und dem sie ihr Land anvertrauen wollte. Gachmuret stürzte sich in dieses Abenteuer, und er gewann das Turnier, worauf ihm die Königin ihre Hand bot. Nach kurzem aber heftigem Konflikt, wie er zu seiner angetrauten Königin Belakane stehen sollte, entschloß er sich unter Herzeloydes Drängen, zu heiraten und dem Bund der christlichen Ehe den Vorzug zu geben. Er heiratete Herzeloyde und erbte schon kurze Zeit später, als sein Bruder starb, die Reiche Valois und Norgals. Ein Jahr lebten sie zusammen, als ihn der Ruf des Kalifen von Bagdad erreichte, diesen in einem neuen Krieg zu unterstützen. Wieder trieb ihn seine Abenteuerlust, er ließ seine Gattin zurück und eilte dem Kalifen zu Hilfe. Doch dieses Mal tötete ihn ein Speer. Ein Knappe des Gefallenen bringt die Speerspitze der Königin, die durch einen unheilvollen Traum das Unglück erahnt hatte. Vierzehn Tage nach dem Empfang dieser Nachricht bekam sie ein Kind und nannte es Parzival. Mit ihm zog sie sich in die Waldeinsamkeit zurück.

Biographien, wie die von Gachmuret, mag es zur Zeit der Kreuzzüge viele gegeben haben. Man kann sich des Eindrucks nicht erwehren, als hätten die Ritter, um ihren Abenteuerdrang umsetzen zu können, nichts sehnlicher als Motiv benötigt, als den Orient aus den Fängen des Islam zu befreien. Sie suchten etwas, was sie zu Hause nicht finden konnten. Welche Sehnsucht hinter diesen Fahrten stand, läßt sich vielleicht aus der Tatsache erahnen, daß Gachmuret sein Wappentier, den Panther, wechselte. Dieses hatte er von seinem Vater erhalten und führte es bis zu den Kriegen beim Kalifen von Bagdad. »Als Symbol für seine Zukunftserwartungen führte der Edle fortan auf seiner Satteldecke einen Anker, der aus weißem Hermelinpelz geschnitten war. Die gleichen Wappenzeichen trug er auf Schild und Kleidung. ... Aber seine Anker fanden nirgends Grund, wurden nirgends festgemacht. Der edle Fremdling mußte die Last seines Wappens, das Ankerzeichen, durch viele Länder tragen und nirgendwo gönnte er sich Rast oder Verweilen.«*

* P., IV; 15

Deutlich beschreibt Wolfram das innere psychische Drama, das sich in Gachmuret abspielt. Wie sich diese ungelösten Probleme des Vaters in denen des Sohnes wiederfinden, läßt sich zeigen. Parzival muß das Unerledigte, Unbewältigte des Vaters aufgreifen und lösen, auch wenn er zunächst nichts davon weiß. Hier ist der unbewußte Beitrag der Mutter zu sehen: Durch die Tabuisierung des Rittertums übergibt sie ihm unbewußt den ungelösten Anteil des Vaters.

Gachmuret hatte Belakane geheiratet und im schwangeren Zustand verlassen. Er sollte nie mehr zu ihr zurückkehren. Seine Abenteuerlust beschränkte sich, im Gegensatz zu der seines Sohnes, nicht nur auf Schlachten. Als er Herzeloyde kennenlernte, sagte er bei deren Anblick: »Ich habe bereits eine Gattin und liebe sie mehr als mein Leben. Doch wenn ich ledig wäre, wüßte ich ...«* Die Mohrin war eine Heidin, und somit die Ehe mit ihr im christlichen Sinne nicht rechtsgültig. Er konnte also Herzeloyde heiraten. »Die Königin und ihre Jungfrauen entführten ihn dorthin, wo er das Glück fand und all seine Trauer

* P., I; 94, 5

verflog. Sein Leid wurde besiegt, und neu entstand seine Lebenslust, was an der Seite der Geliebten nicht verwunderlich ist. Die Königin Herzeloyde verlor dabei ihre Jungfernschaft. Sie schonten ihre Lippen nicht ...«* Doch schon kurze Zeit danach glaubt er, im Orient seine »Manneskühnheit« wieder unter Beweis stellen zu müssen und wiederholt das Muster, seine Gemahlin zu verlassen. Allerdings kehrt er nicht mehr zurück, und vierzehn Tage nach seinem symbolischen Begräbnis kommt Parzival zur Welt.

* P., I; 100, 9

Hinaus in die Welt

Parzival ritt von zu Hause fort. Da er zu König Artus wollte, mußte er den Wald durchqueren. Bald kam er an einen Bach, den er aber, eingedenk der mütterlichen Lehre, nur an einer Furt durchqueren wollte. Weil er keine fand und »sein Verstand nicht weiterreichte«, ritt er den ganzen Tag an dem Bach entlang. Am nächsten Tag fand er auf einer Wiese ein prachtvolles Zelt, trat neugierig hinzu und schaute hinein. Dort sah er eine wunderschöne und sanft schlummernde Frau auf ihrem weichen Ruhebett liegen. An ihrer schneeweißen Hand entdeckte der Knabe einen Ring und erinnerte die Worte der Mutter: »Kannst du von einer edlen Frau Ring und freundlichen Gruß erringen, so greife zu.« Kurz entschlossen legte er sich zu der Frau, die erschrocken empor fuhr. Doch ihre Klagen kümmerten ihn nicht. Er zwang ihre Lippen an die seinen, preßte ihren Leib an sich und nahm ihr den Ring. Auch von ihrem Hemd riß er mit Gewalt eine Brosche ab. Schließlich aß er von den auf einem Tisch gedeckten Speisen. Die Frau war Jeschute, die Gemahlin des Herzogs Orilus von Lalant. Inständig bat sie ihn, ihr doch den Ring zurückzugeben und sich zu entfernen. »Kehrt mein Gemahl zurück, so trifft Euch sein Zorn, den Ihr lieber fliehen solltet.« Doch er küßte sie ein zweites Mal und sagte: »Gott schütze Euch! – Dies riet mir meine Mutter.«* und ritt ohne Abschiedsgruß davon.

* P., III; 132, 23

Der bald darauf heimkehrende Orilus merkte sogleich, daß jemand in seinem Zelt gewesen war. Jeschute erzählte ihm von dem

36

jungen Thoren. Zornig schwor der Herzog, den Junker zu züchtigen, wenn er seiner habhaft würde. Jeschute mußte von da an als Magd auf einem elenden Klepper hinter ihm herreiten.

Auf seinem weiteren Weg hörte Parzival lautes Wehklagen und sah eine Jungfrau, die sich in großem Schmerz das Haar raufte. In ihrem Schoß lag ein toter Ritter. Dies war Fürst Schionatolander, den Herzog Orilus erschlagen und enthauptet hatte. Parzival bot sich an, den Mörder zu stellen.

Die Jungfrau fragte ihn nach seinem Namen. »Bon fils, cher fils, bon fils – so haben mich alle genannt, denen ich daheim bekannt war.« antwortete er.

Der Name der Jungfrau war Sigune. Eine zeitlang war sie von Parzivals Mutter erzogen worden. Nun wußte sie, wenn sie vor sich hatte und sprach: »Du heißt Parzival, und dein Name bedeutet ›Mitten-hin-durch‹. Weil deine Mutter so treu war, pflügte nämlich die große Liebe eine Furche mitten durch ihr Herz, denn dein Vater ließ sie voll Herzeleid allein. Deine Mutter ist die Schwester der meinen.«* Sie nennt ihm den Namen seines Vaters und seiner Mutter, seinen Geburtsort, die Namen seiner Königreiche und erklärt, daß Orilus den toten Ritter in ihrem Schoß, Parzivals Onkel, getötet habe. Um den zur Rache entschlossenen Parzival nicht in sein Unglück rennen zu lassen, wies Sigune ihm den falschen Weg.

Schon der zweiten Tag, den er von zu Hause weg ist, bringt den stürmischen Parzival mit der ganzen Spanne der menschlichen Existenz in Berührung: Den unverstandenen mütterlichen Empfehlungen folgend, küßt er triebhaft die wunderschöne Jeschute und stürzt diese damit in ihr Elend. Die keltische Erzählung »Die Geschichte von Perudur, dem Sohne des Evrawc« könnte hier etwas Klarheit bringen, denn dort fordert die sonst als weise und verständige Frau beschriebene Mutter ihren Sohn auf: »Wenn du eine schöne Frau siehst, so begehre sie, auch wenn sie nicht nach dir verlangt; einen besseren und edleren Menschen wird es aus dir machen, denn zuvor.«*

* P., III; 140, 16. Dein Name lautet: *par-zi-val* und das bedeutet »durch-das-Tal«!

* Birkhan, H., S. 108ff

Von Sigune, die sich als seine Base herausstellt, erfährt er einen Teil der Aufklärung über seine Identität, die ihm die Mutter bisher nicht gegeben hatte. Bis dahin lebte er ausschließlich mit seinen Kosenamen, ohne Kenntnis über seinen wirklichen Namen zu besitzen. Aus der Tatsache, daß sein Vater an seiner Namensgebung nicht beteiligt war, geht hervor, daß die Mutter eine gewisse Vorstellung über Parzivals Aufgabe gehabt haben mußte, wenn sie mit seinem Namen die Bedeutung von »dring-durchs-Tal« oder »mitten-durch-das-Tal« wählte. Vorstellungen von Hindernissen, Anstrengungen und deren Überwindung sind damit verbunden. Ein Programm, das sehr persönlich und in dieser Weise einmalig war, denn diesen Namen hatte es bisher nicht gegeben. Sigune verhilft ihm, sich seiner selbst bewußt zu werden und weist ihn auf seine Fähigkeit zum Mitempfinden und auf seine natürliche Hilfsbereitschaft hin.

Wolframs Nennung des »Mittehindurch« und dessen Verknüpfung mit der Liebe und Treue der Mutter zum Vater, die eine Furche in ihrem Herzen bewirkt hatte, bringt das Wesen Parzivals gut zum Ausdruck: Es verbindet die Werte des Herzens, Liebe und Treue.

Daß Parzival gleich zu Beginn seines Weges vom dramatischen Hintergrund seiner Familie eingeholt wird, hatte er nicht erwartet. War doch Fürst Schionatulander als Knappe seines Vaters im Orient gewesen und hatte nach dem Tod Gachmurets dessen Königreich verteidigt. In dieser Funktion wurde er auch von Herzog Orilus im Zweikampf getötet.* Dem damaligen Zeitverständnis entsprechend, erwuchs dem Thronerben daraus die Aufgabe, diesen Tod zu rächen. Dabei ist es nur der besonderen Begabung Parzivals zu verdanken, daß er die vielen Zweikämpfe, die er später durchzustehen hatte, erfolgreich führen konnte. Seine Mutter hatte alles getan, um ihm eine rittergerechte Ausbildung unmöglich zu machen. Auch zu einer Schulung in höfischer Etikette hatte sie ihm nicht verholfen. Das einzige, was er wirklich mit großem Geschick erlernen durfte, und wo er offensichtlich die Förderung seiner Umge-

* Es wäre denkbar, daß sich im Motiv des enthaupteten Schionatulanders noch Reste der bei den Kelten praktizierten Kopfjagd als Kriegstrophäe verbirgt.

bung bekam, war die Jagd, und er hatte gelernt, mit Pfeil und Bogen, und ganz besonders dem Gabelot, einem Jagdspeer, umzugehen. Schon kurze Zeit später sollte ihm das eine große Hilfe sein.

Orilus führt den Drachen als Wappentier, was sein leidenschaftliches und wildes Wesen kennzeichnet und auf die wilde Triebnatur dieses Menschen hinweist. Unter diesen Umständen kann es kein Zufall sein, daß ihm Parzival über die Bedrängung von Jeschute indirekt schon zu Beginn seines Weges begegnet. Schon in seinem nächsten Abenteuer wird er sich dieser Begegnung stellen müssen und die Schattenseiten des Ritterdaseins kennenlernen. Er wird damit konfrontiert, daß neben glanzvollen Rüstungen und eindrucksvollen Idealen auch das Töten steht. Aber noch ist nicht erkennbar, in welcher Weise Parzival damit umgehen wird.

Der Rote Ritter

Auf dem Weg zum Hof König Artus' begegnet Parzival einem Ritter mit grellroter Rüstung und einem roten Pferd. Ebenso Satteldecke, Saumzeug und Überrock, selbst Schaft und Spitze der Lanze waren rot. Dieser Ritter war Ither von Gaheviez. Er trug in der Hand einen goldenen Becher mit kunstvoller Gravierung. Beide begrüßten sich, und Parzival erfuhr, daß der rote Ritter den wertvollen Becher vom Tisch König Artus' mitgenommen hatte, um seinen Anspruch auf dessen Reich zu erheben. Er bat Parzival, König Artus auszurichten, daß er hier auf denjenigen warte, der sich ihm zum Zweikampf stellen möchte.

Als Parzival den Palast erreichte, erregte er dort durch tölpelhaftes Verhalten großes Aufsehen. Trotzdem gelangte er vor den König, grüßte dort lautstark und berichtete von dem roten Ritter, der auf den Kampf wartete. »Ach, hätte ich seine Rüstung aus der Hand des Königs, ich wäre überglücklich! Sie ist so richtig ritterlich.«* schloß er bettelnd seine Nachricht.

* P., III; 148, 17

Der sorglos fröhliche Knabe stieß beim Herrscher auf Wohlwollen, und dieser bat ihn, sich bis morgen zu gedulden. Schließlich schlug der Seneschall (Hofbeamter) vor, Parzival könnte sich selbst auf dem Felde die Rüstung holen, woraufhin Parzival den König in großer Eile verließ. Dabei sah ihn die stolze, schöne Cunneware und lachte. Sie hatte bei ihrem Leben gelobt, erst wieder zu lachen, wenn sie den Mann erblicken würde, der höchsten Ruhm errungen hatte oder erringen sollte. Für dieses Lachen wurde sie sofort vom Seneschall an den Locken gepackt und mit einem Stecken hart traktiert. Am Hofe lebte aber auch der stumme Antanor, den man ob seines Schweigens für einen Narren hielt. Er hatte seinerseits das Gelübde getan, erst wieder zu sprechen, wenn Cunneware zu lachen begann. Zum Seneschall sagte er: »Weiß Gott, Herr Seneschall, der Knabe, um dessentwillen ihr Cunneware geschlagen habt, wird es Euch zu Eurem Verdruß noch heimzahlen. Darauf könnt ihr Euch verlassen!«

Für diese Worte wurde auch Antanor vom Seneschall geschlagen. Parzivals Hand fuhr mehrfach zum Jagdspeer, doch hinderte ihn ein Gedränge an einem rächenden Wurf.

Parzival ritt wieder hinaus zum roten Ritter und forderte von ihm Pferd und Rüstung. »Weigerst du dich, so fordere ich dich hiermit zum Kampf heraus. Gib also freiwillig, wenn du klug bist!« Solche Worte eines Jünglings in Narrenkleidung empörten den Ritter, und mit dem stumpfen Ende seiner Lanze stieß er so wuchtig zu, daß der Knabe samt seiner Mähre in die Blumen purzelte. Parzival sprang jedoch unerschrocken auf, war zornentbrannt und schleuderte blitzschnell seinen Speer. Dieser drang durch den Sehschlitz zwischen Helmdach und Visier, fuhr durch Ithers Augenhöhle und durchstieß den Nacken. Tot fiel der Held zu Boden.

Der einfältige Parzival mühte sich, dem toten Ritter die Rüstung abzunehmen. Erst ein herbeieilender Knappe half ihm aus der tölpelhaften Verlegenheit. Beim Anlegen der roten Rüstung bestand er darauf, die von der Mutter mitgegebenen Kleider darunter zu tragen.

Schließlich ritt er auf dem roten Pferd davon und rief dem Knappen zu: »Und sage zu König Artus, daß mich einer seiner Ritter beleidigt hat, denn er mißhandelte die Jungfrau, die um meinetwillen zu lachen begann. Ihre Schmerzensschreie und ihre unverschuldete Not haben mich in tiefstem Herzen getroffen! Den Becher bringe zum König.«

Seinen Jagdspeer hatte er bei dem toten Ritter zurücklassen. Das Reiten auf einem gerüsteten Pferd war dem unerfahrenen Jüngling fremd, und er wußte nicht wie man das Pferd mit dem Zügel zurückhält.

Diese Geschichte ist voller Symbolik und in jeder Szene bedeutungsgeladen: Es findet sich die rote Rüstung, der handlungsunfähige Königshof, die gespannte Atmosphäre um den Seneschall, der geraubte goldene Becher, der tölpelhafte Parzival, die Tötung des Roten Ritters durch den Sehschlitz des Helms, Parzivals Narrenkleider unter der Rüstung, seine Unfähigkeit, sich diese selbst anzulegen. Mit geradezu abenteuerlicher Geschwindigkeit gerät Parzival in einen Strudel von Ereignissen. Als er den roten Ritter zum ersten Mal sieht, weiß er noch nicht, daß er einen entfernten Verwandten vor sich hat – dies wird er erst sehr viel später erfahren. Ihn besticht nur die grellrote Rüstung und der Wunsch, möglichst bald zum Ritter geschlagen zu werden.

Am Hofe König Artus ereignet sich etwas sehr Seltsames: Parzival trifft, ohne es zu bemerken, den Königshof in einer depressiv wirkenden Verfassung an. Dem König wurde ein Becher gestohlen, und er findet nicht die Kraft oder den Entschluß, diesen durch einen seiner Ritter zurückholen zu lassen. Zudem hatte der rote Ritter noch den Becher ausgeschüttet und damit das Kleid der Königin besudelt, also ein weiterer Grund, den Roten Ritter zur Rechenschaft zu ziehen.

Außerdem ist es bereits der zweite Königshof, den Parzival kennenlernt, und der nicht im Gleichgewicht ist. Seiner Mutter wurde das Königreich durch Lähelin geraubt, und hier findet er das Königreich Artus' in ähnlicher Situation.

Als der tölpelhafte Parzival erscheint, nimmt ihn niemand ernst. Nur die hellsichtige Cunneware und der stumme Antanor erkennen hinter dem tölpelhaften Gewand und ungeschickten Verhalten des Jünglings seine wirkliche Bedeutung und Größe. Sie sehen in Parzival das Besondere und Überdurchschnittliche, nehmen das Einmalige in seiner Aufgabe und Bestimmung wahr. Nur wenige Augenblicke später sollte sich das bewahrheiten, als er den äußerst kampferfahrenen Ither mit einem Wurf tötet.

Aus der Sicht des auf der Jagd geschulten Kämpfers ist die Überwindung des Roten Ritters kein Zufallstreffer, wenn der Speer in den Sehschlitz des Helms trifft. Auch aus der Sicht des Erzählers ist der zielsichere Wurf von Bedeutung. In dem Sieg Parzivals über den Roten Ritter vollzieht sich eine Annäherung an seine triebhafte Seite. Der unbewußte Jüngling wird jetzt selbst zum Roten Ritter, trägt aber vorerst seine Narrenkleider darunter. In seiner begrenzten Auffassung genügt ihm allein der Besitz der Rüstung, um sich als Ritter zu fühlen. Erst einige Zeit später wird ihm die wahre Bedeutung des Ritterseins bewußt werden, und er wird sich den Ritterschlag durch König Artus verdienen. Die entsprechende höfische Schulung hierzu wird er noch erhalten. Zunächst ist Parzival mit einer neuen, wenn auch oberflächlichen, wenig gefestigten Identität unterwegs.

C.G. Jung hat in den »Wurzeln des Bewußtseins« auf das Phänomen aufmerksam gemacht, daß jener Inhalt, welcher später als das »Selbst« erscheint, zuerst oft als Feind auftritt und besiegt werden muß.* So ist der rote Ritter eine bedeutsame Stufe in Parzivals Entwicklungsprozeß. Der rote Reiter ist in der Symbolik der mit Blut getaufte Eroberer, jemand der sich durch aktives Verhalten dem Leben zuwendet und sich nicht von seinem Vorhaben abbringen läßt. Diese Beharrlichkeit setzt voraus, daß man zu den Gefühlen, insbesondere den Affekten, einen

* Jung, C.G., Von den Wurzeln des Bewußtseins, S. 192

42

neuen Kontakt herstellen muß, um sich nicht durch diese bei seinen eigenen Zielen stören zu lassen. Hierfür ist die Ritterrüstung ein gelungenes Symbol. Sie soll nach außen hin schützen, muß aber keinesfalls den lebendigen Kontakt zum eigenen Inneren beeinträchtigen. So muß Parzival noch beides lernen: die über-ichhafte Stimme seiner Mutter in sich wahrzunehmen; genauso wie er lernen muß, sich auch durch Kraft und Geschicklichkeit vor Feinden zu schützen, denn auf Dauer lassen sich Gefahren nicht nur durch körperliche Gewandtheit bewältigen. Vorerst hat er sich eine neue Persona zugelegt, eine Maske, die ihm als jungem Menschen hilft, in alters- und situationsbezogener Weise seiner Umwelt zu begegnen. Das ist es, was junge Menschen von der Pubertät an lernen müssen, um sich zu schützen. Erst später müssen sie wieder Sorge tragen, daß sie in diesen Masken nicht erstarren und sie vor allen Dingen rechtzeitig ablegen, um sich nicht durch Erfordernisse der Jugendzeit an einer altersgemäßen Verwirklichung hindern zu lassen.

Wie sehr unbewußt Parzival zur Zeit der Begegnung mit dem roten Ritter noch ist, zeigt sein Umgang mit dem goldenen Becher, der für ihn keinerlei Bedeutung hat. Er tötet den Ritter nur aus Begehrlichkeit nach der roten Rüstung. Deshalb trägt er den Becher nicht selbst zu Artus zurück, sondern übergibt ihn dem Knappen. In diesem Becher klingt zum ersten Mal das Gralsmotiv an, ohne daß es für Parzival wahrnehmbar wäre.* Er ist noch zu sehr an den naiv-männlichen Seiten seines eben aufbrechenden Ritterdaseins interessiert, als daß er ein Gefühl oder gar ein Bedürfnis für die Symbolik des Bechers hätte entwickeln können. Könnte doch der Becher für eine offene und empfangende Haltung dem Leben gegenüber stehen und gleichzeitig die Symbolik des heiligen Bechers verkörpern, in dem der Initiant das Mysteriengetränk überreicht bekommt. Für den Roten Ritter war er Symbol des ihm genommenen Reiches, weshalb er ihn vom Tisch König Artus entwendet. Es finden sich immer wieder Hinweise in diesem Teil des Epos auf die gestörte Harmonie im Lande, oder, psychologisch betrachtet, auf der Ebene der Elternpersönlichkeiten, die selbst nicht mehr

* Jung, E., S. 60

in der Lage sind, ihre Angelegenheiten so zu leben oder zu ordnen, daß für sie selbst und ihre Kinder keine Nachteile entstehen.

Es ist auffallend, daß Artus seinem Seneschall bei dessen rohem Verhalten gegenüber Cunneware und Antanor keinen Einhalt gebietet. Es scheint ihn gar nicht zu interessieren, welche Ungerechtigkeiten sich um ihn herum ereignen. Nur das Risiko, die Königin zu verletzen, hindert Parzival, seinen Speer nach dem Seneschall zu schleudern. Daher drängt sich die Frage auf, welche Persönlichkeitsanteile sich hier bemerkbar machen. Es sind typische Zeichen eines jungen Menschen, der in der pubertären Phase von seiner Ungeduld und seinem Drang, sich in seiner Andersartigkeit von seinen Eltern abzugrenzen, bestimmt wird. Es ist also nicht die Tatsache der gerechten Sache, die in dieser Situation auffällt, sondern die Empfindlichkeit und der Zwang zum sofortigen Handeln, die sich hier bemerkbar machen.

In der Alchemie symbolisiert der »rote Mann« den Stein der Weisen, insofern erscheint der Rote Ritter nicht nur als Teil einer Entwicklungsstufe zur künftigen Ganzheit. Das Phänomen der Präfiguration des Grals durchzieht konsequent die gesamte Gralslegende. Die Motive erscheinen dabei zunächst einfach und unscheinbar, wiederholen sich in etwas abgewandelter Form, um schließlich in einer dritten Stufe in Gralsnähe zu kulminieren (siehe Tabelle mit einigen Präfigurationen im Anhang).

Eine dieser Präfigurationen ist die rote Rüstung. Im Grimmschen Märchen »Der Eisenhans«* ist der Märchenheld bei der ersten Aufgabe dank geheimnisvoller Zauberkräfte mit einer roten Rüstung ausgestattet, bei der zweiten mit einer weißen und bei der dritten Prüfung mit einer schwarzen Rüstung. Die Farbe Rot ist das Symbol für das pulsierende Blut und steht auf der psychischen Ebene für das eigenwillige, persönliche Ich. Feuer, Liebe, Leben, Kraft und Aufbruch, aber auch Krieg und Tod sind mit diesem Symbol verbunden. Als Parzival der Rote

* Gebr. Grimm, KHM Nr. 36

Ritter wird, taucht er gewissermaßen ganz in den vitalen Leib ein, um mit dessen Kraft der Welt zu begegnen. Jetzt ist es eine Zeit der Aktivität, des entschlossenen Handelns, das unweigerlich mit vielerlei Konsequenzen verbunden ist.

Durch seine närrische Kleidung unter seiner Rüstung bleibt die Nähe zu seiner von den Kräften der Natur bestimmten Kindheit erhalten. Damit wird der Unterbau der jetzt beginnenden Entwicklung gebildet. Trotz aller Versuchungen, Störungen und Zweifel steht die Kleidung des Tölpels für den Menschen, der sich die Kräfte des Kindes bewahrt hat. Mit feinem Gespür für die Natur und ihre Geheimnisse bleibt ihm die Fähigkeit zum Träumen, auch wenn er später lernt, wie ein erwachsener Mensch zu handeln. Doch schließt er in diese Reife das Potential seiner Kindheit mit ein. Erst dadurch ist er in besonderer Weise zum König disponiert.

Ein höfische Lehrmeister

Bald nach seinem Sieg über den roten Ritter traf Parzival auf Fürst Gurnemanz von Graharz. Dieser erkannte rasch, daß der wohlgestaltete Jüngling dringendst einer höfischen Bildung bedurfte, war bereit, ihn aufzunehmen, und eingedenk des mütterlichen Ratschlags (»Meine Mutter riet mir, den Rat eines Graukopfs anzunehmen.«) nahm Parzival dieses Angebot an und verblieb einige Zeit auf der Burg bei Gurnemanz. Hier wurde er nach allen Regeln der ritterlichen Kunst unterrichtet. Turnierreiten, Lanzenstechen und das ganze Spektrum der Waffenführung konnte er sich rasch aneignen und seine Geschicklichkeit und Kraft weiterentwickeln.

Er verliebte sich auch in Gurnemanz' Tochter Liaze. Bevor er sich jedoch einer Frau hingab, mochte er noch einmal das Abenteuer suchen und als Sieger aus Kämpfen hervorgehen.

Gurnemanz gab ihm zum Abschied verschiedene Lehren und sprach: »Ihr plappert wie ein unmündiges Kind, streift Euer un-

gebührliches Verhalten ab! Dem Äußeren nach habt Ihr die Gaben zum Herrscher. Doch so hoch Ihr aufsteigt, vergeßt nie, Euch der Notleidenden zu erbarmen; bekämpft ihr Elend durch Freigebigkeit und Güte. Seid stets leutselig und nicht hochmütig. Der notleidende Edle ringt mit der Scham, was bitter genug für ihn ist. Erweist Euch ihm stets hilfsbereit, denn wenn Ihr seine Not lindert, so ist Euch Gottes Gnade sicher. Stellt keine überflüssigen Fragen, doch will Euch jemand mit seiner Rede ausforschen, so seid schnell mit einer wohlüberlegten Antwort. … Und schließt die Frauen in Euer Herz, das veredelt den Jüngling.* Noch eins sei über das Wesen der Frau gesagt: Mann und Frau sind untrennbar eins wie Sonne und Tag. Aus einem Samenkorn erblühen sie und sind nicht voneinander zu trennen. Haltet Euch das stets vor Augen!«**

* Mittelhochdeutsch lautet dieser Teil:
»Sît manlîch und wol gemout;
daz ist ze werden prîse guot.
und lât iu liep sîn diu wîp:
daz tuiret junges mannes lîp.«

** P., III; 170, 21 und 172, 30

Gurnemanz, der bereits drei Söhne bei Ritterkämpfen verloren hatte, trauerte nun um diesen vierten Sohn, den er glaubte zu verlieren. Parzival verabschiedete sich und zog davon.

Mit diesen Werten »imprägniert«, war Parzival vorbereitet auf die äußere Begegnung mit der Welt der Fürstenhöfe und ihrer Ritter und Frauen. In Gurnemanz hatte er einen Ersatzvater gefunden, der ihm nicht nur moralische Werte mitgab, sondern sie ihm auch auf identische und überzeugende Weise übermitteln konnte. Durch diese Form der höfischen Initiation konnte er seine Narrenkleider und seine Kindheit hinter sich lassen, sich sogar zum ersten Mal verlieben und sich weiter der Welt öffnen.

Gurnemanz kann ihm nach besten Kräften, und dies in kürzester Zeit, den Weg zum Artusrittertum bahnen. Jetzt liegt vor ihm noch ein anderer Weg, den er alleine gehen muß – das scheint er zu spüren. Die Gralsreife muß erlangt werden, und einem ganzen Bündel an Motiven, die es noch zu betrachten gilt, drängt sie zur Verwirklichung.

Ritter- und Heldentum

Parzival oberstes Motiv ist es, der beste Ritter zu werden. Hierzu ist es erforderlich, besondere Künste, Tugenden und Werte zu erwerben, die ihm in seiner Erziehung jedoch nicht gelehrt wurden.

Zum Waffenhandwerk gehörten reiten, laufen, springen, klettern, ringen, Stein werfen, die Lanze führen und natürlich mit dem Schwert zu kämpfen. Besonders das letztere erforderte beachtliche Kräfte, da das schwere Schwert nur mit zwei Händen geführt werden konnte. Immerhin wog eine Ritterrüstung ca. 35 kg. Wer vorzeitig ermüdete, dessen Schicksal war besiegelt, wenn er nicht mit Tricks und besonderer Geschicklichkeit seine Erschöpfung ausgleichen konnte.

Wenn sich die Zöglinge beim Unterricht nicht als tüchtig erwiesen, wurden sie meist zu Geistlichen bestimmt. Dieses Schicksal hatten häufig auch die nachgeborenen Söhne. Auf diese Weise konnten die Adelshäuser ihren gesellschaftlichen Einfluß mehren. Erwies sich ein Junge jedoch als geschickt und kräftig genug, so wurde er meist im Alter von zwölf Jahren an einen Fürstenhof gesandt, wo er unter der besonderen Leitung eines erfahrenen Ritters zum Knappen ausgebildet wurde.

Hatte sich ein Knappe wacker gehalten und ein gewisses Alter erreicht, wurde er zum Ritter erhoben. Anders als in Frankreich, wo die Ritterweihe besonders feierlich praktiziert wurde, umgürtete in Deutschland der bisherige Herr den Knappen mit dem Schwert (Schwertleite, »zum Schwert leiten«) und überreichte ihm Schild und Speer. Ein Turnier folgte meist unmittelbar darauf. Später wurde auch in Deutschland der Ritterschlag praktiziert. Mit diesem verbunden fand eine Belehrung statt:

> Sei hochgemut im Unglück, beständig gegen deine Verwandten, freigiebig gegen Alle, tadellos im höfischen Geiste und ehrenfest in männlichen Tugenden. Höre täglich die Messe, setze dein Leben ein für den christlichen Glauben. Erlöse die Kirche von ihren Drängern, beschütze Witwen und Waisen, nimm an keinem unge-

Schwertleite (Ritterschlag)

rechten Streite teil, leiste keinen unbilligen Dienste, fechte für jeden Unschuldigen, wenn es not thut, den Zweikampf aus. Gehorche dem römischen Kaiser (König), achte das Reich, erwirb kein ungerechtes Gut und lebe überhaupt vor Got und Mensch unsträflich.*

* Rhyn am, O. H.: Geschichte des Rittertums, Reprint, S. 60/61

Schwertleite (Ritterschlag)

Wolfram von Eschenbach bleibt bei seiner Ausgestaltung der Belehrungen durch Gurnemanz sehr viel zurückhaltender als Chrétien de Troyes in »Li Contes du Graal«. Vermutlich waren die Bräuche an deutschen Fürstenhöfen dieser Zeit weniger prunkvoll und weniger zeremoniell als an den französischen.

48

Chrétien de Troyes schildert auch ein sehr aufwendiges Ereignis, bei dem 500 Knappen von Gawan zum Ritter geschlagen werden.

Der Knappe gelobte feierlich, die Ritterpflichten zu erfüllen. Jetzt hatte er das Recht, sich »Herr« zu nennen und durfte goldene Sporen, den Rittergürtel und einen Scharlachmantel tragen. Zugang zum Rittertum hatte jeder Freie, dessen Vater kein Geistlicher oder Bauer war (obwohl auch Kaiser Friedrich I. auf dem Schlachtfeld tapfere Bauern zu Rittern geschlagen haben soll).

Rittersöhne hatten vom vierzehnten Lebensjahr an das Recht, sich eine Braut zu suchen und ihr ein Eheversprechen zu geben. Ehehindernisse oder Gründe zur Aufhebung der Verlobung waren: Eintritt des einen Teils in ein Kloster, lange Abwesenheit bzw. Verschollenheit des Bräutigams, schwere Krankheiten, Verstümmelungen, unritterliches Verhalten, anderweitige Verheiratung etc.

Erst seit dem achten Jahrhundert verlangte die Kirche den Vollzug der Trauung durch einen Priester. Bis dahin bestand die altdeutsche Form der Eheschließung in der rechtsgültigen Übergabe der Braut an den Bräutigam durch den Vater der Braut oder dessen Stellvertreter. Eine besonders beliebte Zeit für Hochzeiten war Pfingsten bzw. der Pfingstmorgen, wie es auch im »Parzival« immer wieder geschildert wird.

Einen wichtigen Einfluß an der Entwicklung der ritterlichen Ideale und Terminologie hatte die Kirche und hierbei besonders die Gottesfriedensbewegung, die darauf abzielte, das Fehderecht des Adels einzuschränken.* Die Kreuzzüge mit der dazugehörigen Propaganda formten den Gedanken des geistlichen Kriegsdienst weiter aus. Französische Ritter beschlossen um 1118 im Heiligen Land, sich dem Schutz der Pilger auf ihrem Weg nach Jerusalem zu widmen, und gründeten den ersten geistlichen Ritterorden. Dabei orientierten sie sich an den Re-

* Bumke, J.. 399

49

geln der Augustiner-Chorherren. Armut, Gehorsam und Keuschheit waren für sie verpflichtend. Bernhard von Clairvaux nannte sie die *nova militia,* die neue Ritterschaft, die auch als Templer bezeichnet wurden. Später folgten weitere geistliche Orden, z. B. der Johanniter- oder Hospitaliter-Orden (weil er sich besonders in Krankenhäusern und für die Armen engagierte) und der Deutschritter-Orden. Sie brachten es, wie der Templerorden, zu großer Macht und gewaltigem Einfluß, wenn auch dabei die anfängliche religiöse Motivierung fast oder ganz in den Hintergrund trat. Der Volksmund brachte den Sittenverfall in den Ritterorden, die ohne echte Aufgabe oder geistliche Berufung lebten, in einem kleinen Spottvers zum Ausdruck:

Kleider aus, Kleider an,
Essen, Trinken, Schlafengahn,
Ist die Arbeit, so die Deutschen Herren han.*

* Weiss, D.J., S. 1

Die ritterliche Tugenden waren Mut, Tapferkeit, Furchtlosigkeit, Kampffreudigkeit und Abenteuerlust, Freundes- und Vasallentreue und Loyalität selbst gegen den Feind. Wer diese Tugenden verletzte, verlor seine Ritterehre. Als sich die Kirche der Ritter annahm, konnte das geistliche Mönchtum mit dem weltlichen Rittertum verbunden werden. So ist es nicht verwunderlich, daß besonders die Demut unter den ritterlichen Tugenden eine herausragende Bedeutung hatte. »Befleißigt Euch der Demut«*, oder »Laßt Barmherzigkeit bei der Kühnheit sein«** belehrt Gurnemanz den jungen Parzival. Trevrizent erwähnt die Tugend der *triuwe:* »Gott ist der Inbegriff der Treue«*** und fordert Parzival dazu auf, sich in Bindungen aufrichtig und fest zu verhalten. *staete,* die Beständigkeit, bedeutete das Festhalten am Guten und konnte als Grundlage der gesamten Morallehre betrachtet werden.**** Außerdem galten noch *schame* und *kuische* (Reinheit und Lauterkeit des sittlichen Empfindens) als besondere Tugenden.

* P., 170, 20
** P., 171, 25
*** P., 462, 19

**** Blumke, J., S. 419

Parzival wird auffallend oft als schön beschrieben. Dies ist eine Folge des mittelalterlichen Ideals, daß der höfische Ritter nicht

* Blumke, J., S. 419
** P., 122, 13

*** P., 123, 11
**** P., 123, 13

***** bona corporis, Blumke, J., S. 424

****** P., IV; 13–17

nur tugendhaft und fromm zu sein hatte. Er sollte auch »schön, stolz, reich, prachtliebend, voll Ruhmverlangen und von hoher Abkunft« sein*. Bei Parzival finden wir diese Adjektive allesamt. Er ist »ein Blumenkranz männlicher Schönheit«** und einer der Ritter, denen er im Wald das erste Mal begegnet, erkennt sogleich, daß er trotz seines Bauerkleides von »ritterlicher Herkunft« ist*** und an ihm das »Wunderwerk Gottes«**** wahrzunehmen ist. Schon bei Gachmuret beschreibt Wolfram auch die körperlichen Kräfte, die im Mittelalter als »Güter des Körpers«***** am wichtigsten waren: »Wo er auch eine Kampf ausfocht, nie ließ unseren Helden sein mutiges Herz im Stich; er war wie aus Stahl und errang in siegreichen Kämpfen hohen Ruhm.«****** So ist er das Musterbeispiel des Ritters, der all den tugendhaften Erfordernissen entspricht. Unsere Zeit hat sich von solchen Idealen und Ansprüchen zwar scheinbar abgewandt, doch wirken sie, vielleicht etwas abgewandelt, immer noch in unserer Gesellschaft. Körperliche Schönheit, modisches Aussehen und sportliche Erfolge haben Hochkunjunktur.

Eine Tugend war noch die *hövescheit*, das »höfische Wesen«, mit dem besonders Gawan berühmt wurde. Parzival wird nicht mit dieser Tugend verbunden. Er war nicht an einem Fürstenhof aufgewachsen, und auch Gurnemanz' höfische Schnellbleiche vermochte ihm nicht zu dieser Auszeichnung zu verhelfen. Sich gesittet am Hofe zu bewegen, Anstand und Etikette zu zeigen und sich entsprechend der Damenwelt gegenüber zu verhalten, war ein gewichtiger Wert. Abgesehen von Überheblichkeit und fehlender Demut entsprach der Seneschall Keyh genau diesem Ideal der *hövescheit*. Er war der Repräsentant des höfischen Zeremoniells. Wenn Parzival ihn ganz besonders für sein Vergehen an Cunneware straft, so könnte dahinter ein Anliegen Wolfram von Eschenbachs stehen, die höfische Welt auf indirekte Weise zu kritisieren, wie er dies zwischen den Zeilen ohnehin öfters versucht.

Bei der allgemeinen Wertschätzung des Französischen hatte das Erlernen der französischen Sprache Vorrang vor Lesen und

Schreiben. Letzteres lernten die Männer meist nie, die höfischen Damen öfters als ihre Herren. Laie zu sein war gleichbedeutend mit Analphabetentum.

> Denken gehörte nicht zu den ritterlichen Künsten; die einzige geistige Betätigung, von der die Erzählungen zu berichten wissen, bestand im gelegentlichen Schachspiel. In Wirklichkeit war Denken die Sache des Klerus.*

* Jung, E., S. 56

Das Ritterdasein bedurfte eines gewissen Wohlstandes, da die Ausrüstung mit erheblichen Kosten verbunden war:

> Jeder Ritter brauchte mindestens drei Rösser: ein Lastpferd, ein Marschpferd und ein Streitroß. Jedes einzelne hatte einen Wert von 45 Kühen. Das Kettenpanzerhemd kostete 20 bis 100 Ochsen. Schild, Speere und handgeschmiedetes Schwert waren teuer. Wissenschaftler haben ausgerechnet, daß mindestens 150 Hektar Herrschaftsgebiet mit Dörfern und Äckern notwendig waren, um einen einzigen Ritter kampfbereit zu machen.*

* Kneissler, M.: So wurden Ritter zu Dinosauriern des Mittelalters, in: P.M.-Perspektive Mittelalter, München 1989, S. 82

Schon daraus ergibt sich, daß dem jungen Springinsfeld Parzival gar keine andere Lösung blieb, als sich mit Gewalt eine eigene Ritterausstattung zu besorgen. Seine Mutter hätte ihm, bei ihrer Angst vor den Folgen, die Mittel trotz ihres Wohlstandes niemals gegeben. Und da er noch ein Niemand war, gab es auch keinen Feudalherrn, der ihm als Lehen ein eigenes Land zur Finanzierung dieser äußerst aufwendigen Ausrüstung gegeben hätte.

Immerhin mußte in der Rüstung einiges an Ungemach ertragen werden, denn hier herrschte bei großer Anstrengung unter dem Helm Mangel an Atemluft, und in der Rüstung staute sich die Körperwärme. Im Sommer kam durch die Sonneneinwirkung die aufgestaute Hitze hinzu. Da die Ritter auf ihren Pferd nur wenig bewegungsfähig waren, entwickelten die aufständischen Bauern später Techniken, sie wie Schießbudenfiguren mit ihren Lanzen einfach aus den Sätteln zu hebeln. »Hilflos wie Maikäfer lagen die Helden nun ihm Dreck. Allein kamen sie weder aus der Rüstung noch auf die Beine. Viele wurden einfach totgeprü-

* Kneissler, M.: So wurden Ritter zu Dinosauriern des Mittelalters, in: P.M.-Perspektive Mittelalter, München 1989, S. 82

gelt. Andere ließ man in der Sonne liegen, bis sie in ihrem Blechgefängnis einen Hitzschlag erlitten.«* Schon im 14. Jahrhundert war damit die Zeit der Ritter auf den Schlachtfeldern zu Ende.

Parzivals Unfähigkeit, sich die Rüstung selbst anzulegen, dürfte demnach nicht nur Ungeschicklichkeit, sondern für einen darin unerfahrenen Jungen eine besondere, reale Schwierigkeit gewesen sein.

Rittertum und Minnedienst

Minne

Das Rittertum hatte für die kollektive Entwicklung des westeuropäischen Kulturraumes eine große Bedeutung, da es Werte einer neuen Kulturform begründete und sich in besonderen Idealen äußerte. Von den Knappen und Rittern wurden persönliche Standesehre ohne Eigennutz, der Schutz der Schwachen, der Frauendienst (»hohe Minne«), Treue gegen den Lehnsherrn, das Bemühen um das rechte Maß und christliche Barmherzigkeit verlangt. Dies prägte den Minnegesang (der französisch-provençalische Troubadour war zugleich Dichter und Komponist) und das höfische Epos. Außerdem wurde das Kämpfen in Zweikämpfen ritualisiert, wodurch Grausamkeit und Töten deutlich reduziert werden konnten. Entsprechend sorgfältig war die Erziehung für diesen Stand, deren Turniere der Gipfel der ritterlichen Waffenübung war.

Die Verbindung von kriegerischen Idealen aus altgermanischen Zeiten mit den Werten des Christentums eröffnete diese einmalige Möglichkeit, die eine neue Annäherung an die Welt der bereits stark in die patriarchale Verdrängung geratenen weiblichen Bereiche ermöglichte.

Der Minnedienst war die Folge einer streng-konventionellen Auffassung der Minne, in der die geliebte *frouwe* im 12./13. Jahrhundert zum Idealbild erhoben wurde. Der Ritter erbringt dabei Heldentaten und folgt einem gesellschaftlichen Spiel, das genauen Regeln und Gesetzen unterliegt.

Minne bedeutet »Erinnerung, Andenken, Gedächtnis, Gedenken« (got. *munan*, engl. *mind*) und »liebendes Gedenken«, woraus schon die Kontrolle spürbar wird, die hier auf denjenigen ausgeübt werden soll, der Gefühle hat: Er soll »gedenken«, also seine Gefühle für die Frau, die er begehrenswert erlebt, beherrschen. Erst als im 15. Jh. die Minne die Bedeutung von »geschlechtlicher Liebe, Brunst und Beischlaf« erhielt, kam es als anstößiges Wort aus dem Gebrauch, bis es in der Romantik wieder belebt wurde.*

* Duden, Etymologisches Wörterbuch

Der »Minnebecher« ging übrigens aus einem Totenbrauch hervor, als man der Verstorbenen gedacht und ihnen zugetrunken hatte. Gott dieses Brauchtums und der Minne war der germanische Wotan, der im Sinne eines »treusorgenden Gedenkers nicht nur mit dem Schicksal der Welt ... sondern mit seinen Heldensöhnen ihr ganzes Leben verbunden hindurch in engster Beziehung bleibt«*. Seine Walküren waren nicht nur diejenigen, welche die zu fallenden Krieger in der Schlacht wählten, sondern seine Wunschmädchen waren die Mittlerinnen der Minne, denn sie spannen wie die Nornen den alles verbindenden Schicksalsfaden. Wotan ist der dunkle »Vater der Anima« und sucht in diesem Geist seinen positiven und negativen Ausdruck in der »Ekstase, Dämonie und schattenhaften Zwanghaftigkeit des Trieblebens«**.

* Ninck, M.: Wotan, S. 140–141

** Jung, E., S. 217

Der mittelalterliche Minnedienst war sehr von walkürischen Vorstellungen durchdrungen. Ihrer *frouwe* dienten die Ritter ähnlich absolut und konsequent, wie sie es für ihren König und Lehnsherrn taten. Im Minnedienst machte sich eine Verinnerlichung der Beziehung zum Weiblichen bemerkbar. Die hierzu verlangten Tugenden förderten den Umgang untereinander und bildeten die Voraussetzung für einen vertieften Kontakt mit den weiblichen Fähigkeiten (Anima), auch wenn der Minnedienst nur eine kompensatorische Erscheinung der überbetonten Wertschätzung des Männlichen war.* Im Minnekult läßt sich ein Weg erkennen, der die kulturelle Überwindung der christlich-asketischen Lebensauffassung versucht. Die grenzenlose, aber

* Jung, E., S. 66

54

auch widersprüchliche Leibfeindlichkeit, die sich in der Kirche breit gemacht hatte, forderte einerseits heraus, sich protesthaft dagegen aufzulehnen, andererseits auch, Wege zu ihrer Auflockerung oder gar Überwindung zu suchen.

Männer konnten und sollten nach mittelalterlichem Verständnis mit sexuellen Erfahrungen in die Ehe gehen, Frauen sollten demgegenüber unberührt sein. Auch der Ehebruch war nach der mittelalterlichen Rechtsauffassung ein Delikt, das nur Frauen begehen konnten.* Nach weltlichem Recht konnten Frauen für Ehebruch mit dem Tode bestraft werden, obwohl die Kirche darauf drängte, Männer und Frauen hier gleich zu behandeln. Ihre Rivalen behandelten die Ehemänner in der Regel jedoch nicht zimperlich: Häufig wird vom Abschneiden der Geschlechtsteile berichtet, die offenbar als Strafe für den Ehebruch praktiziert wurde.**

* Bumke, J., S. 551

** Bumke, J., S. 552

Der Ritter verkörpert unzweifelhaft die Idee des Kriegers. Das Christentum drang in Nord- und Westeuropa in Kulturen der Kelten und Germanen vor. Eine echte Assimilation an die christlichen Werte konnte bei diesen Völkern nur im Laufe verschiedener Stufen erreicht werden. Eine wichtige Stufe hierbei bildete das Rittertum, das mit seinem ausgeprägten Formbewußtsein das christliche Ideal in besonderer Weise aufnehmen konnte. Minne und Nächstenliebe konnten so gleicherweise eingebunden werden. Das Christentum gab dem Ritter höherer Sinn für seine kämpferische Männlichkeit und stellte diese in den Dienst einer größeren, übergeordneten Idee.

Es bestand eine tiefe Kluft, ein krasser Gegensatz zwischen höfischem Ideal des Ritters und der gesellschaftlichen Realität. Um 1200 schrieb der Hofkaplan des englischen Königs:

> Früher verpflichteten sich die Ritter durch das Band des Eides dazu, daß sie für die öffentliche Ordnung eintreten würden, daß sie in der Schlacht nicht fliehen würden und daß sie ihr Leben für das allgemeine Wohl hingeben würden. Auch heute noch empfangen die Ritter ihre Schwerter vom Altar und sollen geloben, daß sie Söhne

der Kirche sind und daß sie das Schwert empfangen haben zur Ehre der Priester, zum Schutz der Armen, zur Bestrafung der Übeltäter und zur Befreiung des Vaterlandes. Aber die Sache hat sich ins
Gegenteil verkehrt. Denn sobald sie mit dem Rittergürtel geschmückt sind, erheben sie sich gegen die Gesalbten des Herrn
und wüten im Erbland des Gekreuzigten. Sie plündern und berau-
ben die unbemittelten Diener Christi und, was schlimmer ist, sie
unterdrücken erbarmungslos die Armen und sättigen am Schmerz
der anderen ihre eigenen verbotenen Gelüste und ihre außerordentlichen Begierden.«*

* Hofkaplan Petrus von Blois zit nach
Bumke, J, S. 431

Skrupellos und orientiert an Macht und Erfolg war die stille De-
vise, die sich besonders bei den Kreuzzügen zeigte. So läßt sich
hinter der Darstellung des Idealbildes des höfischen Ritters in
Liedern und Epen der Appell der höfischen Dichter an die Ritterschaft vermuten. In ihren Dichtungen spiegelt sich nicht nur
die damalige Realität, sondern auch die Vision eines neuen Miteinander, das sie in ihren Geschichten einzufangen versuchten.

Emma Jung sieht in Artus' Tafelrunde ein Symbol, in dem die
Bewußtwerdung des christlichen Menschen des ersten Jahrtau-
sends zu erkennen ist.* Hierin deutet sich die Möglichkeit der
demokratische Gleichberechtigung ebenso an wie das brüderli-
che Gleichwertigsein, das sich in den Idealen der französischen
Revolution wiederfindet.

* Jung, E., S. 63

*»Parzival zog also von dannen. Nach Gestalt und Betragen war
er ein vollkommener Ritter, doch ihn bedrängte gärende Unruhe.
Die Weite schien ihm zu eng, die Breite zu schmal, das Grün der
Bäume und Wiesen zu blaß, das Rot seiner Rüstung farblos, sein
Herz verwirrte seine Augen.«* Einerseits erfüllte ihn der Stolz,
nun Ritter zu sein, andererseits gingen seine Gedanken immer
wieder zu Liaze, der schönen Tochter Gurnemanz'. Willenlos
ließ er sich von seinem Roß davontragen, wohin es sich auch
wandte, ob es galoppierte oder trabte. Ziellos streifte er durch die
fremde Gegend, bis er zur Stadt Pelrapeire kam, die von Feinden
belagert und dem Verhungern nahe war.*

Condwiramurs

* P., IV; 1,1

Tarotkarte

Hier nahm man ihn auf und bewirtete ihn mit dem wenigen, das man hatte. Bald stellte sich heraus, daß Königin Condwiramurs die Tochter von Gurnemanz' Schwester war. Doch Parzival ahnte immer noch nichts von der großen Not der Bevölkerung, so daß sich die Königin zum Äußersten entschloß und ihn nachts in seiner Kammer im weiß-seidenen Nachtgewand aufsuchte. »Der Platz vor der Bettstatt war von Kerzen taghell erleuchtet. Condwiramurs schritt geradewegs auf das Bett zu und kniete auf dem Teppich davor nieder. Beide, er und die Königin, wußten nicht das mindeste von der Liebe der körperlichen Vereinigung. ... Die Jungfrau war so tief traurig, daß aus ihren Augen viele Tränen auf den jungen Parzival herniederfloßen.« Schließlich erwachte er, war erfreut und bestürzt zugleich, bot ihr, abenteuerlustig wie er war, als er von ihrer Bedrängnis erfahren hatte, sofort seine Dienste an: »Ihr könnt sicher sein, meine Faust wird Euch nach Kräften stützen!«

Am andern Tag kam es zum Zweikampf zwischen Parzival und Kingrun, dem Seneschall Clamides, der mit dem Unterwerfungsgelöbnis Kingruns enden mußte. Parzival schickt ihn in die Bretagne zu Cunneware, um bei der Jungfrau, die um seinetwegen Schmerzen dulden mußte, sein ritterliches Unterwerfungsgelöbnis zu leisten. Nun war die Stadt befreit. Die Königin schloß ihn in die Arme und rief: »Nie werde ich eines anderen Mannes Frau als dessen, den ich in den Armen halte!« und half ihm eifrig beim Ablegen der Rüstung. Condwiramurs bat ihn, ihr Gatte zu werden.

Inzwischen hatte ein kräftiger Wind zwei Schiffe mit Brot und Wein in den Hafen getrieben, was der schwer an Hunger leidenden Bevölkerung wohl gefiel. Parzival selbst verteilte die von eigener Hand geteilte Nahrung an die Menschen.

Am Abend wurde den beiden das Brautlager bereitet, sie lagen still und zufrieden nebeneinander im Bett. »Er ließ die Königin unberührt, sie aber glaubte schon jetzt, seine Frau geworden zu sein. Also setzte sich die jungfräuliche Gattin aus Liebe zu ihm am Morgen die Haube der Ehefrau auf und überließ ihrem Herz-

allerliebsten das ganze Reich mit allen Burgen und Städten. Zwei Tage und drei Nächte lebten sie zusammen und waren glücklich in ihrer Liebe. Er aber dachte immer öfter daran, daß seine Mutter ihm geraten hatte, die Frau fest in die Arme zu schließen, und auch Gurnemanz hatte ihn gelehrt, daß Mann und Frau untrennbar eins wären. Sie schlangen also Arme und Beine ineinander, und wenn ich es schon sagen soll: er fand das nahe Süße und beide übten den alten, stets neuen Brauch. Dabei war ihnen wohl und nicht weh zumute.«*

* P., IV; 202, 21

Inzwischen hat der die Stadt belagernde Clamide erfahren, daß sein Seneschall den Zweikampf verloren hatte, und in seiner Eifersucht, daß nicht er Condwiramurs besitzen sollte, forderte er den roten Ritter Parzival zum Kampf. So kämpften die beiden »bartlosen Jünglinge« auf das heftigste miteinander, bis schließlich Clamide unterlag. Auch er mußte sein Unterwerfungsgelöbnis vor Cunneware am Hof König Artus' leisten. Auf diese Weise verbreiteten sich auch dort schnell die ruhmreichen Taten Parzivals.

Das Glück, das Parzival und Condwiramurs miteinander erlebten, währte nicht lange, denn er erbat Urlaub, um nach seiner Mutter zu sehen und vielleicht auch das eine oder andere Abenteuer bestehen zu können. Allein zog er weiter.

Ein biographisches Detail zeigt die bekannte Dynamik, wie sehr elterliches Verhalten auf das Leben der Kinder einwirkt: Daß Parzival an der Stelle, als er Condwiramurs verläßt, auch von einem tief unbewußten Wiederholungszwang getrieben ist, läßt sich erkennen, wenn wir uns an das Leben seines Vaters Gachmuret erinnern. Als dieser im Orient die schwarze, liebliche und tugendreiche Königin Belakane kennengelernt hatte, raubte ihm »der Gedanke an die dunkelhäutige Mohrin, die Königin des Landes, zuweilen die Besinnung«*. Oder als er zu Herzeloyde kam: »Gestern kam ich, und heute wurde ich Herrscher dieses Reiches. Die Königin schlug mich in ihre Bande, so daß ich mich, dem Rat der Sinne folgend, nur mit den Waffen der Liebe

* P., I; 35, 20

wehrte.«* Doch das Pochen des verliebten Herzens hält bei ihm nicht lange vor. Zu groß ist die Lust nach Abenteuern, und er verläßt beide, beide im schwangeren Zustand, Belakane sogar in aller Heimlichkeit. Parzival scheint ähnliche Anlagen oder Prägungen in sich zu tragen, wenn er mit Condwiramurs ebenso verfährt.

Es scheint, daß Parzival von seiner Liebe so überwältigt ist, daß er sich ihr gerne hingeben möchte, aber den damit verbundenen Gefühlen einfach noch nicht gewachsen ist. Er, der Spätentwickler, der bis vor kurzem noch ganz von der Mutter behütet war, soll jetzt fähig sein, die intensiven Gefühle in einer engen Beziehung zu einem geliebten Menschen zu bewältigen? Er, der eben wie ein großer Junge noch mit Pfeil und Bogen durch die Wälder streifte, soll den orgiastischen sexuellen Erlebnissen gewachsen sein? Die Gefühle, die ihm Condwiramurs entgegen brachte, waren nicht die eines pubertierenden Mädchens, sondern die Gefühle und Erwartungen einer Frau, die glaubt, den Mann ihres Lebens gefunden zu haben. Ein Frau, die hofft, von diesem Mann ihrer Träume, einem Held, schön und intelligent, gebildet und von edler Abkunft, Kinder zu bekommen. Es ist schwer vorstellbar, daß der junge Parzival sich schon nach wenigen Tagen ohne seine Mutter in solch ein Leben hätte einfügen können.

Als Parzival von Gurnemanz wegreitet, fühlt er in sich eine quälende, bedrängende Unruhe. Bei Gurnemanz war es so schön gewesen, er hatte einen Vater gefunden, der ihn in seiner ritterlichen Identität weiter gefestigt hatte. In Liaze konnte er sich verlieben. Und doch drängt es ihn weiter, und eine kräftige Unzufriedenheit durchzieht sein Gemüt. Er muß wohl so in seinen Gedanken gefangen sein, daß er etwas geschehen läßt, was nicht seinem bisherigen Wesen entspricht. Er gewährt seinem Pferd die Zügel und läßt es seinen Weg bestimmen. In überraschend kurzer Zeit gelangt er zur belagerten Stadt Pelrapeire. Und es scheint, als wäre in einer Stufe der vorbewußten Präkognition die nächste Aufgabe in ihm figuriert: Er wird in dieser Stadt nicht nur gewaltigen, heldenhaften Aufgaben, sondern auch seiner großen Liebe Condwiramurs begegnen. Liaze ist somit nur eine erste, einfache Hinführung zu dem, was ihn nun erwartet.

Condwiramurs wird abgeleitet von *conduire d' amour*. Es bedeutet Führerin oder Führung in der Liebe. Sie wird nicht nur seine Geliebte und Gattin, sondern zu einem Symbol seiner Liebe, der er durch all die Wirren, die ihn die nächsten Jahre umgeben werden, treu bleibt.

In Pelrapeire erlebt Parzival etwas, was viele Menschen in dieser Eindringlichkeit leider nicht erfahren können. Er wird in mehrfacher Weise bestätigt. Als Ritter ist er äußerst erfolgreich, gewinnt alle Zweikämpfe und bringt der Stadt den Frieden. Weiter kann er sich als umsichtiger und verantwortungsbewußter Helfer betätigen, als er selbst die Nahrungsmittel verteilt, die in den vom Wind ans Land getriebenen Schiffen sind. Das Besondere aber gipfelt in seiner Begegnung mit Condwiramurs. Jetzt kann ihm seine Männlichkeit in doppelter Weise bewußt werden, wenn der erfolgreiche Rittersmann auch der geliebte Partner ist, der seinerseits ebenfalls Liebe geben kann.

Daß Parzival trotz der Begegnung mit der Frau die Mutter immer noch nicht überwunden hat, zeigt sich an seinen Gedanken, während er mit Condwiramurs vereinigt ist. Immer noch bestimmt ihn sein Über-Ich (die Mutter hatte ihm geraten, die Frau fest in die Arme zu schließen; Gurnemanz hatte ihn darauf hingewiesen, daß Mann und Frau untrennbar eins sind), und er kann sich nicht ungetrübt der ganzen Dimension der sexuellen Vereinigung überlassen. So ist es auch zu verstehen, daß er dieses Glück in seiner Ganzheit noch nicht genießen kann und der ihm unbewußte Ablösungsimpuls ihn zur Mutter zurücktreibt.

Dabei ereignet sich etwas, was wir in manchen Märchen als wichtiges Motiv wiederfinden, bei dem das junge Paar durch die Sehnsucht der Männer nach ihrer Mutter oder ihren Eltern belastet wird. Die Märchenbraut muß schließlich einsehen, daß sie den Liebsten nicht mehr länger von seinem Wunsch abhalten kann. So ermahnt ihn die Liebste bei der Abreise, die Mutter oder die Eltern auf keinen Fall zu küssen, da sonst damit zu rechnen ist, daß er sie nicht wiederfindet und große Mühen bewältigt werden müssen, um einander wiederzufinden. Unter anderem sind die Grimmschen Märchen »Der liebste Roland« und »Die Nixe im Teich« schöne Beispiele für dieses Motiv.

Bei Parzival kommt es gar nicht zu diesem Kuß der Mutter, doch steht dasselbe Motiv im Hintergrund: Es ist der unbewußte Ruf der Seele nach der Mutter und auch nach der Ablösung von ihr. Er bleibt bereits auf dem Nachhauseweg stecken und gerät in eine jahrelange Wirrnis. Aber wieder überläßt er seinem Pferd die Zügel und läßt sich von ihm führen.

Auf der Gralsburg

Parzivals Gedanken kreisten immer wieder um Condwiramurs, und die Ferne zu ihr bedrückte ihn sehr. Seinem Roß überließ er die Zügel, das ohne seine Leitung dahintrabte. Er gelangte an einen im Wald gelegenen See und traf dort einen auf das prächtigste gekleideten, fürstlichen Fischer, der einen mit bunten Pfauenfedern geschmückten Hut trug. Dieser wies ihn zum Herbergen zu einer nah gelegenen Burg. Der Mann, offensichtlich von tiefem Gram gezeichnet, erzählte ihm, daß Land und Gewässer im Umkreis von dreißig Meilen völlig menschenleer sind, und nur eine Burg in der Nähe eine Übernachtungsmöglichkeit biete. Aber er solle sich vorsehen, es gebe dort auch Irrwege.

Die Burg machte mit ihren festen Mauern einen sehr wehrhaften Eindruck. Keinen Angriff brauchten ihre Bewohner zu fürchten. Hinter den Mauern reckten sich zahlreiche starke Türme und mächtige Paläste zum Himmel. Parzival trabte unverdrossen dahin, und tatsächlich wurde die Zugbrücke für ihn herabgelassen. Herzlich begrüßte ihn ein Knappe, aber als er sich umsah, vermißte er auf der Wiese jedwede Turnierspuren. Man gab ihm die Möglichkeit, sich zu reinigen. Ein Jüngling warf ihm einen Man-

tel aus kostbarer arabischer Seide über die Schultern: Es war der Mantel von Königin Repanse de Schoye, und Parzival sollte ihn tragen, bis man ihm bequeme Kleider geschneidert hatte.

Parzival hatte bis dahin noch keinen Hofnarren kennengelernt. Er kannte diesen Brauch nicht und mußte beruhigt werden, als ein zungenfertiger Hofnarr in seinem Übermut sich auf Kosten des kraftstrotzenden Gastes belustigte. »Da sein herrlich ziseliertes Schwert nicht zur Hand war, ballte er die Faust in solchem Zorn, daß unter den Nägeln das Blut hervorspritzte und den Ärmel näßte.«*

* P., V; 229, 10

Und nun wird die Gralsburg mit einer äußerst dichten Symbolik beschrieben:

Hundert Kronleuchter mit vielen Kerzen beleuchteten einen Saal, der hundert Ruhelager hatte. Je vier Gefährten fanden Platz auf einem Lager, und der freie Raum dazwischen war mit Teppichen belegt. In drei viereckigen Marmorkaminen brannten auf Rösten kostbares Aloeholz, das einen besonders angenehmen Geruch verbreitete. In der Nähe des mittleren Kamins hatte der Burgherr sich auf seinem Ruhelager niedergelassen. »Allen Frohsinns bar war sein Leben ein ständiges Dahinsiechen.« Parzival wurde vom Gastgeber freundlich empfangen und gebeten, sich an seiner Seite niederzulassen. Die großen Feuer hatte man wegen seiner Krankheit entzündet, und er trug besonders warme und wertvolle Kleidung mit einer Pelzmütze.

Viele stattliche Ritter saßen in der Runde. Ein Knappe kam herein und trug eine Lanze, aus deren Spitze Blut quoll und den Schaft hinabbrann bis zum Ärmel und zur Hand. In der Weite des Palastes begann ein großes Weinen und Klagen, der Knappe trug die Lanze durch den Palast und verließ den Raum wieder durch die gleiche Tür. Erst jetzt verstummte das Wehklagen der Ritter.

An der Stirnseite des Palastes tat sich eine stählerne Tür auf, und zwei liebliche Mädchen betraten den Saal. Blumenkränze zierten ihre blonden Locken, und jede hielt einen goldenen Leuchter mit brennenden Kerzen in der Hand. Die Kleider waren rotbraun gehalten und über den Hüften von Gürteln eng gerafft.

Den beiden Mädchen folgte eine Herzogin mit ihrer Gefährtin, die zwei zierliche Elfenbeinstützen trug. Verneigend stellten sie diese vor den Burgherrn. Weitere grasgrün gekleidete acht Edeldamen betraten den Saal. Sie waren mit Blumen gekränzten Locken geschmückt. Vier von ihnen trugen große Kerzen, die anderen vier eine fein geschliffene Steinplatte, die bei Tage das Sonnenlicht hindurchließ: es war ein großer Granathyazinth. Diese kostbare Tischplatte wurde auf die bereitstehenden Elfenbeinstützen gelegt.

Zwei Fürstinnen traten ein und trugen zwei scharfe Messer aus gehärtetem blitzendem Silber, so kunstreich gearbeitet, daß man sogar Stahl damit schneiden konnte. Vor ihnen schritten vier berufene Edeldamen, die mit brennenden Kerzen das blitzenden Silber begleiteten. Auf der prächtigen Tafel legten sie die Messer nieder und traten zu den üblichen Jungfrauen zurück. Jetzt erschienen sechs in verschieden farbigen Stoffen gekleidete Damen und die in arabischer Seide gekleidete Königin. Sie trug auf einem grünen Seidentuch »den Inbegriff paradiesischer Vollkommenheit, Anfang und Ende allen menschlichen Strebens! Dieser Gegenstand wurde Gral genannt und übertraf alle Vorstellungen irdischer Glückseligkeit.« Er wurde von Repanse de Schoye getragen, und nur eine unberührte und makellose Jungfrau durfte ihn hüten.

Vor dem Gral wurden sechs kostbarer Leuchter getragen. In diesen durchsichtigen Glasgefäßen brannte Balsam. Der Gral wurde vor den Burgherrn gestellt. Die sieben Damen schritten zu den anderen achtzehn und standen so, daß die Königin zu jeder Seite zwölf Edeldamen hatte.

Kämmerer mit massiven goldenen Becken traten nun zu den Rittern und bedienten mit je einem Pagen jeweils vier Ritter. Die Ta-

feln waren dabei sorgfältig mit blütenweißen Tüchern bedeckt. Der Burgherr und Parzival wuschen sich in einem Becken die Hände, wobei ihnen ein Grafensohn ein buntfarbenes Seidenhandtuch reichte. Jetzt wurde jeder Ritter mit kostbaren goldenem Tafelgeschirr versorgt. Hundert Knappen mußten vor dem Gral ehrfurchtsvoll das Brot aufheben und auf weißes Linnen legen. Der Erzähler Wolfram berichtet: »Man hat mir versichert – und ich wiederhole es bei Eurem Eid – so daß ihr mit mir lügt, wenn ich die Unwahrheit sage –, daß vor dem Gral alles bereitstand, wonach man verlangte. Man fand dort warme und kalte Speisen, bekannte und unbekannte Gerichte, Fleisch von Haustieren und Wildbret. ... Der Gral war wirklich ein Hort des Glücks, ein Füllhorn irdischer Köstlichkeiten, so daß man ihn fast mit der Herrlichkeit des Himmelreichs vergleichen könnte. ... Dank der Wunderkraft des Grals wurde der Becher nach Wunsch gefüllt. Die ganze Gesellschaft war also beim Gral zu Gast.«*

* P., V; 238, 14

Parzival wunderte sich über all das Geschehen und hätte gar zu gerne gefragt, aber da ihm Gurnemanz eingeschärft hatte, keine unnützen Fragen zu stellen, wollte er durch ungeschicktes Benehmen nicht auffallen.

Später näherte sich ein Knappe mit einem Schwert, dessen kostbarer Griff aus einem Rubin geschnitten war. Der Burgherr überreichte es seinem Gast und sprach: »Herr, ich habe es oft in den Kampf getragen, bis Gott mich mit einer schweren Wunde heimsuchte. Nehmt es als Entschädigung, wenn die Bewirtung nicht euren Erwartungen entsprach. Führt es stets bei Euch; wenn ihr es erproben müßt, wird es Euch im Kampf ein unerläßlicher Beschützer sein.«

Diese Gabe sollte ihn zum Fragen anregen, eine einzige Frage an seinen freundlichen Gastgeber, der an seiner unheilbaren Wunde dahinsiechte, hätte genügt, um ihn von seinen Qualen zu erlösen. Hätte er doch gefragt: »Herr, was fehlt Euch?«* so wäre dem Leidenden geholfen gewesen.

* »hérre, wie stét iuwer nót?«

64

Als das Mahl beendet war, wurde alles Eßgeschirr wieder hinaus getragen, und die Edelfrauen verrichteten ihre Aufgaben in umgekehrter Reihenfolge. Wieder verneigten sich die Königin und die Jungfrauen vor dem Burgherrn und vor Parzival und brachten den Gral wieder hinaus. Ehe die Tür geschlossen wurde, erblickte Parzival im anschließenden Gemach auf einen Ruhelager einen Greis, wie er ihn ehrfurchtsvoller nie zuvor gesehen hatte. Sein Haar war schlohweiß. Aber weil er wiederum nicht fragte, konnte er auch nicht in Erfahrung bringen, wer dieser Greis war.

Der Gastgeber wandte sich an Parzival und empfahl ihm, sich zur Ruhe zu begeben. Ritter begleiteten ihn zu seinem Schlafgemach und Pagen umsorgten ihn vor dem Zubettgehen. Vier hübsche Jungfrauen brachten ihm noch Wein und Früchte. Die Pagen entfernten sich erst, als sie sahen, daß Parzival schlief. Doch ihn quälten bis zum frühen Morgen böse Träume. Am anderen Tag weckte ihn niemand, auch half ihm keiner beim Ankleiden. Er fand seine Rüstung und zwei Schwerter. Das eine hatte ihm der Burgherr geschenkt, das andere hatte er von Ither von Gahevies. Bei seinen Gedanken um die schöne Königin, die er am Abend gesehen hatte, mußte er sich selbst noch einmal daran erinnern, daß seine königliche Gemahlin mindestens ebenso schön war wie diese hier, eher noch schöner. Er wappnete sich von Kopf bis Fuß, nun mit zwei Schwerter umgürtet, bestieg sein Pferd und wandte sich um. Doch nur ein Knappe rief ihm zu: »Ihr seid nicht einmal wert, daß euch die Sonne bescheint! Zieht ab, Ihr beschränkter Dummkopf! Hättet ihr doch euren Schnabel aufgetan und den Burgherrn gefragt! Ruhm und Ehre habt ihr verspielt!« Mit lauter Stimme forderte Parzival Aufklärung, doch er bekam keine Antwort.

Er folgte den Hufspuren, die von der Burg wegführten, doch wurden diese bald schwächer, und die Spur verlor sich ganz.

Es ist äußerst faszinierend, wie sich in der Grallegende ein feines Gespinst an historischen Fakten, christlich religiösen Glaubensinhalten, mythischen Phantasien sowie reiche Symbolik zu einer Komposition zusammengefunden haben, die durch keine bewußte psychologische Konstruktion zu erreichen gewesen wäre. Alle mittelalterlichen Autoren, die sich mit der Gralslegende beschäftigt haben, konnten deshalb immer nur Facetten dieses großartigen Gewebes an Motiven aufgreifen und verarbeiten. Bei der Beschreibung der Gralsburg und den Geschehnissen in ihr muß unbedingt das mittelalterliche Bedürfnis nach Symbolen bedacht werden. Man kann ahnen, wie wichtig es für den mittelalterlichen Menschen gewesen sein muß, sich über diese reiche Symbolik und die legendenhafte Verarbeitung einen ergänzenden und kompensatorischen Ausgleich für die zu engen kirchlichen Lehren zu verschaffen. Gerade im Werk Wolfram von Eschenbachs wird in einer Weise der Toleranzgedanke gegenüber Andersgläubigen zum Ausdruck gebracht, der weit über die üblichen Zeugnisse dieser Zeit hinausreicht.

Diese Symbolik , die wir in der Komposition der Gralsburg vorfinden, läßt sich aufgrund ihres Umfangs und ihrer Komplexität nur bruchstückhaft analysieren.

Beginnen wir mit der Gralsburg selbst. Ihr Ort muß in einem Jenseitsland oder einer Anderswelt gesucht werden. Zu ihr gelangt man durch besondere Umstände. Zunächst bedarf es der Hilfe des Fährmannes, um den Grenzfluß oder den Grenzbereich zu überqueren und um mit seiner Hilfe den Bereich des Alltäglichen verlassen zu können. Von ihm wird man nur befördert, wenn man die entsprechende Legitimation dazu besitzt.

In der Version Wolframs ist es der Fischerkönig selbst, der wie ein Fährmann richtungsweisend auf die Gralsburg verweist. Sie bekommt hier durchaus die Qualität einer Jenseits- oder Totenwelt. Sie beinhaltet das nicht jedermann Zugängliche. Den entsprechenden Übergang und Zugang gewährleistet in den Märchen und Mythen der Fährmann. Obwohl er »an sich nichts Negatives darstellt, bekommt sie [die Verbindung zwischen den Welten] durch seinen Widerstand einen furchterregenden, leidvollen und in ihrer Zwanghaftigkeit sinnlosen Aspekt«*.

* Kuprian, N., S.17

Er repräsentiert den Vermittler zum Zwischenreich und den Grenzbereich selbst. Als Wandlungssymbol tritt er auf, wenn es gilt, die polaren Welten miteinander in Verbindung zu bringen. Ohne ihn ist der Kontakt nicht möglich. So ist es nur folgerichtig, daß Parzival im Fischer dem Fährmann begegnet. In seiner äußerst wert- und prunkvollen Bekleidung (»wie sie ein Herrscher über alle Reiche dieser Welt nicht prächtiger besitzen könnte«) weist dieser ihn auf die besondere Situation hin, daß abgesehen von einer Burg in der Nähe im Umkreis von 30 Meilen Land und Gewässer menschenleer sind. Das unterstreicht den Charakter der Gralsburg als Ort in einer anderen Welt.

Die Burg selbst bestätigt durch ihren Trutzcharakter ihre schwere Zugänglichkeit. Ein weiterer Graben muß im Eingangsbereich mit Hilfe der Zugbrücke überwunden werden. Dieses Bild erinnert an ein Mandala mit seinem durch Trutzbereiche geschützten Zentrum, wie wir es aus dem buddhistischen Bereich kennen. Ins Zentrum des Mandalas gelangt man nur durch eine besondere Vorbereitung, die in Belehrung, Läuterung und Reinigung besteht. Genau dies finden wir jedoch bei Parzival nicht. Er wird von niemandem vorbereitet oder über seine Aufgabe informiert. Nur eine gewisse Reinigung erfährt er ihm Vorhof der Burg und bekommt den wertvollen grünen Mantel der Gralsträgerin. Mit diesem Schutz und der würdevollen Einstimmung betritt er den Palast. Hier finden wir eine fast barock anmutende Komposition an Symbolen und höfischem Zeremoniell. An drei festgemauerten Kaminen wird kostbarstes Aloeholz verbrannt, um Wohlgerüche zu erzeugen, und in der weiten Halle finden vierhundert Ritter in Vierergruppen an runden Tischen angeordnet ihren Platz. Hier wird die Vier zum besonderen Symbol durch ihre häufige Wiederholung und ihre Steigerung ins Hundertfache. In ihr drückt sich auf einfache Weise ein großer Bedeutungsbogen aus: Nicht nur, daß an die vier Himmelsrichtungen, die vier Elemente und vier Temperamente, die vier Evangelisten gedacht werden kann, darüber hinaus läßt sich auch an die vier Lebensalter (Kindheit, Jugend, Reife, Alter) denken, die hier an diesem Ort die

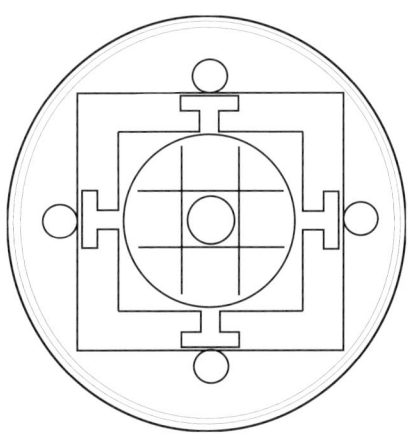

Tafel 1:
Schema eines Mandalas

Ganzheit symbolisieren. Vom Knappen bis zum greisen Titurel im Nebenzimmer finden wir hier alle Reifestufen. Wolfram verwendet hier die Vier als raumgliederndes Ordnungsprinzip. Als Symbol der Erde bildet sie gewissermaßen das Gefäß und den Raum, in dem sich alles weitere abspielt. Hundert Kronleuchter mit vielen Kerzen, die den Saal beleuchten, stehen gemäß mittelalterlichem Symbolkanon für die himmlische Seligkeit. Ganz sicher stehen hier die Kerzen nicht einfach nur, um Licht und Helligkeit zu erzeugen. Wenn eine Kerze das Symbol der individuellen Seele bedeutet und für das Verhältnis von Geist und Materie steht, so bedeuten hundert Kronleuchter mit ihren Kerzen den Inbegriff einer abgeschlossenen Vielheit in einem größeren Ganzen.*

* Herder Lexikon, Symbole, Freiburg i.B. 1978, S. 79

Die Lanze, die der Knappe durch den Saal trägt, und von der Blutstropfen vom Schaft herunterrinnen, hat zunächst eine medizinische Bedeutung, da sie mit den entsprechenden Heilmitteln bestrichen dem kranken Gralskönig in die Wunde gesteckt wird. Darüber hinaus ist sie Symbol der männlichen Kraft und steht im Gegensatz zum trennenden Schwert für Zielen und Treffen.* Sie gehört zu den Passionssymbolen, da mit ihr die Seite Christi geöffnet wurde. Hierzu gehört auch die Schale, deren Symbolik sich im Gral wiederfindet, wurde doch mit ihr das Blut Christi aufgefangen und darin aufbewahrt.

* Jung, E., S. 87

Die Bedeutung der Lanze im Mittelalter ist bei der damit verbundenen Geschichte verständlich. Die Longinus-Lanze – benannt nach dem römischen Soldaten, der damit die Seite Christi öffnete – wurde 1098 der Legende nach während der Belagerung von Antiochia durch die Vision eines Priesters gefunden. Möglicherweise ist sie mit der bis 1937 in der Schatzkammer der Wiener Hofburg aufbewahrten Martinus-Lanze identisch, die zu den deutschen Reichsinsignien gehörte.

Immer wieder werden Speer und Lanze gleichbedeutend verwendet. Der Speer hat allerdings eine völlig andere Bedeutung, da er geworfen wird. Die Lanze jedoch wird getragen und zum

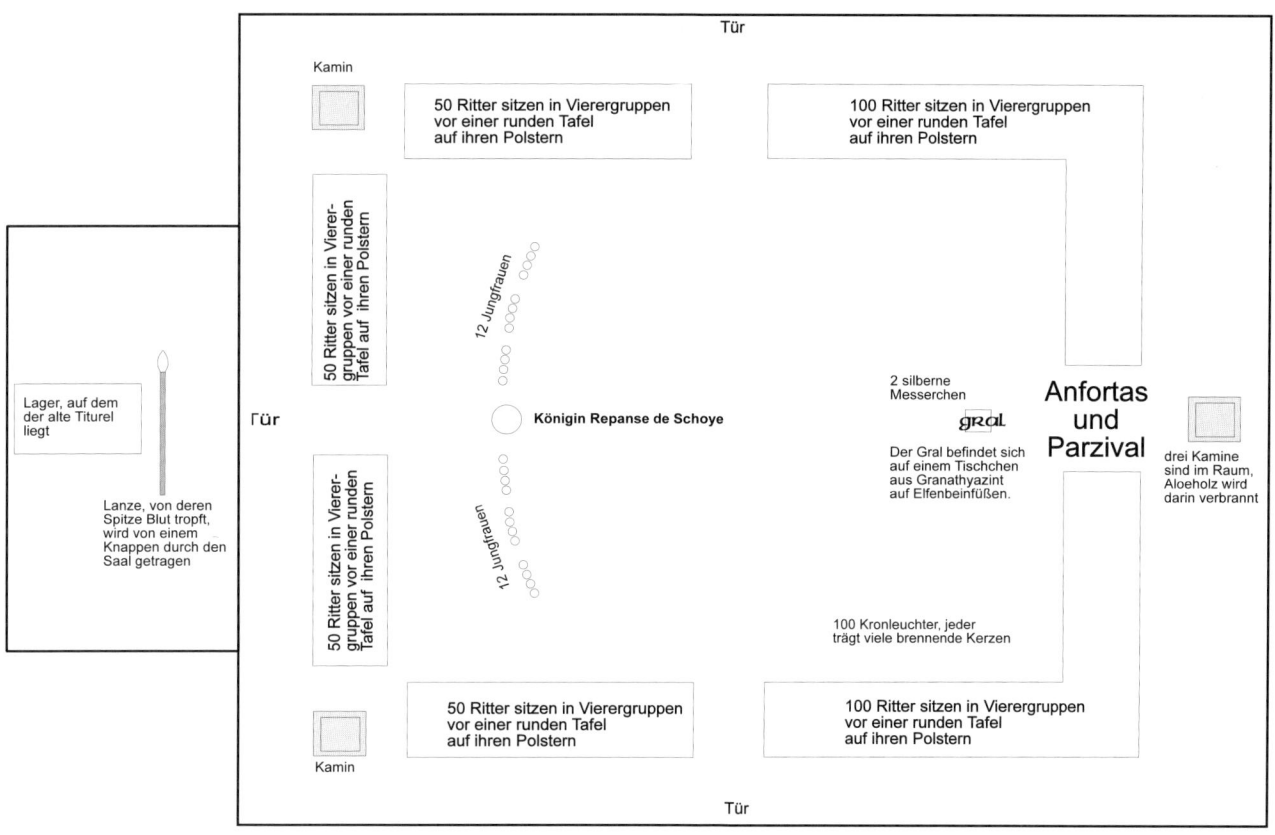

Tür

Kamin

50 Ritter sitzen in Vierergruppen
vor einer runden Tafel
auf ihren Polstern

100 Ritter sitzen in Vierergruppen
vor einer runden Tafel
auf ihren Polstern

50 Ritter sitzen in Vierergruppen vor einer runden
Tafel auf ihren Polstern

12 Jungfrauen

Lager, auf dem
der alte Titurel
liegt

Tür

Königin Repanse de Schoye

2 silberne
Messerchen

gral

Der Gral befindet sich
auf einem Tischchen
aus Granathyazint
auf Elfenbeinfüßen.

**Anfortas
und
Parzival**

drei Kamine
sind im Raum,
Aloeholz wird
darin verbrannt

Lanze, von deren
Spitze Blut tropft,
wird von einem
Knappen durch den
Saal getragen

50 Ritter sitzen in Vierergruppen vor einer runden
Tafel auf ihren Polstern

12 Jungfrauen

100 Kronleuchter, jeder
trägt viele brennende Kerzen

Kamin

50 Ritter sitzen in Vierergruppen
vor einer runden Tafel
auf ihren Polstern

100 Ritter sitzen in Vierergruppen
vor einer runden Tafel
auf ihren Polstern

Tür

Tafel 2: Schema des Gralspalastes

Stoß gehalten. Somit steht ihr eine völlig andere Symbolbedeu-
tung zu als dem Speer, der mehr Attribut der männlichen Gott-
heiten ist (Wotan, Zeus, Jupiter usw.). Schon im Altertum fand
sich eine Lanze, die mit derjenigen des Grals verglichen werden
kann: Die Lanze des Achilles konnte die Wunden heilen, die sie
zugefügt hatte. Diese Funktion hätte die Gralslanze haben sollen, doch sie konnte sie nur bedingt erfüllen. Das Leid des kranken Königs wurde dadurch nur geringfügig beeinflußt. Wenn

die Gralslanze zur Heilung oder Linderung der Qualen eingesetzt wird, so ist damit auch ein psychologisches Phänomen verbunden: Der kranke König wird immer wieder bis zur Erlösung
daran erinnert, unter welchen Bedingungen er seine Verwundung erfuhr, nämlich – so erfahren wir später –, weil er seine
Pflichten als Gralskönig nicht ordnungsgemäß erfüllte und sich
einer Minne zuwandte, die nicht im Auftrag seines Gralsdien-
stes stattfand.

Die nun folgende Symbolik ist ganz getragen von jungfräulicher
Reinheit und Unschuld, die den lichtvollen Aufzug des Grals
vorbereitet.

Tabelle 1: Aufstellung der Edeldamen, die den Gral begleiten

Bekleidung der Jungfrauen	Jungfrau	tragen welchen Gegenstand
rotbraun gekleidet, lange blon-de Locken	1–2	goldene Kerzen
	3–4	zierliche Elfenbeinstützen
grasgrüne Kleider, zierliche Blumenkränze	5–8	große Kerzen
	9–12	Steinplatte aus Granathyazinth
Art des Gewandes?	13–14	zwei silberne Messer
	15–18	begleiten die Messer mit bren-nenden Kerzen
Art des Gewandes?	19–24	Glasgefäße, in denen Balsam brennt
Königin Repanse de Schoye; Gewand aus arabischer Seide	25	trägt Gral auf grünem Seiden-tuch

In den fünfundzwanzig Jungfrauen findet sich eine Symbolva-
riante der Ganzheit. Sie setzt sich zusammen aus zweimal zwölf
Jungfrauen, in deren Zentrum die Gralsträgerin steht. Vierund-
zwanzig Halbmonate kannte schon die Antike, und vierund-
zwanzig Stunden zählt ein ganzer Tag. Die fünfundzwanzigste
Jungfrau verkörpert das Zentrum des Tierkreises. Außerdem
trägt sie den lichtvollen Gral, der in seiner zentrierenden Sym-

bolik durch nichts zu übertreffen ist. Er liegt auf grüner Seide, eingebettet in einer irdischen Welt und doch zu einer Anderswelt gehörend. Etwas abgewandelt findet sich dieselbe Symbolik bei den Tischchen wieder, auf denen der Gral aufbewahrt wird: elfenbeinerne Füße bilden den Unterbau für die durchsichtig geschliffene Granathyazinthplatte. Auch die makellose Jungfrau Repanse de Schoye, die »Spenderin der Freude«, wie die Bedeutung ihres Namen lautet, trägt als irdische Stellvertreterin der weiblichen Erde, den Gral als Repräsentanten der göttlichen Liebe.

Den Gral selbst schildert Wolfram als Inbegriff der paradiesischen Vollkommenheit, der als Anfang und Ende allen menschlichen Strebens die Vorstellung irdischer Glückseligkeit übertraf, beziehungsweise mit Worten nicht zu beschreiben ist. So kann die Nahrung spendende Funktion des Grals nur als Metapher aufgefaßt werden, die denjenigen, der ihm nahe ist oder gar mit ihm kommunizieren kann, in Gottes Nähe rückt. In diesem Sinne ist es nur folgerichtig, daß das Festmahl im Palast der Gralsburg in höchstem Prunk und Luxus stattfindet, alles ist aus Gold und von makelloser Reinheit. Alles ist zu haben, was das Herz begehrt. Es käme einem Schlaraffenland sehr nahe, wäre nicht im Hintergrund der kranke König in seinem unermeßlichen Leid, das durch nichts von all dem Schönen, Lichtvollen und Göttlichen aufgehoben werden kann. Es ist nur zu verständlich, daß Parzival unter solchen Bedingungen völlig unfähig ist, etwas von dem in Worte zu fassen, geschweige denn, sich zu der von ihm erwarteten Frage durchzuringen, was es denn nun mit dem Leiden des Gastgebers, der blutenden Lanze und den Wundern des Grals auf sich habe. Wenn wir später im Epos erfahren, daß alle Anwesenden gehalten waren, dem Besucher keinerlei Hilfestellung bei seiner Aufgabe zu geben, so kann man sich die drückende Situation, die auf Parzival lastete, lebhaft vorstellen. Wolfram berichtet uns Gedanken, die sich in Parzival abgespielt haben, und wie sehr er auch in dieser Situation von Gurnemanz' Ratschlägen beeinflußt war. Parzival selbst war nicht frei genug, sich seinen Gefühlen, seiner Neugier, seiner Anteilnahme zu überlassen. So aber glaubte er durch Schweigsamkeit und höfliche Zurückhaltung der höfischen Etikette entsprechen zu müssen.

Tabelle 2: Die Symbolbedeutungen im Gralspalast

Text	möglicher Symbolgehalt
Eine stählerne Tür befand sich an der Stirnseite des Palastes.	kontrollierter Übergang von einer Stufe (Bereich, Welt) in eine andere
100 Kronleuchter mit vielen Kerzen beleuchteten den Palast.	100 = Inbegriff einer abgeschlossenen Vielheit in einem größeren Ganzen, Sinnbild himmlischer Seligkeit; Licht durchdringt die Dunkelheit
100 Ruhelager, je vier Gefährten (400 stattliche Ritter) fanden Platz auf einem Lager.	Gemeinschaft
3 viereckige Marmorkamine, auf deren Rösten kostbares Aloeholz brannte, um den üblen Geruch der Wunde zu überdecken.	»Kraft der Drei«; Öffnung und Durchgang zum Himmel, aus dem Zeitlichen ins Ewige; Verbesserung der Schwingung
Ein Knappe trug eine Lanze, aus deren Spitze Blut quoll und den Schaft hinabrann bis zu Ärmel und Hand.	axis mundi (Weltachse); Passionssymbol; verletzte männliche Kraft
Zwei liebliche Mädchen, Blumenkränze zierten ihre blonden Locken, jede hielt einen goldenen Leuchter mit brennenden Kerzen, die Kleider waren rotbraun gehalten und über den Hüften von Gürteln eng gerafft.	weiblich passives Prinzip; Bild für Entfaltung in der Manifestation; Kraft der lebendigen Natur, die jedoch noch nicht ganz freigegeben ist
Ein Herzogin mit ihrer Gefährtin trugen zwei zierliche Elfenbeinstützen, verneigend stellten sie diese vor den Burgherrn.	Symbol des Unerreichbaren; die Reinheit, Unvergänglichkeit und moralische Kraft der Jungfrau Maria
Weitere grün gekleidete acht Edeldamen und mit Blumen gekränzten Locken.	Zahl der Regeneration und Wiedergeburt, die Initiation für das wiedergewonnene Paradies
Vier Edeldamen davon trugen große Kerzen.	Ordnung der Manifestation, Ganzheit
Vier andere Edeldamen trugen eine kostbare Steinplatte, die bei Tage das Sonnenlicht hindurchließ: es war ein großer Granathyazinth (diese kostbare Tischplatte wurde auf die bereitstehenden Elfenbeinstützen gelegt).	Tisch als Symbol der inkarnierten Gottheit, des Menschensohnes; kollektiver Aspekt der Bewußtwerdung des SELBST; göttliche Macht der Sonne

Zwei Fürstinnen trugen zwei haarscharfe Messer aus gehärtetem blitzendem Metall, kunstreich gearbeitet, daß man sogar Stahl damit schneiden konnte.	seelische Funktion des unterscheidenden Denkens und Urteilens, die im rechten Maß angewandt wird
Vor ihnen schritten vier berufene Edeldamen mit brennenden Kerzen	(siehe 4 Edeldamen)
Sechs in verschieden farbigen Stoffen gekleidete Damen und die in arabischer Seide gekleidete Königin.	vollendete Harmonie von männlichen und weiblichen Kräften; Vollkommenheit und Vollendung
Die Königin, Reponse de Schoye, trug auf einem grünen Seidentuch den Gral.	königlich-weibliches Prinzip; grün: Hoffnung und Freude (Farbe des Liebespaares Venus und Merkur), aber auch Wechsel und Vergänglichkeit, Farbe der Auferstehungserwartung, des Paradieses
Gral: Inbegriff paradiesischer Vollkommenheit, Anfang und Ende allen menschlichen Strebens! Dieser Gegenstand wurde Gral genannt und übertraf alle Vorstellungen irdischer Glückseligkeit. Der Gral war ein Hort des Glücks, ein Füllhorn irdischer Köstlichkeiten, so daß man ihn fast mit der Herrlichkeit des Himmelreichs vergleichen könnte.	Der Gral symbolisiert die Wasser des Lebens; das Allerheiligste; das kosmische Zentrum; das Herz; die Quelle des Lebens und die Unsterblichkeit; die Quelle des Überflusses; Fruchtbarkeit
Nur eine unberührte und makellose Jungfrau durfte den Gral tragen.	Symbol der unberührten, unschuldigen Seele
Vor dem Gral wurden sechs kostbarer Leuchter getragen, in durchsichtigen Glasgefäßen brannte Balsam.	siehe Leuchter und Kerzen
Die sieben Damen schritten zu den anderen achtzehn, so daß die Königin zu jeder Seite zwölf Edeldamen hatte.	heilige Zahl, Symbol für Gott und Welt; 24 = Symbol der Zeit
Kämmerer mit massiven goldenen Bekken traten zu den Rittern und bedienten mit je einem Pagen jeweils vier Ritter.	Kostbarkeit des Gefäßes, aus dem die Speise des Grals aufgenommen wird; siehe Vierheit
Die Tafeln waren dabei sorgfältig mit blütenweißen Tüchern bedeckt.	Farbe der Unschuld und Reinheit, der absoluten Wahrheit
Jeder Ritter wurde mit kostbaren goldenem Tafelgeschirr versorgt.	der Anteil des einzelnen am Ganzen
100 Knappen mußten vor dem Gral ehrfurchtsvoll das Brot aufheben und auf weißes Linnen legen.	Abendmahl, Kommunion
Der Burgherr gab ein Schwert, dessen Griff aus einem Rubin geschnitten war.	Hinweis auf die Erkenntnisfunktion

73

Aus Sicht der tiefenpsychologischen Symbolik ereignet sich für Parzival auf der psychischen Ebene etwas sehr Interessantes und Wichtiges. Aufgewachsen ausschließlich unter der Obhut der mütterlichen Verantwortung, tritt er hier in eine Welt ein, die zu einer Welt des väterlichen Geistes gehört. Anfortas, der Gralskönig, ist sein Onkel, Titurel sein Großvater. Die vielen Ritter und der von Gott gesandte Gral gehören zur Welt der Familie, da Anfortas und Herzeloyde Geschwister sind. Man könnte sagen, Parzival war eigentlich zu Hause, ohne dies zu wissen. Überdies war in dem Kulturkreis, aus dem die Parzival-Legende entstanden ist, der Clan von großer Bedeutung für die psychische und soziale Entwicklung. Es spricht vieles dafür – und Götter-Abendroth hat hier wichtige Gedanken dazu beigetragen –, daß in den matriarchalen Verwandtschaftsverhältnissen, aus denen Parzival kommt, als »Vater« nicht der leibliche Vater, sondern der Onkel der Mutter verstanden wurde.[*] Parzivals unbewußte Suche nach dem Vater wäre, aus matriarchaler Sicht gesehen, hier am Ziel gewesen, wenn er zu diesem Zeitpunkt die Verwandtschaftsverhältnisse hätte durchschauen können. Wir werden später noch darauf zurückkommen (siehe auch Tafel »Verwandtschaftverhältnisse« im Anhang).

* Göttner-Abendroth, H., S. 190ff

Zum Zeitpunkt seines ersten Besuches auf der Gralsburg bekommt Parzival eine christusähnliche Erlöserfunktion zugeschoben. Die in Gefahr geratene Familientradition gilt es dabei ebenso zu retten, wie die verheerenden Folgen für die Natur im Umkreis zu beseitigen. Betrachtet man die Ereignisse auf der Gralsburg als innerseelisches Geschehen und als Bild einer ins Stocken geratenen psychischen Entwicklung, dann beinhaltet dieses Bild auch die Lösung. Der Gral wird zwar von kriegerisch männlichen Kräften geschützt und behütet, getragen wird er jedoch von einer Frau. Mit anderen Worten geht es dabei um die Hinwendung zu den innerseelisch weiblichen Kräften der Psyche, die Repanse de Schoye verkörpert. Sie figuriert hier als Anima, das weibliche Seelenbild, die als Personifikation des Unbewußten in Träumen und Phantasien als Frau oder Göttin erscheint. C. G. Jung hat dieses Phänomen beschrieben und darauf verwiesen, daß die Anima als Vermittlerin zu den unbewußten Inhalten dann wirksam werden kann, wenn sie nicht auf andere Frauen projiziert wird (weiter Ausführung hierzu im Kapitel »Die Bedeutung des Weiblichen«). Da Parzival von ihr den grünen Mantel erhalten hat, könnte sich darin auch eine erste Manifestation dieser Gestalt ausdrücken, die in ihrer ganzen Zartheit erscheint und trotzdem Bestand hat. Zwar reißt der Kontakt zu ihr über das Versagen auf der Gralsburg wieder ab, doch wird sich im weiteren Verlauf der Erzählung die zunehmende Annäherung an diesen weiblichen Archetypus zeigen. Das mehrmalige Begegnen mit Jeschute, Sigune und Repanse de Schoye gehört in diese Linie.

In Parzivals Entwicklung kam es durch den starken Nachholbedarf des Männlichen zu einem länger andauernden Zurückdrängen des Weiblichen in seiner Psyche. Doch es gehört zu den Funktionen der Anima, die Inhalte und Bilder des Unbewußten zu vermitteln. Symbolisch betrachtet gehört es zum Weiblichen (das Weibliche hier nicht verstanden als Geschlechtswesen Frau!), rezeptiv zu sein, empfangend Bilder und Visionen, Gefühle und Stimmungen aufzunehmen. Deren Verarbeitung, das Erfassen und Verstehen wird durch den männlichen Geist ermöglicht (dabei ist es wieder wichtig, dies nicht mit dem Geschlechtswesen Mann zu verwechseln).

Wenn Anfortas am Ende des Abends an Parzival das Gralsschwert übergibt, so kann das nur bedeuten, daß dieser zunächst noch mehr lernen muß, klar zu unterscheiden, zu trennen zwischen Wichtigem und Unwichtigem, und vor allem zwischen dem zu trennen, was zu ihm und seiner Berufung gehört, und was fremde und damit störende Anteile sind. Vor allen Dingen ist mit den letzteren noch seine Elternabhängigkeit gemeint. Nun besitzt er zwei Schwerter: von Anfortas das vom kunstreichen Schmied Trebuchet gefertigte Schwert und das Schwert Ithers, das hier mehr für die unmittelbare Handlungsebene steht, direkt, ohne Umwege, zu handeln und zu entscheiden.

Das Schwert der Justitia, das Sinnbild für gerechtes Entscheiden, steht für eine Fähigkeit Parzivals, die dieser in seiner Entwicklung zwar aufgenommen, aber noch nicht umfassend genug gelernt hat, in seinem Alltagsbewußtsein umzusetzen. Noch bestimmt ihn zu sehr der Affekt, zu schnell ist er erregbar und neigt dazu, sein Handeln von ihm bestimmen zu lassen. Besonnenheit, sorgsames Abwägen, und Zurückhaltung bei Handlungen, ohne deshalb passiv oder handlungsunfähig zu werden, steht für Parzival nunmehr auf einem unsichtbaren Lehrplan.

Auf Darstellungen von Engeln und Heiligen findet sich oft das Schwert. Aber nie ist es hier Symbol für willkürliches, affektbestimmtes Handeln, sondern symbolisiert die übernatürlichen Kräfte. In der Alchemie bedeutet es das reinigende Feuer, das tötet und gleichzeitig wiederbelebt wie der durchdringende Geist. Für die Gnostiker war das Schwert ein Symbol der verborgenen Gottheit im Menschen*. Ganz nah zusammen befinden sich die destruktive Kraft des Handelns, sowie die göttliche Seite im Menschen, *les extremes ses touches*.

*Jung, C.G., Von den Wurzeln des Bewußtseins

In der Gralsburg wird ein Gottesdienst fernab der kirchlichen Regeln zelebriert. Als hungerten die Menschen der damaligen Zeit nach einem innigen, nicht von kirchlichen Dogmen reglementierten Kontakt mit dem Göttlichen. Diese unverhüllte Begegnung mit dem Göttlichen schildert die Legende im »Abendmahl« um den Gral. Waren die mittelalterlichen Kirchen so gebaut, daß Laien durch den Lettner vom Erlebnis der Wandlung ausgeschlossen waren, so zeigte der Gral den originalen Wandlungsprozeß. Aus dem Stein bei Wolfram, oder aus dem Gefäß (Schale oder Kelch) bei Chrétien de Troyes, fließt mit unerschöpflichem Reichtum Nahrung und Getränk. Daß Wolfram von Eschenbach den Gral nicht wie Chrétien de Troyes als Gefäß beschreibt, sondern es zunächst nur als *ein dinc** (ein Ding) benennt, zeigt sein feines Gespür für die tiefen Zusammenhänge: Er hebt damit den Gral aus der Bedeutung des ausschließlichen Füllhorns in eine andere Bedeutungsebene und befreit es aus der dogmatisch-kirchlichen Sphäre.

Der Gral bei Chrétien de Troyes

* P., IX; 453, 21

76

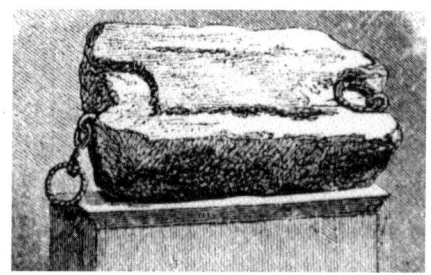

Der Gral bei Wolfram von
Eschenbach

* Jung, C.G., Aion, Fußnote S. 340
** Jung, E. S. 164

Bei C.G. Jung stellt der Lapis (Stein), obschon stofflicher Natur, auch ein geistiges Symbol dar. Er faßt in sich die vier Elemente (Luft, Erde, Wasser, Feuer) und steht für die *prima materia* überhaupt, aus deren Basis sich die weitere Differenzierung vollzieht. Er selbst kommt aus dem Großen Runden, dem Symbol des allen beinhaltenden Chaos. »Der lapis besteht aus den vier Elementen, wie Adam« und stellt eine direkte Parallele zu Christus als Sohn Gottes dar, denn der Stein ist *filius macrocosmi.*«* Als Stein weist der Gral damit auf eine wesentlich weitere und größere geistige Dimension hin, als wenn er nur als empfangendes Gefäß (Schale, Kelch) angenommen wird. Wenn auch das materielle Gefäß dazu dient, andere Materie in sich aufzunehmen, so deutet diese Symbolform doch an, »daß das Bild des Selbst, Christus, gar nicht wirklich ist, wenn es nicht in der menschlichen Seele realisiert wird.«**

Das Leiden des Gralshüters

Wie in vielen unserer Märchen gilt es in der Gralslegende, das Leiden eines kranken Königs zu heilen. Auch wenn etwas verschämt von einer »Schenkelwunde« gesprochen wird, bleibt unverkennbar, daß der König bei einem amourösen Abenteuer, bei dem die Herzogin Orgeluse seine Minnedame ist, sich eine Verletzung durch einen Speer (oder Lanze?) im Genitalbereich (Hoden) zugezogen hat. Gewiß ist es für den ersten Mann des Landes ein katastrophaler Zustand, derart »kastriert«, d.h. von der eigenen Lebenskraft abgeschnitten zu sein, in der Nähe des Grals zu leben, und doch nicht durch ihn allein geheilt werden zu können. Er symbolisiert somit ein religiöses oder soziales System, das ohne Erneuerung todgeweiht ist. Neben dem Fischerkönig ist auch sein Kontrahent, der später auftauchende mächtige Zauberer Clinschor, auf ähnliche Weise, aber noch tiefer verletzt, denn er wurde seiner Männlichkeit gänzlich beraubt. Es bleibt ihm als Ersatz seiner männlichen Potenz nur die Macht des Zauberstabes (penis magicus), mit dem er mit Vorliebe Frauen in seinen Bann bringt (vierhundert sind es in der Gawansage), wie es viele Gurus auch heute noch tun.

Wolfram von Eschenbach gibt viele Hinweise auf das Leiden des Fischerkönigs, dessen einziges Vergnügen und Erleichterung im Fischen besteht, alles andere ist ihm durch seine Verletzung unmöglich. Der Schmerz steigert sich beim Wechsel des Mondes (Neumond) und hängt zudem noch mit dem Umlauf des Saturn zusammen. Wenn dieser sich seinem höchsten Stand nähert, quälen den König die furchtbarsten Schmerzen. Interessant ist dabei, daß die sonst mögliche Linderung durch das Auflegen der blutenden Lanze auf die Wunde nicht mehr ausreicht, denn zusätzlich muß die Lanze in die Wunde gebohrt werden. Also erst die völlige Identifikation mit dem Leiden Christi gibt der Verletzung den erträglichen Sinn. Von der Leyen berichtet, daß eine blutige Lanze für die zurückgedrängten Kelten ein Symbol des Rachekrieges gegen die germanischen Sieger gewesen sein soll. »Durch die blutige Lanze werden die Reiche der Sachsen vernichtet werden«, lautet eine alte Weissagung eines Barden.*

* v.d. Leyen, F., Nachwort in Parzival, übertragen von Wilhelm Herzt, 1912

Astrologisch verliert in der Konjunktion des Mondes mit der Sonne – das ist die Stellung des Neumondes – die Sonne ihre Kraft und wird von der Vergänglichkeit und Veränderlichkeit des Mondes berührt. Die Unterweltsnatur des Mondes bekommt mehr Raum, und die »dunklen weiblichen« Kräfte können sich zeigen. Wie sehr dieses Prinzip in den Legenden wirkt, zeigt die Sage, daß die Lähmung des Königs von den wilden, amazonischen Hexen* verursacht sei. Es liegt auf der Hand, hinter diesen Wesen die Projektion der zur dunklen, destruktiven, verschlingenden Großen Mutter gehörenden Kräfte wahrzunehmen. Diesem Aspekt war der Fischerkönig noch nicht ausreichend gewachsen. Es ist aus psychologischer Sicht unschwer zu erkennen, daß der Hexenwahn in der Hochblüte der christlichen Gesellschaft beginnen mußte, als die einseitige Vergeistigung und die Verherrlichung des männlichen Logos ihren Höhepunkt gefunden und in der scholastischen Frage: »Habet mulier animam?«** ihren Ausdruck fand. Da nur der lichte Aspekt des Weiblichen im Marienkult zugelassen war, mußte die dunkle Seite des Weiblichen wiederbelebt werden, was ihr

* Hexen von Gloucester

** Hat das Weib eine Seele?

78

* Jung, E., S. 208

eine gefährliche Dämonie verlieh.* Die vielerorts erscheinenden Quell- und Grottenmädchen sind aber keine bösen, hexenhaften Kräfte, auch wenn sie von einem von der weiblichen Seite abgespaltenem Wesen als solche aufgefaßt werden. Vielmehr sind sie gerade aus ihrer Verbindung zur Natur die eigentlichen Helferinnen für den Suchenden: Entweder bedrohen sie ihn und konfrontieren ihn so mit seiner abgespaltenen Seite, oder, wenn er schon etwas weiter in seiner Annäherung fortgeschritten ist, sie können in konkreter Weise hilfreich wirken. Wenn dieser Aspekt der Anima allerdings verletzt wird, wie dies im Fall des Fischerkönigs geschehen ist, entsteht Unglück, das im Falle einer Führungspersönlichkeit nicht nur diese persönlich trifft, sondern auch auf das Kollektiv zerstörerisch zurückwirkt.

* Clarus, I., Analytische Psychologie, Vol. 19/2.

Die Verletzung des Animaprinzips ist fast immer auch mit einer Verletzung der Kraftfelder der Natur und ihrer Geringschätzung gleichzusetzen*, sei es die innere oder die äußere Natur. Es gehört zu den archetypischen Funktionen der Anima, wieder auf einen Ausgleich hinzuwirken und dem verletzten Prinzip wieder die Anerkennung zu verschaffen, die es zur Verwirklichung einer zeitgemäßen Harmonie bedarf.

Astrologischer Exkurs

Der Saturn gilt in der neuen Astrologie nicht mehr als Symbol des grenzsetzenden Vaters, sondern repräsentiert mehr die schützende und grenzgebende (im Sinne einer einhüllenden und bergenden) Mutter. Bis zur Entdeckung des Planeten Uranos 1835 war er der äußerste Planet des Sonnensystems. Im Mittelalter allerdings galt er als Sitz des Teufels, wurde löwengesichtig dargestellt und bis in die Gegenwart als der Übeltäter schlechthin angesehen. Seit der Antike wurde ihm der als geil geltende Esel als heiliges Symboltier beigegeben, der im Zusammenhang mit der Sexualität die Fruchtbarkeit repräsentierte. Genau dieser Aspekt ist es jedoch, den das mittelalterliche Christentum bis heute unterdrückt und damit verletzt hat. Der

Fischerkönig ist nicht nur Symbol auf einer persönlichen Ebene, sondern auch Symbol einer kollektiven Haltung, die in einer patriarchalen Mentalität erstarrte. Deshalb schildert die Legende den König als gelähmt, also aus eigener Hilfe heraus nicht mehr bewegungsfähig, er benötigt die Hilfe seiner Umgebung. Er ist schon 15 Jahre lang abhängig von der liebenden Fürsorge und angewiesen auf die Anteilnahme seiner Mitmenschen.

Verfolgt man die Bedeutung, die in der klassischen Astrologie den Planeten zukommt, so erhalten wir aussagekräftige Hinweise. Auch wenn es bei den ungenauen Angaben Wolframs nicht sinnvoll erscheint, die vielfältigen Kombinationsmöglichkeiten der astrologischen Symbole ganz auszudeuten, reizt doch der Blick in die entsprechenden Astrologiebücher. Leider macht Wolfram keine Angaben, in welchen Sternzeichen die genannten Konstellationen stattfinden, wodurch wesentlich genauere Interpretationen möglich wären.

Die *MOND-SATURN*-Konjunktion (dabei befinden sich die beiden Planeten entweder an derselben Stelle im Tierkreis oder nur wenige Grade voneinander entfernt; ☽☌♄; ☽ = Mond, ☌ = Konjunktion, ♄ = Saturn) beinhaltet, daß Schwermut, Depressionen und mangelnde Lebensfreude den Menschen überschattet. Die Gefahr, leicht in den Ruf eines Spielverderbers zu geraten, begleitet diesen Aspekt. Außerdem können besondere Selbstkontrolle und überhöhtes Pflichtbewußtsein diese Zeit bestimmen. Man haftet sehr an der Vergangenheit und schon fast vernarbte Wunden brechen wieder auf.* In dieser Zeit neigt man dazu, sich zu verschließen. Schier unüberwindliche Gefühle der Einsamkeit, der Isoliertheit, der Deprimiertheit und ein allgemeiner Pessimismus sind die Begleiter dieses Transits (= Übergang oder Aspekt eines Gestirns zum Platz eines anderen Planeten).** Robert Hand schreibt in seinem Transitbuch, als hätte er den leidenden Anfortas persönlich gemeint:

* Sakoian, F., S. 353

** Hand, R., S. 131

> Das eigentliche Problem des Betroffenen ist, daß er entweder von seinen Emotionen überhaupt getrennt lebt, oder daß seine Emo-

tionen ihm zu unangenehm sind, als daß er freudvoll mit ihnen umgehe. Dieser Transit zwingt einen dazu, diesen unbeachteten Bereich des eigenen Wesens zu erleben. Und so gerät man in einen harten Konflikt zwischen dem Bild, das man jetzt von sich erblickt und der Vorstellung, wie man sein könnte.

In bestimmten Fällen kann dieser Transit Schuldgefühle aktivieren. Diese könnte man in bestimmten Ereignissen der Vergangenheit gegenüber haben [...] werden alle Beziehungen zu Frauen jetzt sicherlich problematisch sein. Als Mann hat man Schwierigkeiten wegen seiner eigenen unbewußten weiblichen Züge. Als Frau hat man ein bewußtes Gefühl der Unzufriedenheit.*

* Hand, R., S.132

Während der Zeit der Konjunktion von *MARS* (♂) und *JUPITER* (♃) leidet Anfortas besonders: Astrologisch ist es eine äußerst energiegeladene Zeit mit großen Interessen für Religion, Wissenschaft und caritativen Bemühungen. Allerdings besteht eine starke Neigung zu Prunk und Machtdemostrationen in Form von pompösen Feierlichkeiten, was sich am aufwendigen Gralszeremoniell durchaus beobachten läßt.* *MARS* schlägt Wunden (Mars = Speer = Lugs Speer = Odins Speer = Blitzsymbol = Sonnenheros, rote Farbe = Farbe des *MARS* = Farbe des Blutes). Auch deutet die Konjunktion von *MARS* und *JUPITER* auf verletzte heilige Satzungen und Ordnungen hin.

* Sakoian, F., S.373

Bei der *SONNE-SATURN*-Konjunktion wirkt das Prinzip des einschränkenden Saturns hemmend auf den persönlichen Ausdruck und Ehrgeiz. Vieles ist mit äußerst harten Anstrengungen verbunden. Demgegenüber verleiht die *SONNE-MARS*-Konjunktion Willenskraft, Mut und ist von einer Neigung zu Aggressivität und Anmaßung begleitet. Saturns Wirkung als Archetyp ist nur gefährlich, wenn er seine eingrenzende Wirkung nicht erfüllen kann.*

* Schult, A., Die Weltsendung des Heiligen Grals im Parzival des Wolfram von Eschenbach, 1975, S.151

Die Neumond-Konstellation entsteht aus der Konjunktion von *SONNE* und *MOND*. Diese dauert nur wenige Stunden, bedeutet aber dem alten Volksglauben nach, daß der Mond mit seiner unterweltsnahen Qualität die Sonne mit seiner Vergänglichkeit, einer wichtigen Eigenschaft des Mondes, ansteckt und verdunkelt. Diesen Vorgang nannten die Alchemisten *sol niger*, die

Schwarze Sonne. In psychologische Dimension übertragen steht damit eine dunkle weibliche Kraft hinter der Verletzung des Gralskönigs. Das entspricht ganz den Legenden, in denen Feen den Menschen hilfreich zur Seite stehen, wenn sie in Not geraten sind und mit Speis und Trank helfen, aber sobald ihnen Gewalt angetan oder die Neugierde zu groß wird, versiegt das Wasser und Unfruchtbarkeit befällt das Land.*

Diese Dynamik ist nicht ohne Dramatik: Der Kontakt mit den weiblichen Kräften, also die Verbindung zum Unbewußten, wird empfindlich gestört, wenn der Mensch sich dieser Kräfte eigennützig bedient und nicht mehr in Übereinstimmung mit ihrer naturhaften Seite handelt. Die Entwicklung des Bewußtseins, und hier vor allem eines männlich handelnden, bringt zunächst die vorhandene Verbindung zu den weiblichen Energien durcheinander. Je einseitiger sich dies jedoch vollzieht, umso schwieriger wird es, die Balance zwischen beiden herzustellen. Es nützt wenig, über die einseitige Folgen des Patriarchats zu klagen – diese entsprechen den Folgen des gewaltsamen männlichen Zugriffs auf die Natur usw. –, ohne sich der eigene Schuld daran zu stellen. Es ist eine Schuld, die mit *jeder* Bewußtwerdung unvermeidlich verbunden ist! Sie gehört zum Weg des Menschen. So ist der Sündenfall in der Genesis keine mythologische Spielerei, sondern – abgesehen, ob es jetzt Eva war oder nicht, die den ersten Schritt getan hat – ein archetypisches Ereignis, an dem kein Mensch in seiner Entwicklung vorbei kommt. Wer sich dieser Schuld nicht zu stellen wagt, bleibt ein Gefangener seiner Kindheit.

Wenn in der Gralslegende der Gral als Inbegriff paradiesischer Vollkommenheit, als Anfang und Ende allen menschlichen Strebens, alle Vorstellungen irdischer Glückseligkeit übertreffend, als Hort des Glücks und Füllhorn irdischer Köstlichkeiten geschildert wird, so kann das nur bedeuten, daß sich aus dem Unbewußten heraus wieder ein Ausgleich der nach Anerkennung strebenden weiblichen Seite anbietet.

* In der Sage von den Kölner Heinzelmännchen hat sich davon etwas erhalten, denn auch sie gehören als nächtliche Zwerge zum Bereich der Großen Mutter.

Der kranke König

Aus dieser kleinen astrologischen Exkursion läßt sich die Dramatik auf der Gralsburg sehr gut ablesen. Es müssen hier wohl höchst unterschiedliche Schicksalssträange zusammen und zum Ausdruck gekommen sein. Auf der Ebene des Kollektivs verkörpert der alte König die alten Gesellschaftsstrukturen, die nicht mehr lebensfähig sind und den augenblicklichen Bedürfnissen und Aufgaben der Gesellschaft nicht mehr gerecht werden. In der Gestalt des jüngsten Prinzen, die sich entweder in Form einer Organisation (heute z. B. Greenpeace etc.) oder in Gestalt einzelner Menschen (z. B. Martin Luther King, Nelson Mandela, Michail Gorbatschov u. a.) manifestieren können, erscheint die heilsbringende Kraft. In der Regel wird diese jedoch nicht gleich als solche wahrgenommen und meist sogar heftigst bekämpft. Selten ist der Retter so heiß ersehnt wie Parzival.

Auf der Ebene des Individuums bedeutet der alte König den Ausdruck individueller Lebensweisen, die ähnlich den eben genannten kollektiven nicht mehr zeit- und ichgemäß sind und deswegen zur neurotischen Stagnation der Individuation geführt haben. Jetzt müssen sie in einem schwierigen Wandlungsprozeß aufgearbeitet und den derzeitigen Lebensbedingungen entsprechend verändert werden.

Der König verkörperte in primitiven Kulturen den Geist des Stammes, der sich in ihm inkarniert hatte. Entsprechend bedeutsam war das Wohlbefinden des Königs für Regen, Fruchtbarkeit des Landes und seiner Bewohner. Die ganze soziale und religiöse Ordnung ist auf ihn ausgerichtet, weswegen man ihn als Symbol des Selbst ansehen muß. So ist es auch verständlich, daß diese Kulturen den rituellen Königsmord kannten, denn nur dieser garantierte bei einer Altersschwäche des Königs die rechtzeitige Erneuerung der regenerativen Funktion. In der Gralslegende bleibt aus Gründen, die letztlich nicht offengelegt werden, der alte König am Leben. Würde es sich um eine primitivere Kultur handeln, wäre Parzivals Aufgabe eindeutig: Er müßte Anfortas töten und an seiner Stelle König werden. Da die Gesellschaft der Gralslegende bereits etwas höher entwikkelt ist, benötigt es auch subtilere Wege der Erneuerung. Durch Anteilnahme und klares Bekennen zur zugedachten Aufgabe ist das ins Stocken geratene Königtum zu heilen.

Der alte Gralskönig (Titurel), der sich nur von der Hostie ernährt, steht zwar weiterhin in guter Verbindung zu seinem Gott, doch blockiert er durch sein Nicht-sterben-Können die weitere Entwicklung. Emma Jung sieht in ihm eine Verbindung zum Motiv des »im Berg schlafenden Alten«, der jedoch niemand anderes ist als der germanische Gott Wotan.* Dieser stellt in seinem dunklen heidnischen Gottesbild den Schattenaspekt des Gralskönigs dar, der darauf wartet, vom Bewußtsein wahrgenommen und anschließend assimiliert zu werden. Dies gilt nicht nur auf der Ebene des Individuums, sondern ebenso auch für die vom König vertretene Gesellschaft. Solche integrative Prozesse bedürfen Anstrengungen auf den verschiedensten Ebenen und Bereichen. Es genügt nicht, in schwierigen Situationen auf den Staat und seine Vertreter zu warten. Der Beitrag des einzelnen, die daraus resultierende Vorarbeit für die Gemeinschaft darf nicht unterschätzt werden, auch wenn es sich um scheinbar ungenügende und für die Umwelt nicht oder kaum wahrnehmbare Ansätze oder Versuche handelt.

* Jung, E., S. 203

Das Scheitern

Das besondere am Gralserlebnis scheint weniger darin zu liegen, daß demjenigen, der ihn zum ersten Mal sieht, eine unmittelbare Erkenntnis zuteil wird, sondern vielmehr darin, ihn zum Fragen anzuregen. Die berühmte, erlösende Frage: »oeheim, waz wirret dir?«*, die Parzival seinem Onkel hätte stellen sollen, konnte schon deshalb nicht vorgebracht werden, weil er selbst verwirrt und überfordert war. Später erfahren wir vom Einsiedler Trevrizent im IX. Buch, daß der Gral selbst mit einer Inschrift auf das Kommen eines Ritters hingewiesen hat. Die total überhöhten Erwartungen an den jungen Burschen werden aber von niemand hinterfragt. Im Gegenteil, er wird für sein Unter-

* P., XVI; 795, 29

lassen beschimpft und verflucht. Daß Parzival zu diesem Zeitpunkt, wenige Wochen nach dem Weggang von zu Hause, den »Tölpel« in sich noch nicht ganz überwunden haben konnte, dürfte selbstverständlich sein. Das Gralserleben muß über Parzival gleich einer Katastrophe hereingebrochen sein. Die bösen Träume, die ihn in der Nacht auf der Gralsburg quälen, sind der Ausdruck der Überforderung, des Unbewältigten, für ihn beim besten Willen Noch-nicht-Integrierbaren. Und als beim Verlassen der Burg Parzival mit seinem Pferd sogar ins Stolpern kommt, weil die Zugbrücke so rasch hochschnellt, unterstreicht dies noch einmal, daß er durch das Erlebte aus dem Tritt, aus der Fassung geraten ist. Doch von nun an ist der Gedanke an ihn eingepflanzt, und er wird ihn nie mehr loslassen. Er wird mit Gott hadern, aber wird seiner Liebe zu Condwiramurs und seinem Ziel, den Gral zu erlangen, treu bleiben. Er hat die Bewußtseinsschwelle erreicht. Nunmehr beginnen Wachstum und Reifung. Jetzt ist Parzival ein Initiierter und ein neuer Abschnitt auf seinem Weg beginnt.

Erneute Begegnung mit Sigune

* siehe Abbildung »Verwandtschaftsverhältnisse« im Anhang

Von Ferne hörte er das laute Wehklagen einer Frau. Als er hinzukam, sah er eine Jungfrau sitzen, die einen toten einbalsamierten Ritter in den Armen hielt. Es war Sigune, die er nicht mehr erkannte und die ihn nach seinem Verbleib in dieser Nacht fragte. Sie klärte ihn über die Burg auf: »Ihr Name ist Munsalwäsche, und das Königreich des Burgherrn heißt Salwäsche. Der greise Titurel vererbte es auf seinen Sohn, König Frimutel. Er hinterließ vier edle Kinder, von denen drei bei allem Reichtum in Trauer leben. Das vierte Kind, ein Sohn, hat als Sündenbuße ein Leben in Armut gewählt; er heißt Trevrizent. Sein Bruder Anfortas* verbringt sein Leben im Lehnstuhl; er kann weder reiten noch gehen, weder liegen noch stehen. Er ist zwar Burgherr zu Munsalwäsche, doch Gottes Zorn hat ihn tief getroffen. Herr, wärt ihr wirklich zu der gram gebeugten Burggesellschaft gelangt, so hätte der Burgherr von seinem langen Leiden erlöst werden können.« Schließlich erkannte Sigune Parzival, und nachdem sie sich ihm *zu erkennen gab, erklärte sie ihm, daß sie Tag für Tag ihre Toten-klage um den Geliebten Schionatulander erneuere.*

Zu dem Schwert, das er vom Burgherrn erhalten hatte, wußte sie auch noch Besonderes zu berichten: Beim ersten Schlag bleibt das Schwert unversehrt, doch beim zweiten würde es zerspringen. Bringt man es jedoch rechtzeitig zu einem besonderen Brunnen (Brunnen Lac bei Karnant), so fügt es der Wasserstrahl wieder zusammen. Doch muß dies vor Tagesanbruch geschehen, und außerdem muß man hierzu den richtigen Segensspruch wissen. Sigune fürchtete zu Recht, daß er diesen in der Burg nicht erfahren hätte.

Parzival mußte gestehen, daß er nicht gefragt hatte. Sigune war entsetzt. »Zwar lebt ihr, doch euer Lebensglück ist tot! ... Ihr habt in Munsalwäsche Ehre und Rittertum verspielt!«* Die Jungfrau sprach kein Wort mehr, und Parzival mußte sie schließlich verlassen.

* P., V; 255, 20

Während er verunsichert und deprimiert weiter ritt, traf er eine auf einer halb verhungerten Mähre reitende Frau mit einem in Fetzen zerrissenen Hemd. Die unbedeckten Hautstellen waren von den Strahlen der Sonne schmerzhaft gerötet. Es war Jeschute, die einst wunderschöne Frau, der er Kuß und Ring geraubt hatte. Sie erkannte ihn gleich, war er doch der schönste Jüngling auf der ganzen Welt. Während er noch bedauerte, was er ihr angetan hatte, kam bereits Jeschutes kampfbegieriger Gatte Orilus von La-lant angeritten und es kam zu einem erbitterten Zweikampf. Noch nie war Orilus so in Bedrängnis geraten, ja, schließlich mußte er sich ergeben. Unter der Bedingung, daß Orilus seiner Frau wieder seine Neigung schenken würde, ließ Parzival ihn am Leben. Doch der Ritter war nicht bereit, der ehevergessenen Herzogin, wie er sich ausdrückte, zu verzeihen und nahm stattdessen Parzivals Vorschlag an, Cunneware am Hof Artus' Unterwerfung zu geloben, sich aber auch hier mit seiner Ehefrau zu versöhnen.

Kampf mit Orilus und Versöhnung

Sie ritten gemeinsam weiter und trafen in der Nähe eine Klause, die dem Einsiedler Trevrizent gehörte. Mit der Hand auf einem Reliquienschrein schwor Parzival bei seiner Ritterehre, daß diese Edelfrau nicht gefehlt hat, als er ihr die Spange abriß und den Goldring nahm. »Als ich das tat, war ich kein Ritter, sondern ein Narr, in dumpfer Unwissenheit aufgewachsen. Sie weinte damals aus heißer Verzweiflung heiße Tränen! Ich versichere Euch, sie ist völlig schuldlos!«* Endlich war Jeschute von ihrem Kummer erlöst.

* P., V; 269, 20

Anderntags trennten sie sich. Parzival zog seines Weges, während Orilus und Jeschute zum Hofe König Artus' weiterzogen. Hier tat er vor Cunneware sein Treuegelöbnis, doch sprach sie ihn gleich darauf von allen Verpflichtungen frei. Und wieder mehrte sich Parzivals Ruhm am Hofe König Artus'.

Ausgestoßen aus der Gralsburg, ist Parzival wieder unterwegs. Jetzt gilt es, sich erneut der Wirklichkeit zu stellen und zu erfahren, was es zu bewältigen gilt.

Wieder trifft er auf Sigune, die ihm bereits bei der ersten Begegnung wichtige Informationen geben konnte, ihm seine Identität näher bringen konnten. Sie stellt den wissenden, wenn auch selbst leidenden Typ dar. Trotz ihres eigenen Schmerzes hat sie noch Kräfte frei, sich auf Parzival einzustellen. Aber Sigune hat in keiner Weise den Tod ihres Geliebten verarbeitet, den sie immer noch, wenn auch inzwischen einbalsamiert, weinend und jammernd in den Armen hält. Nur über die Dichtung des »Titurel« von Wolfram von Eschenbach kann man die Tragik Sigunes ganz verstehen. Schionatulander und Sigune haben sich in frühester Jugend am Hofe Herzeloydes kennengelernt und sich ihre Liebe eingestanden. Doch Sigune verlangt von ihm Abenteuer und ritterliche Erfolge. Schionatulander zieht deshalb mit Gachmuret in den Orient, kehrt dann aber aus Liebe zu Sigune zurück. Obwohl einige Zeichen daraufhin deuten, daß Leid und Unheil drohen (Schionatulander fängt einen Hund, auf dessen wertvoller Leine eine Sternenschrift eingestickt ist. Er fängt mit dem Hund zusammen ein Gewand, das aus »Leid und Schmerzen gefüttert« ist.), drängt sie ihn weiterhin zu stolzen Taten. Schließlich wird er von Orilus enthauptet, als es wegen der Ländereien von Parzivals Mutter zu einem Kampf kommt.

Schionatulander wird ein liebenswerter Mensch gewesen sein, besaß aber sicher nicht die kämpferisch-kriegerische Haltung eines Gachmuret. Es ist also nicht nur die Trauer um den verlorenen Liebsten. Sigune muß ganz sicher schwerste Schuldgefühle für ihre fordernde und unheilförderliche Haltung bewältigen. Viele Jahre wird sie benötigen, bis sie in der Nähe des Grals ihren Frieden finden wird.

Jetzt, im Gespräch mit ihr, kann Parzival ahnen, welche Konsequenzen sein Versäumnis für die Gralsburg, die Umgebung und die Menschen hat. Sie klärt ihn dieses Mal über einige Hintergründe der Gralsburg und die Bedeutung des Gralsschwertes auf. Recht eingesetzt, besitzt dieses Wunderkräfte. Hier ist das Schwert Sinnbild der Geisteskräfte unter der vollen Gewalt und Verantwortung des Menschen.

Die neuerliche Begegnung mit Sigune kann nur bedeuten, daß sich ein bewußtseinsnaher Persönlichkeitsanteil bemerkbar macht. Sie ist eine Animafigur, durch die er eine Verbindung zu seiner eigenen Tiefe erhält. Ihre Gegenwart ermöglicht einen sicheren und vertrauensvollen Kontakt zur eigenen Emotion. So ist es nicht einfach ein märchenhafter Zug, wenn jeweils weibliche Wesen diese Funktion ausüben, sondern entspricht einer Alltagserfahrung. Frauen haben durch ihre meist bessere Verbindung zum Körperlichen und Natürlichen oft mehr Möglichkeiten, emotionale Prozesse zu spüren und transparent zu machen. Auch in ihrer Fähigkeit, Beziehungen zu halten und nicht so rasch aufzugeben, scheinen sie den Männern überlegen zu sein – selbst wenn die Gründe hierfür in der andersartigen Sozialisation der Frau gesehen werden könnten. Sigune ist solch ein Frauentypus. Was für sie selbst durchaus auch negative Folgen mit sich bringt – sie hält übermäßig an ihren toten Geliebten fest und leidet entsprechend –, bedeutet für andere, hier für Parzival, wegweisende Funktion und Hilfe. Signune gehört in dieser Eigenschaft in die Nähe der Mutter, die so über den Tod hinaus zum Wohl des Sohnes wirken kann.

Die Begegnung mit Signune hat Folgen, und er reitet verunsichert und deprimiert weiter. In dieser emotionalen Verfassung trifft er zum zweiten Mal auf Jeschute. Jetzt befindet sie sich allerdings in einem miserablen Zustand. Mit ihrer sonnenverbrannten Haut, dem zerrissenen Hemd und auf einem verhungerten Gaul reitend, bietet sie ein jammervolles Bild. Sie verkörpert an dieser Stelle ebenfalls einen Anteil Parzivals: Sein triebhaftes Ungestüm und mangelnde Sensibilität für die Situation, als er sie das erste Mal traf, hatten einen emotional völlig unausgeglichenen Zustand zur Folge. Durch Signune erfährt er eine Sensibilisierung für hintergründige Prozesse, ohne daß er jetzt schon damit umgehen und sie entsprechend beantworten könnte. So öffnet die Begegnung mit der Anima den Menschen – Mann und Frau – neue Dimensionen nicht nur im Umgang mit dem Unbewußten, wie es bei C.G. Jung immer wieder betont wird, sondern ermöglicht insgesamt ein größeres Spektrum im Umgang mit Gefühlen, Zwischenmenschlichem und Unausgesprochenem.

Schon wenige Augenblicke nach dem Gespräch mit Signune kann er zeigen, wie er mit dem gerechten Schwert umzugehen weiß. Im Zweikampf mit Orilus stellt er seine Kampfkraft gegen diesen sehr erfahrenen Ritter unter Beweis, aber auch seinen Sinn für menschliche und gerechte Lösungen: Er schenkt Orilus sein Leben und verlangt von ihm nur ein Unterwerfungsgelöbnis zugunsten der gekränkten Cunneware am Artushof. Parzivals ungestümes Temperament ist seinen Zielen nicht mehr im Weg. Besonnen und überlegt geht er im Kampf und bei der anschließenden Schlichtungsverhandlung zwischen Jeschute und Orilus vor.

Unmittelbar hintereinander begegnet Parzival – wie schon

gleich nach seinem Auszug von seiner Mutter – wieder den beiden Menschen, die sich auf unterschiedliche Weise und doch mit demselben Thema schuldig machen: Sigune liebt einen Toten, dem sie im Leben ihre Liebe vorenthielt. Sie wird im Sinne ihrer Weiblichkeit schuldig. Orilus macht sich durch seine extrem einseitige Männlichkeit schuldig, indem er selbstsüchtig bleibt und nicht bereit ist, sich auf seine Partnerin einzuschwingen. Das Schicksal führt Parzival so zwei Persönlichkeiten vor Augen, als wollte es ihn vor seiner eigenen, drohenden Einseitigkeit warnen.

Als Parzival die Klause der Einsiedlerin verläßt, nimmt er eine farbig angemalte Lanze mit, die ein Ritter hier stehen gelassen hatte. Dieser kleine Vorfall wird gerade so nebenbei erzählt, hat aber doch einige wichtige Konsequenzen. Zum einen wird dieses Ereignis vom Einsiedler in seinem Tagebuch festgehalten, zum andern wirft es auf Parzivals »Gedankenlosigkeit« ein gewisses Licht. Er nimmt eine Lanze an sich, die ihm nicht gehört. Das dürfte für einen Ritter, für den die Lanze beim Reiterzweikampf über Leben und Tod entscheiden kann, eine seltsame Fehlleistung sein. Es zeigt seine Unerfahrenheit in der Beurteilung von Waffen ebenso wie sein unzureichendes Gegenwärtigsein. Das »Hier und Jetzt« scheint ihm noch nicht viel zu bedeuten.

Parzival bei König Artus

Inzwischen war König Artus mit seinem Gefolge ausgezogen, um den vielgerühmten Parzival zu suchen, der seinerseits auf dem Weg zum Artushof war. In der Nähe des Gralsgebiets angekommen, verbot Artus alle Ritterkämpfe, da man sich hier in einem heiligen Bezirk befand. Derweil irrte Parzival im menschenleeren Wald umher. Es war Frühling, und es hatte geschneit, als er auf drei Blutstropfen im weißen Schnee stieß. Diese stammten von einer Wildgans, die ein den Artusrittern entflohener Falke im Fluge ergriffen hatte. Beim Anblick dieser drei Tropfen fühlte sich Parzival an seine geliebte Condwiramurs erinnert und versank in sei-

nen Phantasien. »Wer schuf diesen blendenden Farbenkontrast? Er erinnert an dich, Condwiramurs. Gott will mein Glück, denn er läßt mich hier finden, was dir gleicht. Seine Hand und seine ganze Schöpfung seien gepriesen!«* In zweien der in einem Dreieck angeordneten Tropfen sah er ihre Wangen, im dritten ihr Kinn. Er war so sehr in seinen Gedanken versunken, daß er nichts mehr um sich herum wahrnahm. Derart benommen verharrte er mit aufgerichtetem Speer und in voller Rüstung auf seinem Roß. Ein Knappe, der Parzival so sah, gab im Lager des Königs Alarm. Nacheinander ritten der heldenhafte König Segramurs und dann der Seneschall Keye hinaus, um den fremden Ritter zurückzuschrecken. In beiden Kämpfen siegte Parzival, wobei besonders der Seneschall schweren Schaden nahm. Jedesmal kam es jedoch erst zum Kampf, als Parzival durch Bewegungen seines Pferdes die Blutstropfen aus den Augen verloren hatte. Schließlich ritt Gawan aus, um nach dem gefährlichen Ritter zu schauen, der wieder in seine Trance vor den drei Blutstropfen versunken war. »Er mußte sich der Liebe, die sogar Salomon bezwungen hatte, bedingungslos unterwerfen«, schrieb Wolfram, um Parzivals Lähmung durch seine Erinnerung an die geliebte Gattin zu erklären. Gawan fand ihn regungslos auf die Blutstropfen starrend vor, und er vermutete zurecht eine sehnsuchtsvolle Liebe als Ursache für die Starre des fremden Ritters. Selbst mußte er schon ähnliches erfahren haben, und so breitete er ein Tuch über die Tropfen, und Parzival konnte wieder zur Besinnung kommen.

Gawan geleitete ihn zum Lager seines Königs, wo der kraftstrotzende und schöne Parzival begeistert aufgenommen wurde. »Der junge Parzival sah aus wie ein Engel des Himmels; ihm fehlten nur die Flügel.«* Man feierte ein großes Fest, bei dem die Ritter der Tafelrunde sich um ein großes rundes Tuch niederließen, das ersatzweise für den runden Tisch benutzt wurde. Die Rundtafel der Ritter entsprach besonderen Regeln, die unter anderem besagten, daß niemand einen besonderen Ehrenplatz beanspruchen durfte. Daher waren alle Sitze gleich.

* P., VI; 282, 26

* P., VI; 308, 1

91

Als Parzival auf die drei Blutstropfen im Schnee stößt, hat er die Verbindung zu Gott noch nicht verloren: »Gott will mein Glück … Seine Hand und seine ganze Schöpfung seien gepriesen!« Er verfällt in einen tranceähnlichen Zustand. Seine Gedanken tragen ihn sehnsuchtsvoll zu Condwiramurs und erfüllen ihn ganz mit den Gefühlen seiner Liebe. Es scheint, als beginne sich erst jetzt die so stürmische Liebe in eine Beziehung zu wandeln. Parzival erwähnt selbst den blendenden Farbenkontrast, den das Blut im Schnee bildet. Wieder findet sich die Farbe Rot, dieses Mal aber kontrastiert durch Weiß. Mit dieser Farbe verbindet sich die Vorstellung der vollkommenen Reinheit, und sie wird deshalb bei allen christlichen Sakramenten getragen. So bringen die drei Blutstropfen auf dem blendend weißen Hintergrund unvermittelt in Parzival einen Liebeszauber, der ihn völlig der umgebenden Realität entrückt. In tiefer Trance, die ihn völlig seiner Kontrolle beraubt, erstarrt er auf seinem Pferd.

In der Gegenüberstellung der beiden Farben findet sich verschiedentlich auch die Symboldeutung, daß rot für den Mann, weiß für die Frau steht.* In der Spannung dieser beiden Farben deutet sich der ganze Umfang der männlich-weiblichen Beziehungsmöglichkeiten an. Sie beinhalten nicht nur die natürliche erotische und sexuelle Spannung zwischen Mann und Frau, sondern auch das Enthalten- und Aufgehobensein der triebhaften Bedürfnisse in einer liebenden Beziehung. Wenn der Volksmund allerdings weiß und rot zusammen auch als die Farben des Teufels kennt,** so kann das nur bedeuten, wie leicht dieses Gefüge aus dem liebenden Kontext wieder in einen nur vom Trieb bestimmten Zustand umzukippen vermag.

Stehen die drei Tropfen auch für den dreifachen Schmerz, den Parzival verursacht hat an seiner Mutter, an Jeschute und Condwiramurs? Oder sind es die Schmerzen der verletzten Frauen Jeschute, Sigune und Condwiramurs? Sind es im übertragenen Sinne auch die verlassenen Frauen Belakane, Herzeloyde, Condwiramurs? Zweifellos erreichen ihn hier die Gefühle, die Schmerzen und Leiden der Seele, die ihn in eine Beziehung ein-

* Herder Lexikon der Symbole, S. 182

** Cooper, J. C., S. 52

92

binden. Die Dreizahl der Tropfen entspricht auch den drei Tränen, die Condwiramurs in der ersten gemeinsamen Nacht weint.

Wir können hier eine visionäre Schau der dreifachen Göttin in ihren Gestalten Totengöttin – Liebesgöttin – Lichtbringerin vermuten. Nicht Tod, nicht Liebe, nicht Licht allein sind das Leben, sondern erst in ihrem Zusammenwirken sind wir heil und ganz. In dem Grimm-Märchen »Die Gänsemagd«* gibt die Königin ihrer Tochter auf einem weißen Läppchen drei Blutstropfen von sich mit auf den weiten Weg, der zur Hochzeit führen soll. Nach Hewig von Beit stellen diese Blutstropfen ein zauberkräftiges Mittel dar, das als Vorstufe des Selbst angesehen werden kann.* Da das Blut von einer verletzten Wildgans ist, wird diese Aussage nur unterstrichen: Parzival hatte als Junge eine intensive Beziehung zu den Vögeln, lauschte auf ihren Gesang und verband mit ihnen die Freiheit. Plötzlich findet er Spuren vor sich, die von Verletzungen, möglicherweise sogar aus lebensgefährlichen Verwundungen herrühren. So sind diese Tropfen wie die Stimme des Unbewußten, die etwas mitteilen möchte, und die unbedingt gehört werden sollte. Parzival meditiert die rote Farbe in ihrer tiefen Bedeutung und ihrem gesamtseelischen Zusammenhang. Er transzendiert erstmals die Stufe des Roten Ritters im Umfeld des weißen, kristallinen Schnees. Triebhaftigkeit und leidenschaftlichen Aktionen stehen hier ausschließlich unter dem Gesichtspunkt der Gattenliebe.

Die Dreizahl spielte im keltischen Kulturraum eine wichtige Rolle. Alles was mit dem Heiligen und Übernatürlichen in Verbindung stand, wurde als Triade vermittelt.* In der Zahl Drei »– – –« findet sich der Anfang, die Mitte und das Ende; so bildet sie das Symbol der »Unendlichkeit« und der »Totalität«. Das Dreieck △ ermöglicht viele Kombinationen, Gegenüberstellungen und Durchdringungen, um Ordnungen darzustellen (s. Abbildung). Die Kelten liebten und verehrten diese Zahl, weshalb sie in vielen Bereichen verwandt wurde. So kannten sie beispielsweise das Triskele (s. Tafel), St. Patricks Kleeblatt, drei Matres, drei Brigiten, und Mutter Irland hatte drei Gatten.

* Gebr. Grimm, KHM Bd. I, Nr. 10

* Beit, H.v., Bd. I, S. 780

Tafel 3: Dreieck

HELL HEIß JUGEND — ZWIELICHT LAU REIFE — DUNKEL KALT ALTER

Drei gleichwertige Teile sind miteinander gekoppelt. Das Dreieck eignet sich zur Ordnung, Gegenüberstellung und Durchdringung.

* Brotherody, S., S. 89

93

Parzival findet in den drei Blutstropfen ein Symbol für eine aktive Gestaltung des eigenen Lebensweges, denn in dieser Hinsicht tut er sich zu diesem Zeitpunkt sehr schwer. »Derweil irrte Parzival im menschenleeren Wald umher«, heißt es in der Dichtung. Es ist die »Stimme des Blutes« (Gedanken an die Gattin!), die sich ihm aus dem Unbewußten anbietet, aber darüber hinaus die Vereinigung der Gegensatzspannung intendiert, wie sie in den Farben rot und weiß enthalten sind. Erst durch ihre Vereinigung läßt sich Weisheit und Liebe verwirklichen. Jetzt bietet sich im die Chance, sich der Weisheit dieser Blutstropfen anzunähern und sie vielleicht in seinen Alltag einzubringen. Erst dann wird ihm die Harmonie und der rechte Einklang zwischen ihm, seinen Impulsen und den Erfordernissen seiner Umwelt gelingen.

Unter psychologischen Gesichtspunkten ist es ein äußerst wichtiger Vorgang, daß Parzival gerade jetzt auf die Welt der Artusritter trifft. Das erste Mal, als Parzival am Hofe bei König Artus war, hatte man ihn als unwürdigen Tölpel angesehen. Nun ist er bereits ein kampferfahrener Ritter aber ohne innere Führung. Jetzt, gewissermaßen mit den drei Blutstropfen im Zentrum – also der Liebe zu seiner Gattin, der Verbindung zur Stimme des Blutes – kommt es zu Kämpfen mit zwei besonders angesehenen Artusrittern. Daß er nunmehr auch Cunneware am Seneschall Keye rächen kann, bekommt zusätzliche Bedeutung. Er kämpft wenig bewußt, die Trance kaum aufgehoben und weiterhin in Verbindung mit seinem Meditationsobjekt »Condwiramurs«. Wenn er später in den Kreis der Artusritter aufgenommen wird, bleibt er trotzdem einer anderen, tiefer in ihm selbst angesiedelten Aufgabe verbunden, wie sich bald zeigen wird.

Doch dann geschah etwas Unerwartetes. Auf einem hochbeinigen Maulesel ritt, dürr, schlitznasig und von Brandmalen verunstaltet, jedoch mit kostbarem Zaum- und Reitzeug ausgestattet, eine seltsame Jungfrau heran. »Seine Reiterin aber war nicht gekleidet

Tafel 4: Triskele

Die Gralsbotin

94

wie eine Frau von Stand. Ach, was hatte sie dort zu suchen! Doch sie war nun einmal da, daran ließ sich nichts ändern, und ihre Ankunft sollte dem Herrn Artus wenig Freude bringen. Die Jungfrau war so gelehrt, daß sie alle Sprachen – Latein, Arabisch, Französisch – fehlerlos beherrschte. Auch in Dialektik, Geometrie und Astronomie war sie bewandert. Sie hieß Cundry, und ihr Beiname war ›die Zauberin‹. Ihr Mund ging wie ein Wasserfall, ihr Redestrom erlahmte nie und Lust und Freude machte sie zunichte.

Die hochgelehrte Jungfrau war allerdings keine Schönheit. Diese Glückszerstörerin trug einen Kapuzenmantel nach französischer Art … Ein Zopf hing über den Hut bis über den Maultierrücken herab. Er war lang, schwarz, spröde, häßlich und so geschmeidig wie Schweineborsten. Sie besaß eine Nase wie ein Hund. Zwei Eberzähne ragten spangelang aus ihrem Munde. Die Wimpern waren zu Zöpfen geflochten und ragten steif bis zum Haarband empor. … Cundry hatte Ohren wie ein Bär, nicht geschaffen, das zärtliche Verlangen eines Liebhabers zu erregen. Ihr ganzes Gesicht war abstoßend häßlich. In der Hand hielt sie eine Peitsche. Dieser anmutige Herzensschatz hatte Hände wie von Affenhaut, die Fingernägel waren lang und schmutzig wie Löwenklauen. Gewiß hatte kein Ritter aus Liebe zu ihr den Zweikampf gesucht!

* P., VI; 312–313

Diese Quelle der Trauer, dieses Grab allen Frohsinns ritt in den Kreis und wandte sich zum Platz des Gastgebers.« Dort erhob sie schwerste Vorwürfe und behauptete, daß sie den Ruhm der Tafelrunde durch die Aufnahme Parzivals zunichte gemacht hätten. Parzival machte sie den Vorwurf, auf der Gralsburg versagt zu haben, denn er hatte den Schmerz des armen Fischers gesehen ohne zu fragen. »Treuloser Gast! Ihr hättet Euch doch seiner Qual erbarmen müssen! Die Zunge sollt ihr verlieren, wie Euer Herz je die rechte Gesinnung verloren hat! Gott hat Euch schon verworfen und für die Hölle bestimmt, und auch auf Erden wird man Euch zur Hölle wünschen, wenn die Edelleute Euch erst durchschaut haben. Ihr Gefährten des Heils, Fluch des Glücks, Verächter wahren Ruhms! Eure Mannesehre schwindet, und Euer Ansehen ist so hinfällig, daß kein Arzt mehr helfen kann.«*

Dann lobte sie besonders die charakterlichen Qualitäten seiner Eltern und verkündete ihm, daß er einen Halbbruder im fernen Orient hätte. »Er hat die edlen Manneseigenschaften, die Euren Vater auszeichneten, nicht wie Ihr verderben lassen. Euer Bruder Feirefiz, Sohn der Königin von Zazamanc, sieht merkwürdig aus, denn seine Haut ist schwarz und weiß gefleckt.«*

* P., VI; 317; 8

Cundry weinte unaufhörlich und rang ihre Hände. Schließlich wandte sie sich an die Ritter der Tafelrunde und rief sie zu Heldentat und edler Liebe auf. Diese könnten sie dadurch vollbringen, indem sie vier Königinnen und vierhundert Jungfrauen befreiten, die im Zauberschloß Schastel marveile verzaubert gefangen waren.

Ohne Abschied ritt sie weg.

Parzival war tief bestürzt und untröstlich. »Doch außer diesen Eigenschaften [tapferes Herz, ritterliche Erziehung und Mannhaftigkeit] besaß er die Fähigkeit, sein Handeln selbstkritisch zu überprüfen, so daß er stets rechtzeitig auf den rechten Weg kam. Solche Haltung findet ihren Lohn in der Hochachtung der Menschen, sie ist die schönste Zierde der Seele und die höchste aller Tugenden.«*

* P., VI; 319

Plötzlich nahte ein stolzer Ritter, der von Kopf bis Fuß eine überaus kostbare Rüstung trug. Ohne sich zu erkennen zu geben, erhob er schwerste Vorwürfe gegen Gawan, daß dieser seinen Herrn bei einer freundschaftlichen Begegnung heimtückisch erschlagen habe. Er forderte Gawan auf, sich in vierzehn Tagen in der Hauptstadt Schanpfanzun einzufinden und sich ihm zum Gerichtskampf-Zweikampf zu stellen. Dann erst stellte er sich vor als Kingrimursel, Landgraf von Schanpfanzun, Fürst zu Ascalun.

In seinem Schmerz gelobte Parzival: »Von nun an sei mir jede Freude solange fern, bis ich den Gral wieder vor Augen habe. Das ist mein fester Entschluß, an dem ich Zeit meines Lebens festhal-

ten werde. Fortan wird bitterer Schmerz mein Begleiter sein; mein Herz soll meine Augen weinen lassen, denn ich ließ auf Munsalwäsche zurück, was mich aus wolkenlosem Glück verstieß – ach, wie viele reine Jungfrauen! Die größten Wunder dieser Welt werden vom Gral übertroffen, doch der Herrscher der Gralsburg siecht jämmerlich dahin! Ach, hilfloser Anfortas, was half es dir, daß ich bei dir war!«* Und als ihm Gawan Gottes Kraft und Glück wünschte, brach es aus Parzival heraus: »Ach, wer ist Gott? Wäre er wirklich allmächtig und könnte er seine Allmacht offenbaren, so hätte er uns beiden nicht solche Schmach angetan. Ich war ihm stets ergeben und zu Diensten, und ich hoffte auf seinen Lohn, doch jetzt kündige ich ihm den Dienst! Er ist mir Feind, so will ich's tragen! Freund, ziehst du in den Kampf, vertraue nicht auf Gott! Vertraue lieber auf eine Frau, wenn du ihrer Reinheit und fraulichen Güte sicher bist. Ihre Liebe sei dein Schutz und Schirm im Kampf!«***

* P., VI; 330, 20

** P., VI; 332, 1

So ritten beide ihrer Wege, beide in ihrer Ehre verletzt, der eine den Gral suchend, der andere seine Ehre wiederherzustellen.

Artusfeste, so stellt Wolfram fest, finden immer an Pfingsten statt. Dieses Fest eignet sich durch seinen geistigen Gehalt wie kein anderes für das Treffen der Artusrunde. Die erwählten Ritter, die sich allesamt durch besondere Verdienste auszeichneten, treffen hier zusammen. Pfingsten ist »das Fest der freien, geist- und gotterfüllten, schöpferischen Persönlichkeit«, schreibt Schult in seiner »Mysterienweisheit im deutschen Volksmärchen«.* Im Pfingstwunder konnten durch die Kraft und Wirkung des Heiligen Geistes Sprach- und Volksgrenzen überwunden werden.

* Schult, A., S. 39

Die Artusrunde mit ihren 12 Rittern, in manchen Legenden ist diese Zahl allerdings nicht so festgelegt, verkörpert in idealer Weise Symbol und Zentrum für Miteinander, Gemeinsamkeit und Stärke. Immer wieder wird sie mit den 12 Sternbildern verglichen, die in ihrer Unterschiedlichkeit erst in ihrer Gemeinsamkeit das Ganze bilden.

Kaum in diese illustre Runde aufgenommen und ganz im Glanz
des eben gewonnenen Ansehens, ereilt Parzival das Unheil. Die
bestienhafte Cundry bricht in die Festgemeinde ein und erschüt-
tert die Gäste mit ihrem Aussehen. In diesem Zustand weist sie
große Ähnlichkeit mit einer Totengöttin, insbesondere mit der
germanischen Hel auf. Nicht nur durch ihr Aussehen unterscheidet sie sich grundsätzlich von ihrer Umgebung. Mit größter
Kompetenz an Gelehrsamkeit, Wissen und Umgangsform zeigt
sie trotz ihrer Häßlichkeit Adel, den aber nur sehen kann, wer
bei ihrem furchtbaren Anblick nicht die Fassung verliert.

Die häßliche Kreatur erscheint in der Bewußtseinsentwicklung, wenn es gilt, die abgelehnten und ungeliebten Seiten der Persönlichkeit zu erkennen. Cundry verkörpert diese weibliche Seite, die ungeliebt, verletzt und dadurch bewußtseinsfern wirkt. Sie ist die Zauberin (*la sorcière* = Hexenmeisterin, altfranz. *surziere*), aber sie ist auch die gebildete Frau, die unerschrocken das Versäumte benennt, was gerne verschwiegen oder unter den Tisch gekehrt wird. Öffentlich tritt sie auf. Sie, die Häßliche und Abstoßende, macht bewußt, was in Gefahr ist, verdrängt zu werden.

Cundry ist ein Ausdruck für Parzivals Seelenzustand: Ihre bestienhafte Gestalt spiegelt nicht nur sein noch geringes Integrationsniveau, sondern zeigt auch das erste Erkennen eines Persönlichkeitsanteils, der den Anschluß sucht. Erst wenn der Kontakt zu diesem Potential verbessert ist, wird deutlich, welch licht- und geistreicher Teil sich hier verwirklichen möchte.

Doch Parzival ist vorerst noch nicht soweit. Er wird von Cundry verflucht. »Ein Spielzeug des Teufels seid Ihr, abscheulicher Herr Parzival!«* ruft sie und wirft ihm Gleichgültigkeit und Desinteresse gegenüber den Ereignissen auf der Gralsburg vor. Diesem Erlebnis und den Vorwürfen ist Parzival nicht gewachsen. Entsetzt glaubt er, daß ihm Unrecht geschieht. Er fühlt sich von Gott verlassen. Nun beginnt die Zeit des Zweifelns.

* P., VI; 316, 24:
ir sît der hellehirten spil.
gunêrter lîp, hêr Parivâl!

Wenn Parzival gelobt, daß ihm von nun an jede Freude solange fern bleiben werde, bis er den Gral wiedergefunden hat, und fortan bitterer Schmerz sein Begleiter sein wird, dann läßt sich darin Verzweiflung, aber auch der Versuch zur Wiedergutmachung erkennen. Doch er begreift trotzdem nicht, was ihn »aus wolkenlosem Glück verstieß«.*

* P., VI; 330, 20

Sein Ausruf: »Ach, wer ist Gott?« zeigt seine Verlassenheit. Ihm, dem er stets ergeben und zu Diensten war, auf dessen Lohn er gehofft hatte, kündigt er jetzt den Dienst! Er betrachtet ihn als Feind und will nur noch auf die Liebe zur Frau trauen. Das ist es, woran er sich in seiner Phantasie gerade noch halten kann.

Der für ihn unfaßbaren Schicksalsschlag, den er eben von der Gralsbotin erhalten hat, entzieht ihm jede Verbindung zu Gott.

Wolfram verweist in diesem Zusammenhang auf Parzivals besondere Fähigkeit, dem eigenen Handeln selbstkritisch gegenüber zu stehen, um so aus dieser alles umfassenden Krise wieder herauszufinden. Er läßt an dieser Stelle der Erzählung den Helden ganz in den Hintergrund treten, lenkt die Aufmerksamkeit auf eine andere Heldengestalt über, und es entsteht ein völlig neuer Handlungsstrang, die Geschichte des makellosen Gawan, der mit Parzival entfernt verwandt ist (siehe Tafel: »Verwandtschaftverhältnisse zwischen Parzival, dem Roten Ritter, Artus und Gawan«).

Gawan

Er hadert nicht wie Parzival mit seinem Schicksal, vielmehr nimmt er es willig auf sich und bildet einen wichtigen Gegenpol zu Parzival. Dabei zeigt sich, daß Gawan eine besondere Rolle in der Geschichte vertritt, da Parzival sich auf seiner Suche nach dem Gral in vielerlei Parteilichkeiten verwickeln läßt und an verschiedenen Kämpfen teilnimmt. Entsprechend seiner kämpferischen Kraft bedeutet das immer eine Vormachtstellung derjenigen, auf deren Seite er kämpft. So sorgt der etwa gleichstarke Gawan auf Parzivals Gegenseite für den notwendigen Ausgleich. Allerdings wissen beide während der Kämpfe nie, daß der Freund, der inhaltliche Gegenpart im Epos, auf der anderen Seite kämpft. Gawan gelang es unter großen Mühen, sich von dem gegen ihn gerichteten Verdacht zu befreien, einen Ritter heimtückisch erschlagen zu haben. Dafür mußte er aber die Verpflichtung übernehmen, für König Vergulacht den Gral zu erringen.

Parzival bei Trevrizent

* P., VII; 435, 12

Tarotkarte

Der EREMIT

Kehren wir zurück zum Weg Parzivals.

Eines Tages ritt er, der bisher immer noch vergeblich nach dem Gral gesucht hatte, einsam durch einen finsteren Wald und gelangte zur Klause einer Einsiedlerin. Wolfram schreibt: »Da wollte ihm Gott nun helfen.«* In der Klausnerin erkannte Parzival Sigune, die er hier nun zum dritten Mal traf. In dieser Klause hatte sie ihren geliebten Schionatulander begraben und ihren Frieden gefunden, weshalb sie Parzival nicht mehr verfluchte und ihm auch bereitwillig Auskunft auf alle seinen Fragen gab. Sie lebte nur von der Speise, die ihr Cundry, die Gralsbotin, einmal in der Woche vorbeibrachte. So konnte sie Parzival auf die Spur Cundrys weisen, damit er ein zweites Mal zur Gralsburg gelangen könne. Doch leider verlor er ihre Spur bald im kiesigen Flußbett.

Unterwegs traf er auf einen streitbaren Gralsritter, der ihm den Zugang zum Gralsgebiet verwehren wollte. Es kam zu einem heftigen Zweikampf, bei dem der Gralsritter zwar am Leben blieb, jedoch Parzival sein Pferd verlor. Kurz entschlossen nahm er das Pferd des Gralsritter in Besitz, das auf der Satteldecke als Symbol die Gralstaube trug.

In seiner Ratlosigkeit, wohin er reiten sollte, überließ er sich dem Willen des Pferdes. Bald traf er auf büßende Pilger, die barfuß durch den Schnee wanderten. Sie fragten ihn, warum er an so einem heiligen Tage, es war Karfreitag, mit geschlossenem Visier in der Eisenrüstung durch die Landschaft reite und nicht der Leiden Christi gedenke. Parzival hatte, seit er auf der Gralsburg war, an keiner Messe teilgenommen und keine Kirchen mehr besucht.

Die Pilger zeigten ihm den Weg zu einem in der Nähe wohnenden Klausner. Dieser nahm ihn freundlich auf, und beim Kerzenschein in der Klausnershöhle kam es zu langen Gesprächen. Parzival erinnerte sich, daß er hier in dieser Klause bereits mit Jeschute und Herzog Orilus war und wo er auf dem Reliquienschrein des Klausners geschworen hatte, die Wahrheit zu sprechen. Damals hatte er aus der Klause, in Gedanken versunken, ei-

ne Lanze mitgenommen. Diese hatte ihm treue Dienste erwiesen und war erst zerbrochen, als er den Seneschall Keye vom Pferd gestoßen und so schwer zugerichtet hatte. Trevrizent hatte in seinem Psalterbuch vermerkt, wann die Lanze weggekommen war. Viereinhalb Jahre und drei Tage war Parzival seitdem umhergeirrt.

Trevrizent half ihm mit konfrontierenden aber auch trostreichen Worten, sich in seinem Schmerz, seinem Hader mit Gott und der darin begründeten Einsamkeit zu stellen. »Oh, ich trage großen Haß gegen Gott!« Als Antwort versuchte Trevrizent ihm einen allseits präsenten, treuen Gott zu schildern, der sich in seinem Sohn in der Welt inkarnierte, um den Menschen die Erlösung zu bringen.

Parzival sprach: »Mein größtes Verlangen ist es, den Gral zu erringen, doch ich sehne mich auch nach meiner Frau; nie wurde auf Erden Schöneres geboren. Zum Gral und zu ihr fühle ich mich unwiderstehlich hingezogen.«

»Ihr Thor! Das kann ich nur bedauern«, antwortete Trevrizent. »Den Gral kann allein erringen, wer im Himmel bekannt genug ist, zum Gral berufen zu werden.«* Er schilderte ihm die Geheimnisse des Grals und die Leiden des Gralskönigs und deren Ursachen. Den Gral beschrieb er als makellos reinen Stein, der jede mögliche Form von Speise und Trank gibt. Erblickt ein todkranker Mensch den Stein, kann ihm der Tod in der folgenden Woche nichts anhaben. Der Alterungsprozeß ist während dieser Zeit aufgehoben. Wenn Frau oder Mann den Stein zweihundert Jahre lang ansehen, ergraut lediglich ihr Haar. Der Körper bewahrt seine Jugendfrische. Jeden Karfreitag kommt eine Taube vom Himmel und trägt eine kleine weiße Oblate zum Stein, um dann wieder zurückzukehren. Durch die Oblate erhält der Stein seine Wunderkraft. Von dem Stein selbst geht die Berufung zum Gral aus, indem am oberen Rand des Steins eine geheimnisvolle Inschrift erscheint und die Namen und Geschlechter der zum Gral berufenen Mädchen und Knaben verkündet. Diese kommen

* P., IX; 468, 11

aus vielen Ländern und werden Mitglieder der Gralsgemein-
schaft. Sie bleiben dem Gral ihr Leben lang treu und immer frei
vom Makel der Sünde.

»Versteht Gott etwas von Kampfestaten, dann müßte er mich zum
Gral berufen, damit er mich dort kennenlernen kann. Ich werde
keinem Kampf ausweichen!« rief Parzival.

Sein frommer Gastgeber antwortete weise: »Ihr müßtet euch dort
vor allem in Demut üben und vor eitler Selbstüberhebung hüten!
Der Gral wird von einer auserlesenen, kampferprobten Bruder-
schaft behütet. Jeder Zudringliche kann so ferngehalten werden.
Nur ein einziger Mensch war nach Munsalwäsche gelangt, ohne
dazu berufen zu sein. Dies war jedoch ein Thor gewesen, der Sün-
den beladen von dannen ziehen mußte, weil er es versäumt hatte,
nach der Ursache des dortigen Elends zu fragen.«

Als der Einsiedler nun seinen Gast nach Namen und Herkunft
fragte, nannte Parzival die Namen seiner Eltern und gestand so-
gleich, daß er Ither von Gaheviez, den König von Kukumerland,
erschlagen habe. Trevrizent mußte ihm sagen, daß er seinen eige-
nen Verwandten getötet hatte, der zudem noch Schildknappe sei-
nes Vaters Gachmurets gewesen war. Im Übrigen waren der Ein-
siedler, Anfortas und Parzivals Mutter Geschwister, wobei Her-
zeloyde vor Sehnsucht nach ihrem Sohn gestorben sei. Diese
Nachricht betrübte Parzival zutiefst, doch Trevrizent sprach wei-
ter über die Leiden seines Bruders Anfortas, der eine Frau geliebt
hatte, die ihm nicht vom Gral bestimmt worden war. Daraus er-
gab sich ein Zweikampf, bei dem er von einer vergifteten Lanze
»an der Scham« verwundet wurde. Seither mußte er rettungslos
dahinsiechen. Trevrizent, der bis dahin selbst ein sehr bewegtes
Ritterleben geführt hatte, entsagte allem Ruhm, schwor allem
Fleisch, Wein und Brot ab, und auch allem, was Blut in den Adern
hatte, um den allmächtigen Gott zu bitten, seinen Bruder zu ret-
ten. Alle Mittel hatten versagt, Anfortas zu heilen, vielmehr wur-
den seine Qualen immer schlimmer. Beim Höchststand des Sa-
turn und beim Mondwechsel schmerzte die Wunde besonders.

*»Zu solchen Zeiten findet der König keine Ruhe, ein innerer Frost befällt ihn, sein Körper wird kälter als der Schnee. Dann legt man auf die Wunde das Lanzeneisen, das mit einem brennenden Gift bestrichen ist, womit es die Kälte aus dem Körper zieht. Das Eisen bedeckt sich mit einer glasklaren, eisähnlichen Schicht, die sich nur mit den beiden von Trebuchet kunstreichen geschmiedeten Silbermessern entfernen läßt. Der König kann nicht reiten, nicht gehen, nicht liegen, und nicht stehen, er kann nicht richtig sitzen und lehnt nur halb.«** Damit man den üblen Geruch der Wunde durch die Winde vertreiben konnte, brachte man ihn auf den naheliegenden See. So entstand die Mär, er sei ein Fischer. Auch Parzival hatte ihn für einen Fischer gehalten, als ihm der kranke König den Weg nach Munsalwäsche wies.

* P., IX; 489, 24ff

Erst jetzt konnte Parzival unter Scham eingestehen, daß er es war, der damals ungehindert auf die Gralsburg gelangen konnte und es unterlassen hatte, die erlösende Frage an den König zu stellen.

*»Nun haben wir wirklich allen Grund, aus tiefstem Herzen zu klagen und zu trauern«, sprach Trevrizent, machte ihm aber bald wieder Mut: »Sollte es mir gelingen, deine Tugend wieder grünen und dein Herz neuen rechten Mut fassen zu lassen, damit du die Wertschätzung der Menschen erringst und an Gott nicht verzweifelst, dann wirst du deine hohen Ziele erreichen, und Verlorenes wiedergewinnen. Gott hat dich nicht verlassen; in seinem Namen stehe ich dir mit Rat und Hilfe zur Seite.«**

* P., IX; 489, 13ff

Jetzt konnte Parzival auch nach dem Greis fragen, den er durch die Tür des Gralspalastes auf seinem Lager liegend sah. »Das war Titurel, der Großvater deiner Mutter. Er erhielt als erster mit der Gralsfahne den Auftrag, den Gral zu schützen. Ihn plagt eine Lähmung, die nicht heilbar ist. Die frische Gesichtsfarbe blieb ihm, da er stets den Gral vor Augen hat. Aus diesem Grund kann er auch nicht sterben. Sie halten den bettlägerigen Greis am Leben, denn sie wollen auf seinen Rat nicht verzichten.«

15 Tage lebte Parzival beim Klausner, der ihn von der Sünde erlöste, ohne ihn dem ritterlichen Leben zu entfremden.

Indem Parzival Gott verloren hatte, war er aus dem Jahresfestkreis herausgefallen, und jeder zeitliche Bezug zu seiner Umwelt war ihm verloren gegangen. Nun irrt er ohne Gefühl für sich oder andere Menschen durch die Welt, immer in voller Rüstung – auch wenn keine Feinde zugegen sind. Es wirkt wie ein Gnadenerweis, auf den Wolfram hier zeigt: »Da wollte ihm Gott nun helfen.«*, und Parzival trifft zum dritten Mal auf Sigune. Jetzt ist sie Klausnerin, die sich hier in der Nähe der Gralsburg niedergelassen hat. Sie hat endlich Frieden gefunden und steht in Einklang mit sich und ihrem Schicksal. Schionatulander ist begraben und Sigune kann sich spirituell weiter entwickeln. Gottergeben lebt sie in der Nähe des Grals, ohne diesen jedoch sehen zu wollen. Sorgenfrei ernähren sie die »Abfälle« vom Tisch des Herrn, die ihr die Gralsbotin bringt – genügsam und doch erfüllt von dem, was sie erhält.

Sigune tritt immer in Erscheinung, wenn sich ein wichtiger Wendepunkt in der Handlung abzeichnet, so als spiegle sie den Helden auf einer anderen Ebene. Nicht nur wegweisend wirkt sie auf ihn ein, sondern sie evoziert in ihm jedes Mal eine neue Weise des Wahrnehmens und Erlebens. Bei dieser Begegnung übermittelt sie ihm in seinen Wirren einen Hoffnungsschimmer, der lang begehrte Gral scheint nicht weit zu sein, und er kann sogar die Spur von Cundrys Gralspferd verfolgen. Er verliert sie jedoch bald und irrt weiter umher. Auch wenn er es selbst nicht erkennt, so befindet er sich doch ganz nahe bei der Gralsburg, denn unvermittelt trifft er auf einen streitbaren Gralsritter, der den Zugang zum Gralsgebiet schützt. Er gewinnt den Zweikampf, verliert aber sein Pferd. Entschlossen nimmt er das Pferd des Gralsritter in Besitz, das auf der Satteldecke das Symbol der Gralstaube trägt. So wiederholt sich etwas, was sich bereits bei der Ermordung des Roten Ritters ereignete: Widerrechtlich schmückt er sich mit fremden Federn. War es damals Rüstung und Pferd, so ist es dieses Mal das Gralspferd, das ihn als Ritter der Gralsgemeinschaft ausweisen würde. So gerät Parzival immer wieder in Situationen, in denen er unrecht handelt, ohne das wahrzunehmen.

Die folgende Ratlosigkeit, wohin er reiten sollte, stimmt so mit seiner inneren Ziellosigkeit überein. Er weiß nur, daß er zum Gral will, aber er weiß nicht, auf welche Weise. So tut er in dieser Situation das einzig Richtige: Er überläßt sich dem Willen des Pferdes, den tieferen Bereichen seiner Seele, seinen intakten Instinkten.

Mit geschlossenem Visier trifft er auf barfuß im Schnee wandernde Pilger. Ein größerer Gegensatz läßt sich kaum vorstellen: hier der völlig im Blech eingepackte Kämpfer, allein, abgesperrt von einem lebendigen Kontakt mit seiner Umgebung – dort die Gemeinschaft der Büßer, die sich schutzlos dem kalten Schnee aussetzen und sich ganz auf spirituelle Ziele ausrichten. Die Orientierungslosigkeit Parzivals findet in dieser Szene ihren Ausdruck. Mit heruntergeklapptem Visier reitet er, als fürchte er ständig den Angriff. Unfähig ist er geworden, seine Welt ganzheitlich zu sehen. Nur der kleine Sehschlitz, durch den er einst den Roten Ritter mit seinem Spieß getötet hat, gewährt ihm den Blick auf seine Umgebung. Er mißtraut allem und jedem. Eingesperrt, eingezwängt in seine eiserne Welt mit ihrer Einseitigkeit und Starre, bleibt er auf sein Ich reduziert, abgesperrt von höheren Werten und von Gott.

In diesem für ihn quälenden Zustand, weisen ihn die Pilger zum frommen Trevrizent, dem in der Nähe lebenden Klausner*. Dort trifft er an einem Karfreitag ein, auf dem Höhepunkt der christlichen Passionszeit. Endlich erhält er Antworten auf viele ungelöste Fragen. In langen nächtlichen Gesprächen spricht er sich sein Leid von der Seele. Es ist eine erlösende Beichte, die er jetzt endlich ablegen kann, auch wenn der Eremit kein geweihter Priester ist. »Oh, ich trage großen Haß gegen Gott!« bekennt er Trevrizent. Helfender Therapeut und befreiende Katharsis treffen hier zusammen und geben Parzival die Möglichkeit, seine Fähigkeit zur selbstkritischen Betrachtung anzuwenden. Dabei wendet der Eremit konfrontierende wie trostreiche Worte an. Parzival gelingt es, sich seiner Scham zu stellen, die er solange vor sich selbst verborgen hat. Jetzt kann er erkennen, wie

* »Trevrizent« könnte etymologisch »Baumheiliger« bedeuten. Der große Duden, Herkunftswörterbuch, Mannheim 1963, erklärt indogerm. *deru* = Eiche, Baum, altsächs. treo = Baum, gotisch *trin* = Holz. A. Schult (S.111) leitet *sent* von heilig ab.

dumpf er die vergangenen viereinhalb Jahre verbracht hat. Sein Zweifel hat ihn stumpf gemacht für sich selbst und seine Umgebung. Erst hier, ganz fern vom Alltag, beginnt in Parzival über die Innenschau eine neue Verbindung zu Gott zu keimen.

Trevrizent, der alte Weise, übernimmt eine sich ausschließlich im Hintergrund abspielende tragende Funktion: Er wird aus freien Stücken Einsiedler und sühnt für seinen in Schuld gefallenen Bruder Anfortas. Dafür gibt er, der selbst dem Gralsgeschlecht angehört, sein Ritterdasein und seinen Minnedienst ganz auf und widmet sich ausschließlich dem Gebet und der Meditation. Fleischlos lebend, sich auf das Wesentliche beschränkend, richtet er seinen Geist auf Gott aus. Für dieses Verhalten gibt es viele Beispiele aus verschiedenen Kulturkreisen. Der Legende nach hat Buddha Amitaba in unzähligen Inkarnationen meditiert, um für alle Wesen den Gnadenaspekt zu erwirken (um z. B. innerhalb einer Inkarnation zur Befreiung gelangen zu können). Für Trevrizent ist Christus das entscheidende Vorbild, seine eigenen Ziele zurückzustellen und nur für die Interessen der Gemeinschaft zu handeln. Wenn durch das Versagen eines einzelnen Menschen (Anfortas) das Land verdorrt und unfruchtbar wird, kann es nicht mehr ausschließlich darum gehen, dem persönlichen Bruder zu helfen. Zu sehr sind alle davon betroffen und im Leid festgehalten. Deshalb nimmt auch der Gral im Gespräch zwischen Parzival und Trevrizent so großen Raum ein. Hinter dem Faszinosum GRAL gilt es, den Anteil menschlicher Verstrickung aufzuspüren, durch den der Gral in seiner Wirksamkeit für alle Menschen blockiert ist. Parzival hat eine Erlöserfunktion zugewiesen bekommen, die er ebenso wenig verstanden hat wie sein Onkel Anfortas. Jeder hat versagt, jeder war noch zu sehr mit sich selbst beschäftigt, um sich hinter die Belange und Interessen der Gemeinschaft stellen zu können. Möglicherweise war Anfortas auf diese Aufgabe vorbereitet, Parzival war dies ganz gewiß nicht. Zuerst muß ein junger Mensch sich selbst, seine Möglichkeiten und Grenzen etwas kennenlernen, bevor er Verantwortung für eine Gemeinschaft übernehmen oder gar sein Leben ganz in deren Dienste stellen kann. Besonders bei katholischen Priestern zeigt sich dieser fatale Mechanismus, wenn sie sich zu einem Zeitpunkt für das Priesteramt entscheiden, an dem sie die Folgen für sich noch nicht abschätzen können. Trevrizent wäre demnach ein gutes Beispiel für den Spätberufenen, der das Leben in seinen Höhen und Tiefen kennengelernt hat. Aus vollem Bewußtsein, was Verzicht und Opfer für ihn bedeuten würde, kann er seine Entscheidung treffen und das Eremitendasein beginnen.

Trevrizent tritt an einem entscheidenden Punkt in Parzivals Leben und bewirkt dessen Wandlung. Parzival darf sich in seiner ganzen Naivität zeigen, so wie er wirklich empfindet und erlebt. Erst dadurch entstehen Voraussetzungen für einen neuen Entwicklungsschritt. Er glaubt, den Gral durch eigene Anstrengungen gewinnen zu können und kann noch nicht erfassen, was Trevrizent ihm sagen muß: Nur der vom Himmel Berufene kann zum Gral gelangen. Bloßes menschliches Streben reicht dazu nicht aus. Vielmehr bedarf es einer demütigen Haltung, um die göttliche Gnade zu erwirken. Diese Haltung erinnert an das Goethe-Wort im Faust: »Wer immer strebend sich bemüht«, die eine entscheidende Voraussetzung bei allen psychischen Entwicklungsprozessen darstellt. Viele Menschen vergessen dies allzu leicht, wenn sie glauben, durch die Kraft und Fähigkeit anderer Menschen geheilt zu werden. So führt sie ihr Suchen nach Heilung zum Hellseher oder Magier, um am Ende doch erkennen zu müssen, daß es nur eine vorübergehende Besserung war.

Richard Wagner, selbst ein suchender Geist, hat in seiner Musik zur Karfreitagsszene in seiner Oper (Bühnenweihfestspiel) »Parsifal« eine Stimmung eingefangen, die in aller Zartheit die auftauchende Hoffnung für eine in Verwirrung geratene Seele ausdrückt. Mit Trevrizents Beistand findet er einen neuen Anfang: »Gib deine Sünde mir! Ich bin vor Gott Bürge für deine Buße. Befolge alles, was ich dir gesagt habe, und halte unverzagt daran fest!«* spricht dieser zu ihm. Die finsteren Gefühle der Gottesferne weichen und die Vision eines neuen Lebens keimt auf.

* P.; IX; 502, 25

108

* P., IX; 501, 19

Nach 15 Tagen nimmt Parzival Abschied vom Klausner, »der ihn von der Sünde erlöste, ohne ihn dem ritterlichen Leben zu entfremden.«* Das kann nur heißen, daß der Klausner die Aufgabe nicht in der asketischen Abwendung von der Welt sieht. Zwar hat ihn sein eigener Weg in die Abgeschiedenheit der Klause geführt, doch ist er klug genug, diesen nicht auf andere zu übertragen. Er kann Parzival von seinen Schuldgefühlen entlasten, ohne ihn für seinen eigenen Weg zu vereinnahmen.

Das Zauberschloß

Ähnlich wie Parzival traf auch Gawan auf eine weinende Frau, die einen schwer verwundeten Ritter in den Armen hielt. Mit Heilkräutern konnte Gawan helfen. Wenig später lernte er die Herzogin Orgeluse kennen, als sie am Brunnen saß und Blumen zum Kranz wand. Von ihrer Schönheit war er tief beeindruckt und bot ihr seine Dienste an, die sie jedoch hochmütig abwies. Erst sehr viel später, als er ihr trotz ihrer ablehnenden Haltung und ihrer ständigen Schikanen ihm gegenüber treu diente, erzählte sie ihm ihre leidvolle Geschichte: Ritter Gramoflanz, dessen Liebe sie verschmähte, hatte ihren Geliebten erschlagen. Um sich an Gramoflanz zu rächen, nahm sie die Dienste vieler Ritter in Anspruch, doch fanden die meisten dabei den Tod. Auch Anfortas, der im Zweikampf mit Clinschor seine Verletzung erlitt, hatte Minnedienste bei ihr geleistet.

Auf ihrer Reise gelangten Gawan und Orgeluse zum Zauberschloß Schastel marveile, das von Clinschor erbaut und mit einem Zauber belegt worden war. 400 Jungfrauen und vier Königinnen waren in ihm durch Magie gefangen. Trotz vieler Warnungen machte sich Gawan auf, Schloß und Frauen vom Zauber zu befreien. Kurz vor dem Schloß begegnete Gawan dem Knappen Malcreatüre, dem Bruder Cundrys, der dieser an Häßlichkeit in nichts nachstand und ihr zum Verwechseln ähnlich sah. Er, der Knappe Orgeluses, den diese von Anfortas bekommen hatte, ritt auf einer klapprigen Mähre, die auf allen vier Füßen lahmte und ständig stolperte. Provozierend trat Malcreatüre in den Weg und beschimpfte Gawan als rechten Einfaltspinsel, weil er einfach seine Herrin Orgeluse mit sich nahm. Gawan zog ihn zur Strafe an den Haaren von seinem Maultier, doch zerschnitt er sich an den scharfen Haaren seine Hände. Orgeluse begleitete dies alles mit großer Häme.

Das Zauberschloß erwies sich als kostbarer Palast, in dem Gawan eine Vielfalt an Schrecknissen zu überstehen hatte. Als er sich zur Erholung auf ein Bett legen wollte*, fuhr es unter großem Getöse mit ihm durch den Raum, um endlich in der Mitte anzuhalten. Sogleich schossen 500 automatische Steinschleudern ihre Munition mit größter Wucht auf ihn. Mit seinem Schild versuchte er, sich zu schützen, als bereits aus 500 Armbrüsten Pfeile auf ihn niedersausten und ihm und seinem Panzerhemd gewaltig zusetzten.

lit marveile, altfranz. = Wunderbett

Kaum hatte er diese Schrecken überstanden, trat ein kraftstrotzender, ungeschlachter Kerl von schrecklichem Aussehen ein. In Fischotterhaut gekleidet trug er eine riesige Keule und rief Gawan zu: »Ihr macht mir keine Angst! Jetzt wird Euch etwas zuteil, was Ihr mit dem Leben bezahlen werdet. Der Teufel hat Euch gerettet! Doch jetzt ist die Stunde Eures Verderbens gekommen!« und verließ den Saal.

Da sprang ganz plötzlich unter dumpfen Grollen ein gewaltiger Löwe, groß wie ein Pferd, auf ihn. Nur mühsam gelang es Gawan, ihm eine Pranke abzuschlagen und ihm nach schwerem Kampf das Schwert bis ans Heft in die Brust zu stoßen. Vor Erschöpfung wurde Gawan ohnmächtig. Erst die hilfreichen Hände und heilenden Kräuter der nunmehr erlösten Frauen, unter denen sich auch Gawans Großmutter, seine Mutter und zwei Schwestern, Itonje und Cundrie* befanden, halfen ihrem Befreier wieder auf die Beine.

* Gawans Schwester Cundrie sollte nicht mit der Gralsbotin Cundry verwechselt werden.

Doch die Liebe von Orgeluse hatte er noch immer nicht gewonnen. Sie bestand darauf, von einem Lorbeerbaum einen Kranz zu erhalten, der von ihrem Gegner Gramoflanz bewacht wurde. Ga-

wan konnte diesen Auftrag erfolgreich erfüllen, doch mußte er sich mit Gramoflanz zu einem Zweikampf verabreden. Jetzt hatte Gawan endlich die Liebe Orgeluses gewonnen, und sie feierten auf Schastel marveile ihre Hochzeit.

Im kostbaren Palast des Zauberschloßes befand sich eine besondere Säule, deren Stein bei Tag und Nacht sechs Meilen in der Runde leuchtete. Was in diesem Umkreis zu Wasser und zu Lande geschah, war auf der Säule zu sehen. Clinschor, der Schloß und Säule in seinem Besitz hatte, war ein mit besonderen Kräften begabter Magier. Er war im fernen Italien von einem Fürsten, den er betrogen hatte, entmannt worden. In der Folge hatte er sich in Persien Zauberkünste erworben und Anfortas seine Verletzung beigefügt.

In dieser Geschichte überzeugt Gawan durch sein makelloses, heldenhaftes Verhalten. Dabei ist er vielseitig und zeigt mancherlei Fertigkeiten. Einem verletzten Ritter kann er mit Heilkräutern helfen, und bei Orgeluse erweist er sich als sensibler Kenner der weiblichen Psyche. In seiner Verliebtheit drängt er ihr seinen Minnedienst auf, obwohl sie ihn eindringlich vor den damit verbundenen Gefahren warnt. Sie schickt alle ihr ergebenen Ritter in den Kampf gegen Gramoflanz. Orgeluse bedeutet »die Stolze«, und die Gedanken der Rache halten sie gefangen. Sie benützt ihre Schönheit (»außer Condwiramurs wurde nie eine schönere Frau geboren«*), um die Männer für ihre Dienste an sich zu binden. Kalt und herzlos wird sie geschildert. Ein alter, graubärtiger Ritter warnt Gawan sogar unter Tränen, sich nicht auf »seine verfluchte Gebieterin« einzulassen, die schon so viele edle Ritter in den Tod getrieben hat. Doch Gawan ist fest entschlossen, er will Orgeluse haben und ist zu allem bereit. Eine herbe und anstrengende Zeit beginnt für ihn.

Bei diesem Zusammentreffen mit Orgeluse finden wir einen der »Knoten« des Epos: Sie ist in die Verletzung des Gralskönigs Anfortas verwickelt. In ihrem Liebesdienst kämpft dieser mit Clinschor, dem Vertreter der Gegenmacht des Grals. So werden

* P., X; 508, 21

111

die Verwicklungen aus der Liebe zwischen Mann und Frau zur Ursache für das Darniederliegen einer ganzen Landschaft samt ihrer Natur und Kultur. Hintergrund und Ursache ist die Konkurrenz und Rivalität der Männer (Anfortas und Clinschor) um eine Frau (Orgeluse). Die Rivalitäten aus der Generation der Väter kann nur noch die Generation der Söhne, hier Gawan und Parzival, aufarbeiten und lösen.

Eine aus Rivalität entstandene Folge ist das Zauberschloß Schastel marveile. In ihm ist das gefangen und durch Zauberbann festgehalten, was im Bewußtsein keinen Platz mehr hat. So ist es nur folgerichtig, daß wieder nur ein Fährmann den Grenzfluß zu dieser Burg in der Anderswelt durchfahren kann. Schastel marveile bildet den Gegenpol zur Gralsburg. Den 400 Rittern dort entsprechen genau die 400 durch Zauber gefangenen Frauen. Während die lichte Seite ganz auf die Gralsburg beschränkt bleibt, finden sich die dunklen Aspekte im Zauberschloß (siehe Tabelle). In der Polarität der zentralen Symbole in beiden Burgen – Gral und Zaubersäule – spiegelt sich ihre unterschiedliche Ausrichtung und Bedeutung: Der Gral ist ein Symbol des in Gott durchgeistigten Menschen, die Säule hingegen steht nicht für das Innere, sondern mehr für den äußeren Menschen, wie er

Tabelle 3: Gegenüberstellung der beiden Burgen

Gralsburg	Zauberburg: Schastel marveile
erbaut von Titurel	erbaut von Clinschor
Herrscher: Anfortas	Herrscher: Clinschor
lichte Aspekte	dunkle Aspekte
patriarchal strukturiert	matriarchal strukturiert
400 Ritter	400 Frauen
Gral, der alle speist und Seligkeit bringt	Zaubersäule (-spiegel), die Rundsicht gewährt
wird von Parzival erlöst	wird von Gawan erlöst
Gralskönig und Titurel werden erlöst	400 Frauen und zwei Königinnen werden erlöst
Parzival und Condwiramurs	Gawan und Orgeluse

sich in seiner Umwelt spiegelt. Die Säule symbolisiert allerdings auch die Weltachse, von der aus man in die verschiedenen Ebenen des Kosmos gelangen kann. Ihre Eigenschaft, in hellsichtiger Weise Rundsicht zu gewähren, entspricht diesem Hintergrund.

Während man in die Gralsburg nur schwer hineingelangen kann, erreicht man die Zauberburg ungehindert. Verlassen kann man sie allerdings nur schwer, so wie es schwierig ist, sich aus den Fängen des narzißtischen Ichs und seinen Spiegelungen zu lösen.

Gawan muß im Schloß einige Aufgabe erfüllen, ohne die eine Entzauberung nicht möglich ist. Große Gefahren bedrohen ihn:

1. Zuerst ist es das windschnelle, rollende Bett. Für Gawan bedeutet es zunächst ganz einfach eine große Körperbeherrschung, sich auf ihm festhalten zu können. In symbolischer Hinsicht ist es der Ort, in dem die sexuelle Vereinigung stattfindet, in dem geboren und auch gestorben wird. In dieser Form ist es das Erdelement und das Mütterliche, zu dem ein neuer, zeitgemäßer Kontakt aufgebaut werden muß.
2. Dann sausen Steine aus 500 Stockschleudern und danach Pfeile aus 500 Armbrüsten auf Gawan nieder, daß die Luft von ihnen erfüllt ist. Sind es die unbewußten Phantasien, die hier blitzartig in Erscheinung treten, und denen man nicht so ohne weiteres entrinnen kann? Wie gut ist die Abwehr und Kontrolle des Helden entwickelt, damit er ihnen angemessen zu begegnen vermag? Hier handelt es sich um eine Initiationsprüfung im Element Luft.
3. Anschließend betrit ein in Fischotterhaut gehüllter Riese mit einer riesigen Keule den Raum und warnt Gawan vor dem Kommenden. Die Fischotter galt als lunares Symboltier und tritt gelegentlich als Seelenführer auf.* Hier muß Gawan zeigen, wie gut er mit seinen Emotionen zurechtkommt, und wie er mit seinen Ängsten umgeht (Wasserelement).
4. Als letzte Probe muß er mit einem Löwen kämpfen. Dieser

* Herder Lexikon der Symbole, S. 53

verkörpert das Feuerelement. Im Kampf mit dem Löwen erwacht der Mensch zu seiner eigenen Identität. Der auf Gawan zustürzende Löwe bedeutet die Gefahr, in alte Strukturen und unreifes Triebverhalten zurückzufallen. Gerade als Gawan den Ort der sexuellen Vereinigung, das Bett, entzaubert hat, taucht diese Herausforderung durch den Löwen auf. Wenn Gawan diesen Kampf gerade noch mit einigen Blessuren übersteht, wird die ungeheure Gefahr aus diesem Zusammentreffen erkenntlich. Die Alchemisten empfehlen, dem Löwen die Tatzen abzuhauen.* Erst wenn der Löwe als Ausdruck tierischer Gier und überwältigender Leidenschaft bezwungen ist, kann zu den weiteren Aufgaben vorgedrungen werden. Nur durch die Auseinandersetzung mit dem Löwen kann das Individuum seine Energien in einem Ziel (seinen eigenen Zielen!) konzentrieren und sich in der Welt manifestieren. Wenn das Individuum »Löwe« geworden ist, ihn also gelebt und sich dann mit ihm soweit auseinandergesetzt hat, kann der Transformationsweg zur Gruppenreife weitergeführt werden.

Der Löwe frißt die Sonne
(alchemistisches Bild)

* Jung, C.G., Von den Wurzeln des Bewußtseins, S. 258

Die Befreiung von Burg und Frauen ist das Ergebnis eines initiatorischen Prozesses, den der Held durchstehen muß. Gawan beweist die erforderliche Belastbarkeit, Reife und Integrität, um die darniederliegenden weiblichen Seiten aus der Umklammerung des Unbewußten zu befreien. Großmutter, Mutter und Schwestern personifizieren mit der verwandtschaftlichen Nähe zu ihm die Anima, die ihre Kraft als Vermittlerin zu den unbewußten Quellen wirken lassen kann. Ein wesentlicher Schritt hin auf die Ganzheit ist somit getan, auch wenn Gawans Liebe zu Orgeluse noch nicht völlig geläutert ist. Hierzu muß der Held ein weiteres Abenteuer wagen und für sie einen Zweig vom wohlbehüteten Lorbeerbaum holen. Er stürzt in eine Schlucht und verliert dabei fast sein Pferd. Der kleine Lorbeerzweig erweist sich als eine unerwartet schwierige Prüfung, die Gawans ganzes Geschick erfordert.

Als immergrüne Pflanze ist der Lorbeer ein Unsterblichkeitssymbol, dem man besonders im Altertum dichterische Inspiration und Weissagungskraft nachsagte. Der Lorbeer wurde auch als Symbol für Sieg und Triumph, aber auch für Ehre und Friede betrachtet. Wahrscheinlich steht der Zweig von diesem Baum für den Versuch, endlich Orgeluses verletzte Ehre wiederherzustellen, Frieden und einen neuen Anfang zu finden. Erst wenn Orgeluses Kränkung und Verletzung geheilt sind, wird sie lieben können. So ist der Zweig vom Baum des Mannes, den sie als Verursacher für ihr Leid ansieht, eine wichtige Voraussetzung für sie, mit den aus den Wurzeln der Tiefe aufsteigenden Lebenskräfte wieder in Verbindung zu kommen. Jetzt kann sie sich auch bei Gawan für ihre Ansprüchlichkeit und Herzlosigkeit entschuldigen. Die stolze Orgeluse ist demütig geworden. Gawan hingegen hat sich der läuternden Kraft der Liebe unterzogen, und einer glücklichen Verbindung dieser beiden steht nichts mehr im Wege. Allerdings wird Gawan keine weitere Entwicklungsschritte mehr machen. Er hat mit der Entzauberung der Burg und der Erlösung Orgeluses das für ihn Höchste erreicht.

Wiedersehen und Zweikämpfe

Gawan hatte einen Boten zu König Artus geschickt und ihn mit seiner ganzen Tafelrunde eingeladen, um dem Zweikampf zwischen ihm und Gramoflanz beizuwohnen. Besonders groß war die Freude beim Zusammentreffen, als Artus seine von Gawan aus dem Zauberschloß befreite Großmutter, Gawans Mutter und die beiden Nichten Itonje und Cundrie in die Arme schließen konnte.

Am festgesetzten Tag des Zweikampfes, es war der frühe Morgen des Pfingstsonntages, war König Gramoflanz noch nicht eingetroffen. Ungeduldig ritt Gawan vor das Lager auf die weiten, von dichtem Nebel bedeckten Wiesen. Plötzlich erschien ein Ritter, der am Helm ein Reiß vom Lorbeerbaum des Gramoflanz trug. Dies konnte nur Gramoflanz sein, und Gawan forderte ihn sogleich zum Zweikampf auf. Mit ihren Lanzen stießen sich beide

Ritter aus dem Sattel, und es entbrannte ein heftiger Schwert-
kampf. Gawan erlitt mehrere Wunden, und seine Kräfte ließen
allmählich nach, als Boten des Königs die Wiese überquerten und
den geschlagenen Gawan erkannten. Entsetzt riefen sie seinen
Namen aus. Der Sieger hielt erschrocken ein. Es war Parzival, der
sich ebenfalls an Gramoflanz' Lorbeerbaum einen Zweig gebro-
chen hatte. Er rief: »Ich Unseliger, Unwürdiger! Als meine ehrlo-
se Hand den Kampf begann, hat mich mein Glück verlassen. Ich
habe gegen den edlen Gawan gekämpft und die Hand gegen mich
selbst erhoben! Unheil hat mich hier getroffen! Als dieser Kampf
begann war es vorbei mit meinem Glück!«

Gawan antwortete ihm: »Welch törichte Verblendung! Zwei arg-
lose Herzen fallen wütend übereinander her! Du hast mit mir
dich selber in die Knie gezwungen. Es sollte dir um uneretwillen
Leid tun! Wenn du noch Treue fühlst im Herzen, dann wirst du
zugeben müssen, daß du dich selbst besiegt hast.«*   * P., XIV; 689, 25 ff

Als die Kunde zu Gramoflanz kam, daß Gawan irrtümlich mit
Parzival gekämpft hatte, verschob er den Zweikampf auf den
Pfingstmontag. Doch auch am andern Tag kam es zu einer Ver-
wechslung, als Parzival ausritt, glaubte König Gramoflanz, Gawan käme ihm entgegen. Beim heftigen Zweikampf blieb wieder

Parzival Sieger. Der Kampf zwischen Gawan und Gramoflanz wurde für den nächsten Tag vereinbart.

Gawans Schwester Itonje, die sich in Gramoflanz verliebt hatte und von ihm ebenfalls geliebt wurde, konnte diesen Kampf jedoch verhindern und die Versöhnung erreichen. Auch Orgeluse konnte ihren Groll gegen Gramoflanz aufgeben. »In Gawans Umarmung war sie zu neuem Leben erwacht, so daß alle Rachegedanken allmählich verflogen.«*

* P., XIV; 723, 7

Ein großes Fest wurde gefeiert.

Wolfram läßt hier ein seltsames Verwechslungsspiel entstehen:

	Held	erwarteter Gegner	tatsächlicher Gegner und Sieger
1. Kampf	Gawan	Gramoflanz	Parzival
2. Kampf	Gramoflanz	Gawan	Parzival
3. Kampf	Der dritte Kampf zwischen Gramoflanz und Gawan findet nicht statt.		

Nie treffen die verabredeten Gegner aufeinander, beide Male ist Parzival darin verwickelt und bleibt Sieger. Dies kann nur bedeuten, daß von nun an der Handlungsstrang von Gawan, der seine Aufgaben erfüllt hat, wieder ganz auf Parzival übergeht.

Gawan selbst hätte sehr wahrscheinlich Gramoflanz gar nicht besiegen können, da Gramoflanz als so starker Kämpfer galt, der gewöhnlich nur gegen zwei Ritter kämpfte und nie gegen einen. Nur für Gawan hatte er eine Ausnahme machen wollen. So ist Gramoflanz als Hüter des Baumes auch ein Hüter der Schwelle, der dem Nichtlegitimierten oder Nichtinitiierten den Zugang verwehren muß.

Worin unterscheidet sich an diesem Punkt Parzival von Gawan? In den Gawangeschichten zeigt sich, wie eine lautere und aufrichtige Seele Heilsames und Entdämonisierendes bewirken kann. Was Gawan an unerschütterlichem Glauben besitzt und nie verliert, muß sich Parzival erst zu dieser Zeit erwerben, als Gawan in den Mittelpunkt der Handlung gerät. Doch Parzival ringt trotz seines Haderns mit Gott stetig um seinen Weg. Auf diese Weise entwickelt er eine gewisse »Kompetenz« für den Grenzbereich, an dem er sich zweifelnd entlang quält. Er weiß nach seinem Besuch bei Trevrizent – diese Szene ist bezeichnenderweise in die Mitte der Geschichten um Gawan hineingestellt – um die Wirkung der Schuld, der Not, von Gott verlassen zu sein, aber auch um die Wirkung von Einkehr und Umkehr.

Wenn Parzival und Gawan gegeneinander kämpfen, so ist das kein Kampf zwischen zwei Menschen, sondern ein innerseelisches Ereignis, bei dem zwei verschiedene Persönlichkeitsanteile eines Menschen miteinander ringen. »... du wirst zugeben müssen, daß du dich selbst besiegt hast!«* ruft Gawan und bestätigt diesen innerseelischen Kampf in seinem erfolgreichen Ausgang. So werden bei diesem Zweikampf die Helden zusammengeführt und -gefügt. Was sie schon immer waren, wird jetzt deutlich und erfährt seinen Sinn.

Parzival hat jedoch noch einige Stationen vor sich, denn immer noch ringt er um seinen Weg. Kurz bevor er am Hofe Artus' Abschied nimmt, finden seine Zweifel ihren Höhepunkt: »Wie hat die Liebe mich behandelt, seit ich etwas davon weiß! Und ich entstamme doch einem Geschlecht, das der Liebe dient. Wie

* P., XIV; 690, 1: »Du hâst dir selben an gesigt«

118

konnte ich also ganz ohne Liebe leben? Während ich den Gral suche, verzehre ich mich in Sehnsucht nach der zärtlichen Umarmung meiner Frau, von der ich solange getrennt bin. Soll ich das Glück anderer vor Augen haben und selbst im Herzen Trauer fühlen, so paßt das nicht zusammen. ... Gott will nicht, daß ich glücklich bin. ... Gott gebe allen hier nur Freude!«* Immerhin kann er anderen Glück und Gottverbundenheit wünschen, er selbst muß weitersuchen. Noch weiß er nicht, welche entscheidende Aufgabe nun auf ihn zu kommt, und was sie für ihn bedeuten wird.

* P., XIV; 732–733, 19

Parzival und Feirefiz

* P., XV; 736, 8

* P., XV; 744, 14

Kaum daß Parzival aus dem Lager Artus' weggeritten war, begegnete er in einem Wald einem fremden Ritter. Rüstung, Schild, Umhang und Zaumzeug waren aus kostbaren Materialien. »Als Zeichen seiner ruhmvollen Taten trug dieser auf seinem Helm ein Ecidemon, ein Tierlein, das allen Giftschlangen den Tod bringt.« Kaum daß sie einander gesehen hatten, gaben sie abenteuerlustig ihren Pferden die Sporen und ritten mit ihrem gestreckten Lanzen aufeinander zu. Jeder war überrascht, daß der andere trotz der zerfetzten Lanzen im Sattel geblieben war. Voller Zorn kämpften sie mit ihren Schwertern weiter, bis ihre Rosse schweißbedeckt und müde waren. Sie sprangen ab und der Fremde zwang Parzival in die Knie. Doch Parzival nahm all seine Kraft zusammen und schlug den Fremdling mit einem gewaltigen Schlag auf den Helm, wobei sein Schwert zersprang. »Der wuchtige Hieb ließ den tapferen, mächtigen Fremdling taumeln und in die Knie brechen, doch wollte Gott nicht, daß die Waffe, die Parzival in seiner Einfalt dem toten Ither geraubt hatte, ihrem Träger weiter diente.«*

Der Fremde bot Parzival eine Ruhepause an. Er empfand es als ungerecht, wenn nur noch er ein Schwert besaß. Als sie sich beide nach ihren Namen fragten, und der Fremde sich als Feirefiz von Anjou bezeichnet, bezweifelte dies Parzival. Erst als Feirefiz seinen Helm abnahm, erkannte er an der schwarzweißen Haut sei-

nen Halbbruder. Sie schlossen sich voller Freude in die Arme und erzählten sich gegenseitig ihre Geschichte. Mit 25 Heerführern war Feirefiz aus seiner Heimat im Orient ausgezogen, um seinen Vater, Gachmuret von Anjou, zu suchen. Jetzt konnte er wenigstens einen Bruder finden. Sie zogen zusammen in das Lager von König Artus, wo sie großes Aufsehen erregten. Wieder wurde auf der Wiese aus kostbarstem Stoff die große Rundtafel ausgelegt, die Sitzkissen darum ausgebreitet und ein großes Fest gefeiert.

Mit Feirefiz erfährt das über das Verhältnis von Parzival und Gawan Dargestellte eine erneute Steigerung und Ergänzung. Hätte man Gawan gewissermaßen für einen Zwillingsbruder von Parzival halten können, so wirft Feirefiz neue Dimensionen und Perspektiven auf: Er ist nicht nur in seiner schwarz-weißen Hautfarbe eine Herausforderung an die traditionelle Vorstellungswelt, sondern er ist auch noch Heide und als solcher gemäß gängigen Vorstellungen ein unzivilisierter Barbar. Andererseits ist er Vertreter einer Geisteswelt, die viele Ergänzungen für die abendländische, christlich geprägte Welt beinhaltet, und er ist ein mächtiger und beliebter König über 25 Völker. Plötzlich taucht er auf und fordert sein Recht, gesehen und wahrgenommen zu werden, so wie es Kinder immer wieder machen müssen, wenn sie von ihren Vätern im Abseits gezeugt und dann von ihren Müttern in der Heimlichkeit gehalten werden. So ist auch er auf einer Suchwanderung und scheut keine Entbehrungen, um seinen Vater zu finden. Sein Weg führt jedoch geradlinig zum Stand des orientalischen »Ritters«, da ihn seine Mutter Belakane nicht von dieser Welt abschirmt. So ist er vorbereitet, mit allen Konsequenzen König zu werden und zu sein. Entsprechend hoch ist sein Integrationsniveau, mit dem er seinen Mitmenschen gegenübertreten kann. Dies zeigt sich besonders, als Parzivals Schwert an seinem Helm zerbricht.

Die Symbolik an dieser Stelle ist vielsagend: Feirefiz trägt als Helmzier das Ecidemon*, eine aufgerichtet Schlange. Die Symbolik hierzu ist aufschlußreich, da er diese Schlange auf dem Kopf trägt, ganz im Sinne der aufgestiegenen Kundalinikräfte,

* Nach A. Schult (S. 137) stammt der Name von dem griechischen Wort ἐχίνιον, was Schlange bedeutet. 120

die ebenfalls durch eine Schlange symbolisiert werden. Er ist geistig voll entwickelt und hat es gelernt, die im Wurzelchakra ruhende Energie entlang der Wirbelsäule aufsteigen zu lassen und ihr einen Platz in seinem geistigen Leben zu geben. Das Ecidemon steht demnach für den göttlichen Menschen, an dem das Schwert Ithers zerbrechen muß. Ihm ist das Schwert einer niederen, von Schuld und Ungeduld geprägten Welt nicht gewachsen.

Nun zeigt sich die charakterliche und sittliche Reife von Feirefiz, der den Kampf mit Parzival nicht weiterführen mag, solange sein Gegner ohne gleichwertige Waffe ist. Die Brüder erkennen sich während ihres Gespräches und Wolfram von Eschenbach weist auch hier, wie beim Kampf mit Gawan, darauf hin, daß Feirefiz und Parzival eigentlich ein Mensch sind: »Du hast hier gegen dich selbst gekämpft, und ich bin gegen mich in den Kampf geritten. Mich selber wollte ich erschlagen, doch du hast mutig mein Leben verteidigt.«*

* P., XV; 752, 15–19: mit dir selben hâstu hie gestriten. / gein mir selben ich kom ûf strît geriten, / mich selben hete ich gern erslagen: / done kundestu des niht verzagen, / dune wertest mir mîn selbes lîp.

Bei Feirefiz klingt ein neues Motiv an, das in der bisherigen Erzählung so noch nicht vorkam. Zwar spielen die Farben immer wieder eine wichtige Rolle, doch bezogen sich diese meist auf die Kleidung. Jetzt wird ein Mensch als schwarz-weiß gefleckt beschrieben. Schon in den ersten Versen des ersten Buches schreibt der Dichter: »Ist Unentschiedenheit dem Herzen nah, so muß der Seele daraus Bitternis erwachsen. Verbindet sich – wie in den zwei Farben der Elster – unverzagter Mannesmut mit seinem Gegenteil, so ist alles rühmlich und schmachvoll zugleich. Wer schwankt kann immer noch froh sein; denn Himmel und Hölle haben an ihm Anteil. Wer allerdings den inneren Halt verliert, der ist ganz schwarzfarben und endet in der Finsternis der Hölle. Wer dagegen innere Festigkeit bewahrt, der hält sich an die lichte Farbe des Himmels.«*

* P., I; 1–14

Wolframs bilderreiche Sprache enthält hier viel Tiefsinn und benützt die Farben Schwarz und Weiß, um Polarität und Einseitigkeit gleichermaßen auszudrücken. Feirefiz verkörpert das

Schwarz-Weiße, das Gegensätzliche. Es scheint, als wollte Wolfram zum Ausdruck bringen, daß Schwarz-Weiß-Malerei nicht angebracht ist, sondern Wege der Synthese gefunden werden sollten. In Feirefiz kulminiert diese Farbkombination. Er ist keines von beiden. Vielmehr macht sich in ihm und seinen Eigenschaften eine Zusammenführung bemerkbar, die so nur dem Menschen möglich ist. Schwarz und Weiß gelten hier als die Farbe des natürlichen Menschen und beinhalten die ganze Spannbreite, ohne jedoch in eines der Extreme abzugleiten.

Mit Feirefiz findet die Konstellation Parzival-Gawan eine wichtige Ergänzung. Er komplettiert mit seinem integrierten Schwarz-Weiß-Kontrast das Gegensatzpaar zur Dreiheit und bildet so eine wichtige Voraussetzung für die Verwirklichung des Zentrums, des Selbst. Der Zweikampf mit Feirefiz beweist, daß Parzival nunmehr den Roten Ritter endgültig überwunden hat. Das zerbrochene Schwert Ithers ist dafür nur Symbol. Parzival hat gelernt, sehr ausdauernd, besonnen zu kämpfen und dabei sein Ziel nicht aus den Augen zu verlieren. Wenn wir über die Ebene der mittelalterlichen Zweikämpfe hinaus sehen und die Schwertkämpfe als Metapher betrachten, dann erkennen wir ohne Schwierigkeiten unsere eigenen Anteile, unser eigenes Bemühen, mit den Hindernissen unseres Lebens zurecht zu kommen. Kämpfen – symbolisch gesehen – benötigt als Basis die Bereitschaft, sich anzustrengen, beharrlich um unsere Ziele zu ringen und Schwierigkeiten als Herausforderungen zur Entwicklung weiterer Kräfte zu verstehen. In der Trias Parzival, Gawan, Feirefiz findet sich dieses Potential in archetypischer Weise.

Das Anliegen Wolfram von Eschenbachs beinhaltet noch ein einfaches und doch sehr wesentliches Motiv, indem er im Paar Parzival-Feirefiz die Religionen des Westens und des Ostens zusammenrückt. Auch wenn später Feirefiz getauft wird, so schränkt das diesen Gedanken nicht ein. Die vielen christlichen Ritter, die in den Orient aufgebrochen waren, erkannten, daß die Orientalen wahrhaftig keine Barbaren waren, sondern eine ungewöhnlich hohe Kultur besaßen, von der Europa hätte viel lernen können. Eine Synthese neuer Geistigkeit zeigt Wolfram ohnehin durch die mit leichter Hand dargestellte Durchdringung der verschiedenen Kulturelemente, wie sie besonders durch die Integration der Gestalt Cundrys am Gralshof deutlich wird. Arabische, französische und deutsche Kultur werden nicht als Widersprüchliches gesehen, sondern beinhalten wichtige Ergänzungen füreinander. Zwar konnte Wolfram unter den damaligen Bedingungen noch kein Modell für eine stärkere Durchdringung der Kulturen anbieten, doch hat er mit seinem Versuch, abseits der kirchlichen Vorstellungen, Keime in seine Zuhörer gesät, die viele Jahrhunderte benötigen, um als Frucht geerntet werden zu können.

Parzivals Berufung zum Gral

Die Brüder wurden als Ritter in die Artusrunde aufgenommen, und das Fest war in vollem Gang, als sich mit ausgreifendem Paßgang ein reich und kostbar ausgestattetes Pferd näherte. Die Reiterin war eine Jungfrau in prächtigen Kleidern und einem tiefschwarzem Mantel aus Samt, auf das Turteltauben – das Zeichen des Heiligen Geistes als Gralswappen – aus arabischem Gold gestickt waren. Es war die Zauberin Cundry. Sie bat, man möge ihre Botschaft anhören und sprach in französischer Sprache zu Parzival: »Heil dir, Gachmurets Sohn! Gott zeigt sich dir gnädig. Nimm jetzt dein Herz in beide Hände und freue dich! Heil deiner hohen Bestimmung, du Krone menschlichen Glücks! Auf dem Stein war zu lesen, daß du zum Gralsherrscher berufen bist. Auch deine Gattin Condwiramurs und dein Sohn Loherangrin werden zum Gral berufen. Dein Mund, der keine Lüge kennt, soll nun den edlen, liebenswürdigen Anfortas grüßen dürfen; deine Frage bringt ihm Erlösung und erlöst ihn vom bejammernswerten, furchtbaren Elend seiner Krankheit.«

In ihrer Rede sprach sie auch von den Umlaufbahnen verschiedener Planeten: »Zval (Saturn), der Planet mit der höchsten Umlaufbahn, der schnell kreisende Almustri (Jupiter), der Almaret

(Mars) und der glänzende Samsi (Sonne) bringen dir Glück. Der fünfte heißt Alligafir (Venus), der sechste Alkiter (Merkur) und der folgende Alkamer (Mond). Es ist kein Trug was ich dir sage: Sie sind die Zügel der Firmaments, denn sie hemmen durch ihre Gegenläufigkeit seine rasche Umdrehung. Verflogen ist nun deine Trübsal. Alles was der Planetenbahn umschließt und ihr Glanz überstrahlt, wirst du erringen und gewinnen. Du hast die Ruhe der Seele erkämpft und Trübsal getragen, bis dir die Freude nahte.« Sie fügte hinzu, daß ihn ein einziger Mann zum Gral begleiten dürfe und sie werde ihn dorthin führen. Dabei sollte er nicht zögern und rasch die Hilfe nach Munsalwäsche bringen. Alsbald ritten Parzival und Feirefiz mit Cundry zur Gralsburg.*

* P., XV; 782, 1ff

Ganz unerwartet für Parzival taucht Cundry ein zweites Mal am Artushofe auf. Wieder wird sie detailliert vom Dichter in ihrem Aussehen und ihrer kostbaren Ausstattung beschrieben. Als Botschafterin des Grals verkörpert sie mit ihrer umfassenden Bildung – im Gegensatz zu Kundry in Wagners Oper, die dort auf seiten des Zauberers Klingsor steht und selbst als Zauberin wirkt – reichhaltiges, auch geheimes Wissen und kosmische Intelligenz. Ihr wahres Wesen kann nur wahrnehmen oder erschauen, wer die Augen für die Geistwelt geöffnet hat, andernfalls bleibt man an ihrem häßlichen und abstoßenden Aussehen hängen. Die durch sie hindurchwirkende Lichtgestalt bringt denjenigen, denen sie sich in ihrer Diesseitigkeit zeigt, eine große Herausforderung: Läßt man sich durch ihre widerliche Gestalt abstoßen, oder hört man ihr zu, was sie wirklich mitzuteilen hat, besonders wenn sie von unfreundlichen Dingen spricht? Mit dem Fluch über Parzival hat sie am Artushof einen Schock ausgelöst. Immerhin hat Parzival bis dahin kaum Zeit gehabt, alle Ereignisse um den eben gefundenen Halbbruder und den nicht gewonnenen Zweikampf zu verarbeiten.

Doch diesmal verläuft alles ganz anders: Sie rühmt ihn ob seiner hohen Bestimmung, zum Gralsherrscher berufen zu sein, und mit ihm außerdem noch seine Gattin Condwiramurs und seinen Sohn Loherangrin. Er steht also nicht isoliert als edler Mensch vor einem zerrütteten oder defekten sozialen, familiären Hintergrund, sondern seine persönliche Umgebung wird mit ausgezeichnet. Cundry findet es erwähnenswert, von seinem »Mund, der keine Lüge kennt « zu sprechen und hebt damit seine Aufrichtigkeit und Integrität hervor. Hier zeigen sich die positiven Folgen des »Tolpatsch«, denn dieser kennt Falschheit und Verschlagenheit nicht. Diese Geradlinigkeit – wenn man ihr treu ist oder wieder zu ihr zurückfindet, wenn man sie verloren hat – hilft, sich selbst gegenüber in schwierigen Zeiten sensibel zu verhalten. Ohne eine derartige Offenheit für die eigenen Schwierigkeiten drehen wir uns im Kreise und scheuen die Anstrengungen, die es zur Befreiung braucht. Dann finden sich meist die Menschen, die Bücher oder andere Hinweise, von denen wir Hilfen für unsere weitere Entwicklung bekommen.

Cundry tritt bei ihrem zweiten Erscheinen als Anima in neuer Gestalt und Funktion auf. Beim ersten Mal war sie die Seelengestalt, die auf Versäumtes, Unterlassenes hinweist, ermahnt und sogar verflucht. So wirkt sie grundlegend auf die weiteren Wege von Parzival und Gawan ein. Beim zweiten Mal zeigt sie sich entsprechend dem neuen Bewußtseinsstand Parzivals als Botschafterin eines neuen Lebens. Sie ist nun Teil seiner Ganzheit, nicht mehr abgespalten in dunkle Schattenbereiche. Von nun an ist ihr Potential bewußtseinsnäher, so daß er selbst darüber verfügen kann. Sie wird – ähnlich wie Sigune – in dieser Eigenschaft nicht mehr auftauchen, da er jetzt selbst diese Eigenschaft besitzt.

Cundry zählt in der Runde alle damals bekannten Planeten auf. Saturn, *Zval*, arab. *Zuhal* genannt, ist der äußerste Planet dieser Zeit. Mit der höchsten Umlaufbahn begrenzt er den Kosmos, was durch die ihn umgebenden Ringe optisch unterstrichen wird. Darunter der schnell kreisende *Almustri*, arab. *Al muschtari*, es ist Jupiter, der immerhin nur 12 Jahre für eine Umkreisung der Sonne benötigt (ca. 15 Jahre weniger als Saturn). Als Glücksbringer bezeichnet sie die beiden Planeten Mars und Sonne, (*Almaret*, arab. *Al mirrih*, und der glänzende *Samsi*, arab. *Schams*). Venus, Merkur und Mond hingegen besitzen »als Zügel des Firmaments« durch ihre Gegenläufigkeit eine korrigierende Wirkung (Venus = *Alligafir*, arab. *Al Zuhari*; wobei vermutet werden darf, daß die Verknüpfung auf *Al Lukafir* = Luzifer zurückgeht; Merkur = *Alkiter*, arab. *Al'utarid*; Mond = *Alkamer*, arab. *Al qãmãr*)*.

* P. (übertragen von Spiewok) Bd. II, Fußnote S. 595

Aus der Aufzählung mit den arabischen Namen läßt sich die Quelle der europäischen Astrologie erkennen. Da nur diese sieben Planeten bekannt waren, mußte die damalige Astrologie aus ihrer Kombination das Schicksal erklären. Darüber hinaus versucht Wolfram, Parzival als Herrscher mit kosmischer Dimension darzustellen. »Alles was die Planetenbahn umschließt und ihr Glanz überstrahlt, wirst du erringen und gewinnen« verkündet Cundry. Hier findet eine vom Gewöhnlichen abweichende Umkehrung statt: Während sich astrologiegläubige Menschen in der Regel vom Lauf der Gestirne beherrscht fühlen, wird nunmehr Parzival als Herrscher innerhalb dieser Planetenbahnen genannt. Daraus ergibt sich eine neue Freiheit, die an der Oberfläche die Verbindung mit dem eigenen Zentrum, dem *SELBST*, anzeigt. Persönlicher Ehrgeiz, bestimmte Vorlieben und Haltungen haben nicht mehr die Wichtigkeit und Bedeutung, daß sie einen besonders bestimmen oder gar quälen.

Während Anfortas in seiner Körperlichkeit und seinem Leid völlig vom Lauf der Gestirne bestimmt ist, zeichnet sich bei Parzival ein neuer Zustand ab. Er ist von solchen Einflüssen frei, weil er sich »die Ruhe der Seele erkämpft« und »Trübsal getragen« hat, bis ihm »die Freude nahte«. Jetzt wird deutlich, daß Parzival bei seinem ersten Besuch auf der Gralsburg gar nicht in der Lage gewesen ist, dem kranken Gralskönig, die erlösende Frage zu stellen. Zu dieser Zeit war er noch so sehr in seinen eigenen Entwicklungszyklus eingebunden und mit den persönlichen Zielen beschäftigt, so daß ihm ein Blick über den kleinen Gesichtskreis des Toren nicht möglich war. Jetzt aber, wo er durch die Sphären der einzelnen Planeten hindurch gewandert ist und den Horizont der damaligen Zeit durch seine geistige

Einstellung überwunden hat, bringt er die persönliche Position mit, liebend Anteil zu nehmen, ohne selbst involviert zu sein.

Dauerhaft herrschen kann man nur über einen Bereich, von dem man etwas versteht. An Parzivals Entwicklung läßt sich indirekt ablesen, in welchem Umfang er die Sphären der einzelnen Planeten durchlaufen hat. Eine einleuchtende Reihenfolge der Planeten ergibt sich, wenn sie nach der ptolemäischen Reihe anordnet werden, d.h. ihrer Umlaufzeit entsprechend: Mond, Merkur, Venus, Sonne, Mars, Jupiter, Saturn. Die Qualitäten dieser Planetenenergien werden von einigen Autoren in Siebenjahresschritten den menschlichen Lebensphasen zugeordnet. Monden- und Merkuralter verbringt Parzival ganz bei seiner Mutter. Die Zeit der Venus ist er bei Gurnemanz und Condwiramurs; die Sonnenphase entspricht der Begegnung mit dem Roten Ritter; als Marsjahre können die Zeit zwischen Gralsburg (I) und den Zweikämpfen zwischen Parzival – Gawan und Parzival – Gramoflanz gesehen werden; im Jupiterabschnitt kommt Parzival zu Trevrizent; die Saturnkrise könnte dem Zweikampf mit Feirefiz entsprechen. Wolfram von Eschenbach dürfte von einer solchen Einteilung bzw. Zuordnung von Lebensaltern und den Einflüssen der Gestirne gewußt haben, denn sonst würde er kaum so aufwendig über die astrologischen Zusammenhänge berichtet haben. Parzival rückt er damit in einen weiten, großen Spannungsbogen, der den Mikrokosmos ebenso enthält wie den Makrokosmos. Zum Herrscher dieser besonderen Welt, einer Anderswelt, ist er berufen. Er konnte eine Entwicklungsstufe erlangen, die ihn über die Auswirkungen des alltäglichen Schicksals hinaushebt. Dies bedeutet nicht, daß es von nun an Krankheit oder anderes Unheil nicht mehr gibt; aber es beinhaltet, daß er in einem derart zentrierten, von besonderer Gelassenheit erfüllten Zustand damit umgehen kann.

Aus der verwandtschaftlichen Situation (siehe Tafel »Geschlecht der Gralshüter«) ist ersichtlich, daß innerhalb des Gralsgeschlechtes kaum männliche Thronfolger auszumachen sind: Es gibt nur Parzival als möglichen Nachfolger!

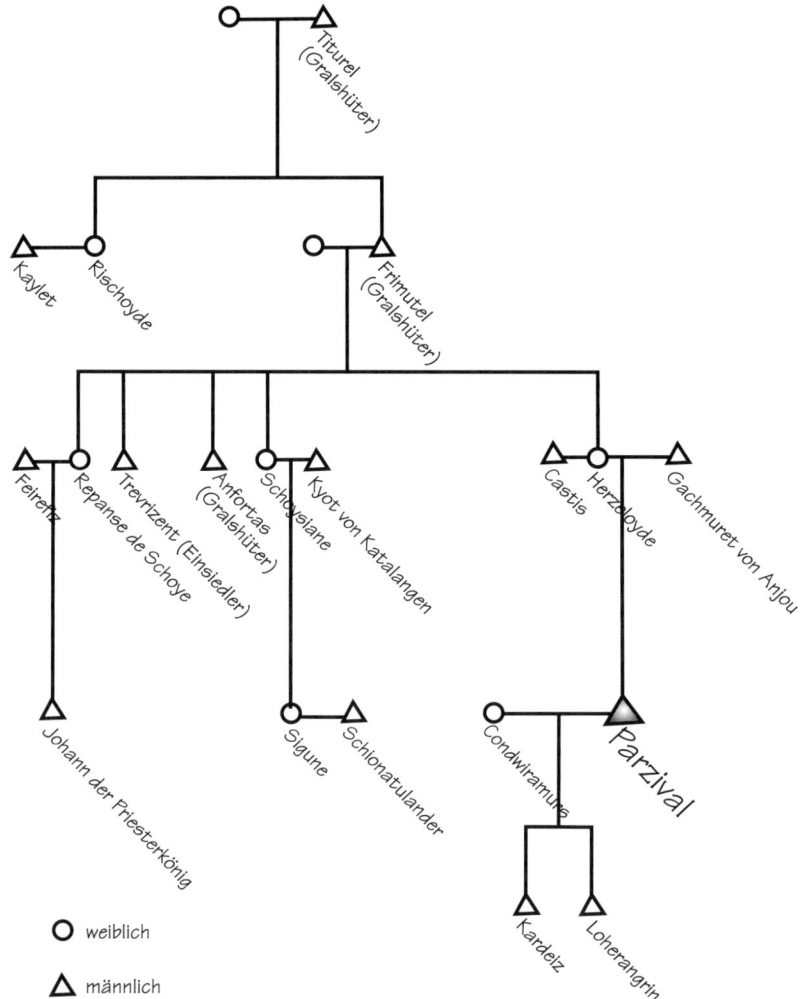

O weiblich

△ männlich

Tafel 5: Geschlecht der Gralshüter

Titurel ist der als erster Berufene und der Begründer des Gralstempels; Frimutel, sein Sohn, fällt bei einem Zweikampf; Anfortas hat die Erbfolge angetreten, leidet jedoch durch seine Verfehlung am Gralsdienst an der Verwundung und hofft auf Erlö-

128

sung; Trevrizent, ein weiterer Enkel Titurels, versucht als Einsiedler die Schuld seines Bruders zu sühnen; Schoysiane bekommt eine Tochter Sigune, Herzeloyde gebiert Parzival; Repanse de Schoye wird erst später (zusammen mit Feirefiz) ihren Sohn Johann zur Welt bringen.

Die Ungeduld des Clans, der doch erheblich an seiner Unfruchtbarkeit zu leiden hat, erklärt sich dadurch, und das Bild des verdorrten und unfruchtbaren Landes um die Gralsburg herum erscheint nun in einem neuen Licht: Man mußte warten, bis Parzival sich soweit entwickelt, daß man ihn an seine neue Aufgabe heranführen konnte.

Gralskönig

Als Parzival und Feirefiz unter Cundrys Geleit in Munsalwäsche ankamen, war gerade wieder die Zeit gekommen, in der Mars und Jupiter ihre Konstellation am Anfang ihrer Bahn erreicht hatten, so daß Anfortas schlimm leiden mußte.

Von Anfortas begrüßt, ließ sich Parzival gleich vor den Gral führen. Dort warf er sich zu Ehren der Heiligen Dreieinigkeit nieder und betete um Hilfe für die Herzensnot des schwergeprüften Mannes. Er richtete sich auf und sprach: »Oheim, was fehlt dir?« Die Frage tat ihre Wirkung und sofort erlangte Anfortas seine volle Gesundheit wieder zurück, ja, er erblühte in voller Schönheit.

Parzival wurde nun gemäß der Inschrift am Gral zum König und Herrscher des Grals erhoben.

Inzwischen war nach Condwiramurs geschickt worden. Man wollte sich mit ihr und ihren Leuten an jener Stelle treffen, an der Parzival über den drei Blutstropfen die Vision von seiner Gattin hatte. Parzival ritt ihr mit seinen Begleitern entgegen, machte aber noch einen Abstecher zu Trevrizent, der über die Ereignisse höchst erfreut und in Gotteslob und -dank ausbrach. »Es ist noch nie geschehen, daß jemand den Gral mit Gewalt errungen hätte, und ich wollte euch gerne von diesem Vorsatz abbringen. Nun ist aber alles anders gekommen. Ihr habt ein unermeßlich großes Gut errungen, doch vergeßt dabei nicht, demütig zu sein!«

Sie ritten weiter Condwiramurs entgegen, und bald konnte Parzival seine lang vermißte Gattin in die Arme schließen. Seine nunmehr vierjährigen Söhne Kardeiz und Loherangrin konnten ihren Vater zum ersten Mal sehen. An Ort und Stelle wurde der kleine Kardeiz zum König über Parzivals und Condwiramurs' Länderein gekrönt und sein Onkel mit dem Amt des Erziehers betraut.

Auf dem Rückweg zur Gralsburg ließ sich Parzival von seinen ortskundigen Begleitern zur Klause von Sigune führen. Sie war soeben im Gebet verstorben. Der Sarkophag des einbalsamierten Schionatulanders wurde geöffnet und Sigune mit ihm bestattet.

In Munsalwäsche eingetroffen, trafen sich alle im Palast und feierten ein großes Fest. Wieder traten alle fünfundzwanzig Jungfrauen der Reihe nach in den Saal, und Repanse de Schoye trug den Gral auf einem grünen Tuch. Der Heide Feirefiz war verwundert, daß sich die vielen Goldschalen vor der Speisetafel stets von selbst füllten. Es stellte sich heraus, daß er nur ein grünes Seidentuch, nicht jedoch den Gral selbst sehen konnte. Der bettlägerige, gelähmte alte Titurel wußte zu erklären, daß der Gral ohne Taufe nicht geschaut werden kann.

Feirefiz hatte sich in Repanse de Schoye verliebt, daher war er bald bereit, sich taufen zu lassen, um sowohl den Gral zu sehen, als auch – und dies ganz besonders – dadurch die Hand von Repanse de Schoye zu erringen.

Am anderen Morgen versammelten sich alle zur Taufe vor dem Gral. Das Taufbecken wurde dem Gral ein wenig zugeneigt, und sogleich füllte es sich mit wohltemperiertem Wasser. Ein Priester verlangte von ihm, seinen Göttern abzuschwören. Feirefiz antwortete: »Wenn's nur gegen meinen Kummer hilft! Tut's das, dann

Tarotkarte

130

glaube ich, was ihr wollt. Belohnt sie mich mit ihrer Liebe, dann erfülle ich gerne Gottes Gebote.«

Nun wurde der Gral auch für seine Augen sichtbar. Sogleich erschien jedoch am Gral eine Inschrift, die folgendes besagte: »Beruft die Allmacht Gottes einen Tempelherrn zum Herrscher eines fremden Volkes, dann ist er verpflichtet, im Lande für Recht und Gerechtigkeit zu sorgen; er muß aber jede Frage nach seinem Namen und seinem Geschlecht verbieten. Wird er dennoch gefragt, dann kann er nicht länger im Lande bleiben.«

Repanse de Schoye und Feirefiz wurden getraut und reisten bald danach ab. Inzwischen war die Nachricht eingetroffen, daß Secundille, die erste Gattin Feirefiz' und Heidin, im fernen Indien gestorben war. Nun erst konnte Repanse unbeschwerten Herzens die weite Reise antreten. So zog Feirefiz mit seiner neuen Gattin zu seinen auf ihn wartenden Heerführern und kehrte nach Indien zurück.

Als Parzival, Feirefiz und Cundry zur Gralsburg kommen, leidet der König gerade wieder besonders schwer. Wolfram beschreibt ausführlich, was alles an Hilfen versucht wird, um das Leid dieses gequälten Menschen zu heilen oder zu lindern. Durch die Erfolglosigkeit all dieser Versuche zwingt er die Aufmerksamkeit auf die psychologische Ebene: Parzival, der neue, junge Gralskönig, wird Anfortas nach kurzem Gebet zu Ehren der Heiligen Dreifaltigkeit, zu dem er auf die Knie fällt, durch seine Frage heilen. Dies ereignet sich innerhalb weniger Augenblicke, daß man fast die damit verbundenen Aussagen übersieht. Zunächst ist diese Situation erst durch eine lange Reihe vorausgehender Versuche möglich geworden, die sowohl vom Gral selbst als auch von Parzival ausgingen. Sie hatten unterschiedliche Motive, das Ziel war dasselbe. Jetzt, da Parzival beim Gral angekommen ist, kniet er nieder – er zeigt seine Demut anbetrachts der großen Aufgabe. Im Gebet wendet er sich an die »Heilige Dreieinigkeit«, nicht an Gottvater, nicht an dessen Sohn oder den Heiligen Geist! Zu diesem geheimnisvollen und für den

Menschen so schwer verständlichen Göttlichen nimmt er in tiefer Verehrung Kontakt auf. Es ist der für damalige Zeiten höchst mögliche Gottesbegriff, der hier zum Ausdruck gebracht wird, da in der Vorstellung von der Trinität auf diese Weise erstmals personale Grenzen in der Gottesvorstellung überwunden werden konnten. Gott, sein Erlösungs- und Heilsweg sind hier eins. Ab- und eingestimmt auf dieses höchste Prinzip kann Parzival zum Persönlichen überwechseln und nun die Frage an seinen Onkel stellen: »Oeheim, waz wirret dir?«

Die Kraft dieser erlösende Frage ist verblüffend. Innerhalb von Sekunden ist Anfortas geheilt und erblüht zu überraschender Jugendlichkeit und Schönheit. Alles Leid, alle Schmerzen, aber auch die Dürre des von ihm regierten Landes sind vorüber. Die Blockade der Lebenskräfte ist behoben. Der neue Gralskönig ist das Symbol dieser hoffungsvollen Situation.

Doch was ist ein König ohne Königin. Man hat deshalb bereits Boten zu Condwiramurs geschickt und Parzival reitet ihr zur Wiedervereinigung entgegen. Da Trevrizent unweit vom Weg lebt, bietet sich auch ein Abstecher zu ihm an. Für Trevrizent ist das bei aller Freude über die Ereignisse fast nicht zu begreifen. Sein Ausruf: »Es ist noch nie geschehen, daß jemand den Gral mit Gewalt errungen hätte«, drückt auch sein Unverständnis aus, daß der so beharrlich an der Gralssuche festhaltende Parzival doch noch ans Ziel gekommen und zum Gralsdienst berufen ist. »Ihr habt Gottes allmächtiger Dreieinigkeit die Erfüllung Eures Willens abgetrotzt!«* Doch es sind zwei Bewegungen zusammen gekommen: Die konsequente Anstrengungen und die große Beharrlichkeit Parzivals bereiten den Gnadenakt des Grals (Gottes) vor und ermöglichen ihn.

* P., XVI; 798, 2

So bedeutet das Wiedersehen mit Condwiramurs und den Kindern das erfolgreiche Ende des Suchens. Abspaltungen, die vorübergehend notwendig waren, um für eine derartig kraftaufreibende Suche die erforderlichen Energien zu haben, sind jetzt nicht mehr nötig. Vielmehr bedeutet die Krönung des Weges –

die man hier auch wörtlich nehmen muß – das Zusammenführen aller Energien. Im Bild der dichterischen Sprache sind es hier die männlichen und weiblichen Kräfte und die Kinder als ihre Resultierende. Die künstlerische Gestaltung verdichtet die Symbolik weiter, indem Wolfram das Zusammentreffen der Familie mit dem Dreifaltigkeitssonntag verknüpft, da sie an dessen Vorabend auf der Gralsburg ankommen.

Unter psychologischen Gesichtspunkten ist nun auch der Zeitpunkt gekommen, an dem Sigunes Aufgabe für Parzival hinfällig geworden ist. Dreimal tritt sie an entscheidenden Stellen in seinen Weg und hilft ihm, in Verbindung mit sich selbst zu bleiben. Ihrer eigene Problematik hat sie in der Zwischenzeit bewältigen und Friede mit sich und Gott finden können. Ihr Tod bedeutet nicht nur den Verlust einer lieben Angehörigen, sondern das künftige Fehlen einer hilfreichen Seelenführerin. Wenn sie nun an der Seite ihres Geliebten Schionatulander beerdigt wird, kommt der friedvolle Zustand, den die Handlung hier erreicht hat, sehr gut zum Ausdruck.

Im nachfolgenden Gralsfest kulminieren alle Handlungsstränge. Alle Störungen sind aufgearbeitet. Nun kann der Gral seine ganze Kraft und Herrlichkeit entfalten, ohne daß Leid damit verbunden ist. Eine Einschränkung entsteht lediglich durch Feirefiz' Unfähigkeit, den Gral zu sehen, was sich jedoch schon am anderen Tag durch seine Taufe lösen läßt. Da er sich zudem unsterblich in die Gralsträgerin Repanse de Schoye verliebt hat und er diese ebenfalls nur durch die Taufe erringen kann, steht auch dieser letzten Hürde nichts mehr im Wege. Wolfram von Eschenbach berichtet mit einer gehörigen Portion Humor, ja sogar Belustigung, über die kirchliche Taufpraxis. Feirefiz fragt Anfortas: »Wenn ich mich Euch zuliebe taufen lasse, bringt mich dann die Taufe auch der Erfüllung meiner Liebe näher?«* Mit dem »Euch zuliebe« bringt er sein inneres Unbeteiligtsein gut zum Ausdruck. Und auf die Frage des Priesters, ob Feirefiz seinen Göttern abschwört, antwortet dieser ganz souverän: »Alles, was hilft, die Jungfrau zu erringen, wird treu und genau von

* P., XVI; 814, 1

133

mir getan!« Wie ein Fuchs stellt er den Pfaffen zufrieden, um ans Ziel seiner Wünsche zu gelangen und mit Repanse de Schoye getraut zu werden. Die gewisse Diskrepanz, die sich hier zwischen der Bedeutung der Gralstaufe als Geisttaufe für Feirefiz und seiner wenig ernsten Haltung bemerkbar macht, läßt sich erklären: Feirefiz ist ein geistig und kulturell hochentwickelter Mensch, der über die Gralstaufe eine Verbindung zu Repanse bekommt. Die Gralsträgerin ist nicht nur die Frau, die er liebt, sondern sie steht auch als Symbol für einen neuen Entwicklungsabschnitt, dessen äußeres Zeichen die Taufe ist. Wie bei allen Initiationen, die Taufe ist eine solche, wird zunächst nur ein Keim in den Initianten eingepflanzt, der erst später zur Entfaltung kommen wird. In ihrer beider Sohn, Johann dem Priesterkönig, wird in Indien eine Gralstradition weitergeführt werden, die Wolfram von Eschenbach nur ganz kurz andeutet. Albrecht von Scharfenberg hat ebenfalls einen »Titurel« verfaßt und führt aus, wie Parzival selbst nach Indien reist und dort das Amt des Priesters Johannes annimmt und ausübt. Hinter dieser dichterischen Idee steht die Phantasie, daß der Gral im Osten für den Westen bewahrt wird. Die christliche Mystikerin Johanna van der Meulen schrieb 1946: »Ich glaube, daß die Vedanta-Weisheit die einzige Rettung sein kann für ein verknöchertes Christentum, das nur mental, aber nicht geistig in die tieferen Geheimnisse der Religion einzudringen vermag.«* Heute kommen die östlichen Religionen mit ihrer Praxis und Weisheit vermehrt zu uns. Tibetischer Buddhismus, Zen-Buddhismus, Taoismus und viele andere bereichern unser Denken und ermöglichen uns neue und vertiefte Zugänge zu unserer eigenen Religion und christlichen Vergangenheit. Die Mehrzahl der östlichen Religionen kennt keinen persönlichen Gott als Seinsgrund und hat die Überwindung des persönlichen Ichbewußtseins zum Ziel. Daraus ergibt sich für das westliche Denken eine Konfrontation, die helfen kann, unser Verständnis von Ich und Selbst zu vertiefen. Immerhin ist es wichtig, zu sehen, daß gerade die Mystiker aller Religionen, trotz ihrer sehr unterschiedlichen kulturellen Hintergründe und Terminologie, verblüffend ähnliche Aussagen über die letzten Dinge machen. Verbleibende Unter-

* Johanna van der Meulen zit. nach Schult, A., S. 157

schiede werden in Anbetracht der gemeinsamen, alle Menschen betreffenden Basis rasch bedeutungslos.

Loherangrin

Wolfram von Eschenbach läßt seine Erzählung ausklingen mit Parzivals Sohn Loherangrin, der später, als er bereits ruhmvoller Ritter geworden war, nach Brabant geschickt wurde. Allerdings hatte ein Inschrift auf dem Gral darauf hingewiesen, daß die Frage nach seinem Namen und seiner Herkunft nicht beantwortet werden darf. Andernfall müßte der Gralsritter unverzüglich zum Gral zurückkehren.

In Brabant lebte eine edle, makellose Frau, die einen Schwur getan hatte, sich mit keinem Mann vermählen zu wollen, es sei denn, Gott selbst habe ihn für sie bestimmt. Ein Schwan brachte Loherangrin in einem Nachen zu ihr nach Antwerpen. Sie fand an ihm Gefallen, und er nahm sie zur Gattin. Unter einer Bedingung übernahm er das Amt des Landesherrn: »Fragt nie danach, wer ich bin! Solange Ihr nicht fragt, darf ich bei Euch bleiben. Fragt Ihr jedoch, dann endet unser Liebesbund. Wenn Ihr meine Warnung in den Wind schlagt, muß ich Euch nach dem Willen Gottes verlassen.« Sie gab ihm ihr Wort und sie hatten mehrere Kinder miteinander. Doch die Fürstin konnte auf Dauer ihre Neugier nicht bezähmen, und so kam es zur verhängnisvollen Frage. Alsbald erschien der Schwan mit einem zierlichen kleinen Nachen und holte ihren Gatten ab. Als Geschenke ließ er ein Schwert, ein Horn und einen Ring zurück.

Mit Loherangrins Geschichte gibt Wolfram von Eschenbach einen Hinweis auf einen neuen Zyklus, der neben Feirefiz' Sohn in Indien beachtet werden sollte. Loherangrin, heute vereinfacht Lohengrin genannt, wird durch eine Inschrift am Gral mit der wichtigen Aufgabe betraut, in Brabant der Landesfürstin ein würdiger Gatte zu sein. Die damit verbundene Bedingung, daß er niemals nach seiner Herkunft gefragt werden dürfe, erweist sich schließlich doch als Ursache für das Scheitern dieser

Beziehung. Loherangrins Gattin kommt mit seiner unbekannten Herkunft nicht zurecht. Ein solches Geheimnis ist innerhalb einer Ehe auf Dauer unerträglich. Auch wenn er ein wunderbarer Gatte, Vater ihrer Kinder und Landesvater ist, so trennt sie doch das Geheimnis um seine Geburt. Als Abgeordneter einer göttlichen Welt muß er scheiden, wenn seine wahre Identität bekannt wird. So geht es ihm wie vielen Elfen, Nymphen oder Walküren, die nur solange in Menschengestalt leben können, als sie den Schutz ihrer göttlichen Herkunft bewahren. Durch die enttarnende Frage werden sie gewissermaßen in die menschliche, körperliche und materielle Welt hereingeholt und dort festgehalten. Dies blockiert jedoch einen Teil ihrer göttlichen Mission.

Mit seinen Geschenken Schwert, Horn und Ring hinterläßt er bedeutungsschwere Symbole. Als wollte er mahnen und gleichzeitig in einer guten Weise seine Kinder ausstatten, gibt er ihnen im Schwert ein Symbol, das in besonderer Weise mit den männlichen Tugenden Kraft, Tapferkeit und mutiges Handeln korrespondiert. Es ist nicht nur als Richtschwert sondern auch als schützende Waffe geeignet und hat damit eine ähnliche Bedeutung wie das Flammenschwert des Erzengels, der das Paradies damit bewacht. Mit dem Horn weist Loherangrin auf die Bedeutung der Macht hin, die auch verpflichtet und besondere Verantwortung abverlangt. Als Symbol des Heils* und der Fülle steht es für Wohlstand, Fruchtbarkeit, Gastfreundschaft, aber auch für Frieden und Hoffnung. Der Ring wiederum gilt als altes Zeichen eines Bundes, Symbol der Gemeinschaft und des gemeinsamen Geschickes. Er gemahnt an Treue und ist infolge seiner Gestalt ohne Anfang und ohne Ende ein Symbol der Ewigkeit.

* u.a. bei 1. Sam. 2, 1 und Psalm 18, 3; 148, 14

Loherangrins Schicksal verdeutlicht die Wirkungsgrenzen göttlicher Kräfte in der Nähe menschlicher Wesen. Zum Menschen gehört es, sich als Ich in dieser Welt zu verwirklichen. Deshalb erleben wir es an dem Punkt unserer Ichentwicklung als außerordentliche Bedrohung, wenn wir etwas nicht genug kontrollieren können und feststellen müssen, daß es mächtigere, von uns nicht beherrschbare Vorgänge oder Mechanismen gibt. Die Fürstin von Brabant scheint trotz ihres makellosen Charakters in ihrer Ichentwicklung an solch einem heiklen Punkt angekommen zu sein, an dem sie das Hereinwirken eines unbekannten Prinzips in ihr Leben nicht ertragen kann. Doch mit rationalen Begriffen und intellektuellen Versuchen lassen sich diese Anteile nicht erfassen. Der Schwan meldet sich deshalb umgehend zurück und nimmt Loherangrin in einem Nachen mit sich. Der Schwan weist auf eine Verbindung zu den Walküren hin, die als Botinnen zwischen Gott Odin und den Menschen wirkten. So beginnt durch den Weggang von Loherangrin für die Menschen ein mühsamer Prozeß, den wir in vielen Märchen erzählt bekommen: Für den verlassenen Menschen – gleichgültig ob Mann oder Frau, es gibt in den Märchen häufig beide Varianten – beginnt eine lange, beschwerliche und entbehrungsreiche Suchwanderung, die zu allen Höhen und Tiefen führt, bis der geliebte Partner schließlich meist in einem Grenzbereich zur Anderswelt wiedergefunden werden kann. Mit einem solcherart erweiterten, kosmischen Bewußtsein ist das Ich des Suchenden nicht mehr so überheblich und dadurch fähig, den göttlichen Anteil in sich selbst wahrzunehmen und anzuerkennen.

II. Teil

Die erlösende Frage

* »Gesegnet sei dein Leiden,
das Mitleids höchste Kraft
und reinsten Wissens Macht
dem zagen Toren gab.« (Wagner, S. 85)

Es gibt bei Chrétien de Troyes und Wolfram von Eschenbach einen wesentlichen Unterschied, wie sie die Frage an den Gralskönig bewerten. Bei Wolfram ist es eine auf Mitleid und Anteilnahme reduzierte Frage, die man als sanfte Erlösung betrachten kann. Richard Wagner hat sich in seinem »Parsifal« zwar nicht für die Frage, aber für eine solche Haltung entschieden.* Es bleibt aber ein Zweifel, ob eine derartig einfache Frage die befreiende Wirkung mit so weitreichenden Konsequenzen haben kann. Man könnte vermuten, daß jemand Parzival die Aufforderung zum Fragen hätte zuflüstern können. Doch dies geschieht nicht. Daraus läßt sich ableiten, daß die Voraussetzungen hierzu ausschließlich mit Parzival selbst zu tun haben. Entweder kann er fragen, dann ist er zu entsprechend erlösender Wirkung befähigt, oder er ist zu dieser Anteilnahme noch nicht fähig, und der Gralskönig und sein Land müssen auf den nächsten Märchenhelden warten, der diese Eigenschaften bereits erworben hat. Die Märchen zeigen in dieser Hinsicht die trostreiche Komponente, daß immer wieder neue Helden das Risiko der Suchwanderung auf sich nehmen, bis schließlich einer Erfolg hat. Es ist dabei gleichgültig, ob der Held nur wegen eines persönlichen Zieles die Reise antritt, oder ausschließlich kollektive Interessen der Anlaß sind.

Bei Chrétien (und auch bei anderen) ist die Bedeutung der Frage wesentlich komplexer. Auch scheint es, daß die keltischen Wurzeln der Mythe hier noch stärker ihre Auswirkungen zeigen. Es geht um die Frage, wer mit dem Gral bedient wird, und zu wem man denselben bringt. Parzival würde sich gemäß der matrilinearen Kultur, aus der die Grallegende stammt, mit der letztgenannten Frage als Nachkomme eines Clans ausweisen und – wie bei archaischen Initiationsriten – die Verbindung mit den Ahnen herstellen. Ein ähnlicher Brauch ist aus dem jüdischen Kulturraum bekannt: Wenn beim Passahmahl der erste

Becher getrunken war, fragt der erstgeborene Sohn den Vater nach der Bedeutung der Sitte. Als Antwort wird die Geschichte des Auszugs aus Ägypten erzählt und die verschiedenen Gebräuche der Mahlzeit erklärt.*

* Jung, E., S. 302

Nicht die Heilung des kranken Königs ist bei Chrétien das Zentrale, sondern das Sterbenlassen-Können des alten Gralskönigs, gilt als das Erstrebenswerte. Der alte König gehört in den meisten Fassungen der Legende zu einer früheren Generation. Bei Wolfram von Eschenbach ist Titurel gar der Gründer der Gralsdynastie (siehe Titurel in der Tafel »Verwandtschaftsverhältnisse«). Immerhin ist es so, daß Anfortas nur leidet und nicht sterben kann, solange er den Gral sieht. »Seid Ihr Parzival, dann verhindert nur sieben Nächte und acht Tage lang, daß man mir den Gral vor Augen hält, dann ist mein Elend vorbei.«*

* P., XVI; 795, 11

Symbolisch ist der alte König eine Dominante des kollektiven Unbewußten, die älter ist als der kranke König. Dieser verkörpert mit seinem Leid mehr defekte Strukturen, möglicherweise auch ein darniederliegendes Gottesbild. Wenn der alte König nicht sterben kann, so steht dahinter das regressive Bedürfnis an alten, eigentlich schon längst überkommenen Strukturen, gesellschaftlicher und persönlicher Art, festzuhalten. Doch die psychologische Situation ist komplexer und spannend zugleich: In einer Art Schichtenmodell ist im Bild des alten Königs der jüngere, kranke König mitenthalten. Titurel ist das Urbild, aus dem sich Frimutel, sein im Gralsdienst gefallener Sohn, und sein Enkel Anfortas herausdifferenzieren. Doch da Anfortas seine Aufgabe nicht pflichtgemäß erfüllt hat, kann der alte König nicht in den jüngeren Kräften aufgehen, weil er noch benötigt wird. Der Gral dient also primär den Alten, das nicht erreichte Ziel der Ganzwerdung mit Hilfe der jüngeren Generation zu erreichen. Aus diesem Zusammenhang wird auch die anteilnehmende Frage neu verständlich, denn sie beendet die Unfähigkeit der älteren Generationen und zeigt die handlungsfähige Präsenz des Nachfolgers.

Im Werk Chrétien de Troyes gibt es mancherlei Widersprüche, die möglicherweise in der Fortsetzung der Arbeit nach seinem Tod durch verschiedene Dichter begründet sind. Ursprünglich hing die Heilung des Fischerkönigs nur ab von der Frage Percevals nach dem Gral und wen man damit bediene. Gauwain hatte nach dem Gral gefragt und das Land, nicht jedoch den König erlöst. Bei seinem zweiten Besuch auf der Gralsburg hatte Perceval zwar die Frage richtig gestellt, aber es war das Motiv der Blutrache hinzugekommen. Solche Verwirrungen finden sich bei Wolfram von Eschenbach nicht, doch sind in seiner Adaptation der Legende wohl auch einige Besonderheiten des Teils der keltischen Ursprünge verloren gegangen.

Der Anblick des Grals vermittelt weniger eine Erkenntnis als vielmehr den Impuls zum Fragen, da er in seiner Unfaßbarkeit ratlos macht. Es drängen eher gefühlsmäßige Inhalte zum Bewußtsein, die direkt noch nicht formuliert werden können. Der Gral löst eine Faszination aus, die sich mit rationalen Argumenten nicht erfassen und begreifen läßt. Wer von ihm jedoch ergriffen ist, ohne aber fragen zu können, wird von seinen eigenen Energien und Widerständen blockiert.

In übertragenem Sinn stellt sich die Frage, inwieweit wir – absichtlich, bewußt, unabsichtlich oder unbewußt – unserem »kranken König« die befreienden und erlösenden Fragen stellen oder verweigern? Gemeint sind damit die Fragen, die wir an uns selbst, an unsere Freunde, an unsere Mitmenschen, an die Gesellschaft richten. In diesem Sinn sind Selbstkritik und Kritik die Voraussetzung für Reflexionsvermögen, ohne die alles Fragen keinen Sinn ergibt. Für uns stellt sich eher die Schuld der Gleichgültigkeit gegenüber den Ereignissen und Vorgängen in Politik und Gesellschaft: Zu viele halten sich zu sehr heraus und machen sich dadurch am Kollektiv schuldig.

Wolframs Art, die Frage zu konzipieren, scheint in ihrer Einfachheit allerdings die weitreichendere zu sein: Sie weist nach Innen, verlangt psychologisches Verständnis und Einfühlungsvermögen. Demgegenüber benötigt der Held Chrétien de Troyes nur Mut und Kraft, um die Aufgabe der Rache zu bewältigen.

Die Rache

Parzival hat ganz offensichtlich einen Familienroman aufzuarbeiten, denn der Rote Ritter ist sein Vetter, Sigune seine Cousine, der Einsiedler Trevrizent und der Gralskönig sind seine Onkels, die Gralsträgerin seine Tante, Feirefiz sein Halbbruder, Schionatulander der Verteidiger seiner Königreiche. Parzival wird von einem motivischen Hintergrund getrieben, der im Unbewußten bleibt, weil die Mutter in ihrer Angst um den Sohn das Ritterleben ausklammerte: Als einzigem männlichen Nachfolger Gachmurets wäre es seine Aufgabe gewesen, der Rächer zu sein für den Raub der Königreiche seiner Mutter, die ihr schon während ihrer Schwangerschaft genommen wurden*, und den daraus resultierenden Tod Schionatulanders. Deshalb wird Rache um die Person Parzivals herum gleich mehrfach ein Problem:

1. Herzog Orilus hat Schionatulander im Zweikampf enthauptet, als dieser Herzeloydes Ländereien verteidigt..
2. Seneschall Keye schlägt und demütigt die Jungfrau Cunneware und den Knappen Antanor.
3. Lähelin raubt Herzeloydes Ländereien. Beim Abschied wird er ganz konkret mit der Rache beauftragt. »Ja, Mutter, ich werde es ihm heimzahlen!«
4. Parzival tötet den Roten Ritter, der Königin Ginover besonders viel bedeutet. Ither ist sowohl mit Parzival als auch mit Artus verwandt.
5. Clamide belagerte Condwiramurs Stadt, um Condwiramurs für sich zu gewinnen. Er ist voller Rachegedanken gegenüber Parzival, der Condwiramurs Liebe bekommt.
6. Kingrun, Clamides Seneschall, schwört Rache, weil er von Parzival besiegt wird.

Diese Reihe könnte beliebig fortgesetzt werden. Die grundsätzliche Schwierigkeit besteht jedoch darin, daß Parzival in der ma-

* Sigune (I): »Du bist auch König von Norgals und solltest in der Hauptstadt Kingrivals die Krone tragen. ... Lähelin raubte dir zwei Reiche...« (P., III; 140, 25)

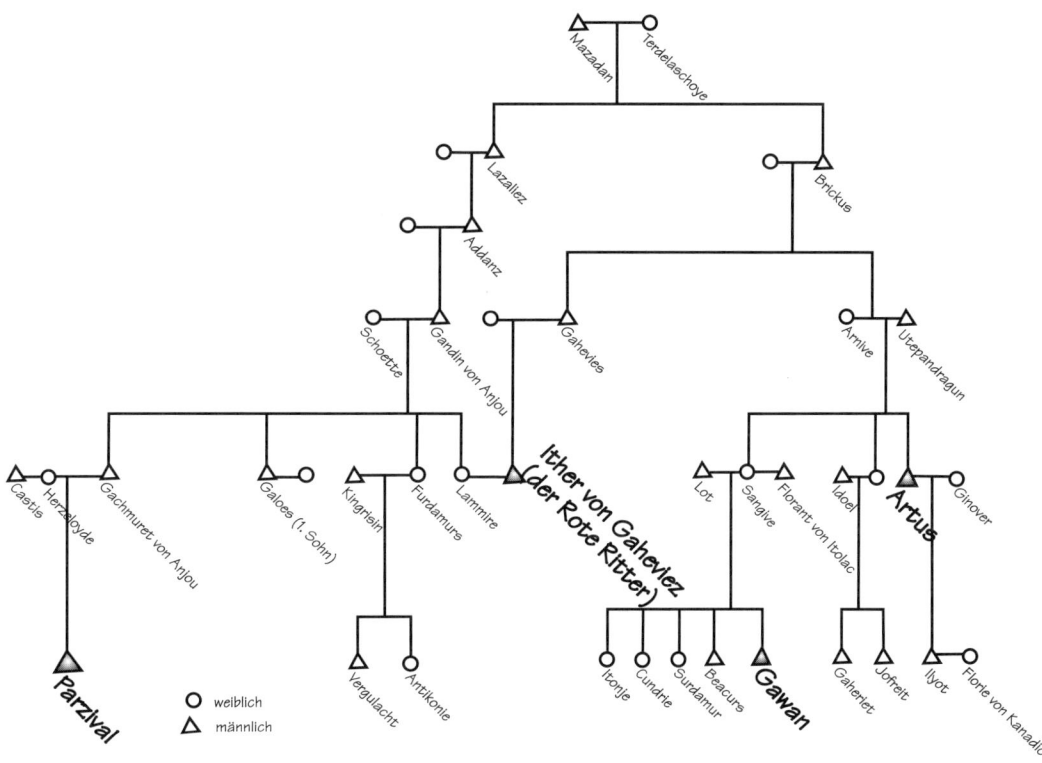

Tafel 6: Verwandtschaftsverhältnisse zwischen Parzival, Roter Ritter, Artus und Gawan

triarchalen Gesellschaft nur als Rächer König werden kann. Gleichzeitig kommt für den Heiligen König nur ein Unschuldiger in Frage. In der Grallegende ist Parzival beides, da er Ither tötet, ohne um die Zusammenhänge zu wissen. So löst sich dieser komplex-paradoxe Zustand auf elegante Weise.

Der blutende Speer ist demnach nicht nur Symbol der Passion Christi, sondern konkretes Mahnmal der nicht vollzogenen Rache für das Leid des Gralskönigs, denn bei Chrétien de Troyes besteht die erlösende Aufgabe ganz eindeutig in der Rache am

Bruder des Gralskönigs. Perceval besiegt in einem wahrhaft mörderischen Zweikampf den Ritter Partinial. Dieser Satan an Grausamkeit, der in einer Burg mit einem prächtigen roten Turm lebt, verkörpert die andere, höllenhafte Seite des Rot, während Perceval (er ist zu dieser Zeit immer noch der Rote Ritter) das Rot des Lebens und der Liebe vertritt. Nur widerwillig tötet er den Gegenspieler des Fischerkönigs, enthauptet ihn ganz in der Tradition der keltischen Krieger und bringt den Kopf des Brudermörders zur Gralsburg. Der Fischerkönig gesundet daraufhin sofort. Er stirbt einige Zeit später dann doch noch, und Perceval wird Gralskönig. Das kirchenkonforme dieses Werkes zeigt sich auch daran, daß Perceval fünf Jahre danach die Priesterweihe empfängt und nach weiteren zehn Jahren am Vorabend von Mariä Lichtmeß (2. Februar) aus dem Leben schied. Mit ihm entrückte Gott den Gral, die Lanze und die Silberteller in den Himmel.

Anfortas geheimnisvolle Wunde dürfte zweifellos im Zusammenhang mit einer Kastration gesehen werden, wenn es heißt, daß er im Liebesdienst bei Herzogin Orgeluse stand und dabei die Verletzung erhielt. Auch Clinschor, der Zauberer, wurde zur Strafe für sein ehebrecherisches Verhalten kastriert. Die Schmach versuchte er durch den Erwerb magischer Fertigkeiten zu kompensieren und wurde zum Gegenspieler des Gralshüters. Eine solche Tat, wie es die Kastration ist, schreit nach Rache. Doch wer kann sie ausführen, wenn ein Clan so wenig männliche Nachkommen hat?

Die Heilige Hochzeit

Da der Gralskönig ein göttliches Prinzip symbolisiert, wird der verheerende Zustand seiner Erkrankung, seines Defektes besonders deutlich. Als Parzival bei seinem ersten Besuch auf der Gralsburg das Fragen unterläßt und damit dem Leid seine Anteilnahme verweigert, quälen ihn nachts böse Träume und er findet die Welt am anderen Morgen verlassen vor. Er hat diesen ersten Intitiationsversuch in das Mysterium des Grals mit der damit verbundenen Heilung des Fischerkönigs nicht bestanden und das nach Heilung gierende Land nicht erlöst. In den Geschichten und Legenden um den Gral ist das Land immer verwüstet, verdorrt und der König tödlich verwundet (naturmythologisch ist es der Winter). Aus diesem Grund muß an alte Riten der Heiligen Hochzeit gedacht werden, die ganz offensichtlich nicht eingehalten worden sind. Demnach wäre der erlösende Nachfolger dringend erforderlich. Doch genau zu dieser Aufgabe, zu der er ausersehen ist, findet Parzival nicht. Damit bleiben kosmische und soziale Ordnung der matriarchalen Kultur gestört, solange die heiligen Riten nicht vollzogen werden können. Erst dann wird die Erde bzw. ihre Priesterin (hier die Gralsträgerin) durch den Himmelsgott (den neuen König) befruchtet, und der alte König kann sterben, der Winter zu Ende gehen, und das neue, fruchtbare Jahr beginnen. Dies bestätigt sich sofort, als Parzival Gralskönig wird.

Im alten England, in der Zeit vor dem Gralstum, waren Frauen für die Familien- und Kirchenschreine zuständig. Großenteils fanden in den Häusern Eucharistiefeiern statt, wobei auch ein Kelch verwendet wurde. Die Darreichung der Kommunion wurde dabei häufig von Nonnen vorgenommen, was der Kirche doch einige Schwierigkeiten bereitete. Aus diesem matriarchalem Brauchtum heraus wird man die Rolle der Gralsträgerin sehen müssen. Die mittelalterlichen Dichter, hier besonders Wolfram von Eschenbach, haben die alte Symbolik des Grals ganz auf den Sonnensymbolkanon abgestimmt und aus den neun den Gral begleitenden Mädchen 12 bzw. 24 Jungfrauen gemacht, wobei die Gralsträgerin in der Mitte als Sonne fungiert. Der Fischerkönig wird wohl ursprünglich ein König der Toten gewesen sein, der auf der Insel Avalon wohnte, die bei jedem Wintersturm auftauchte und wieder verschwand. Es gab in England und im Westen von Irland den Brauch, das die Toten von Fischern bewirtet wurden, wenn diese mit den Lebenden am 31. Oktober in Kontakt traten.*

* Every, G.: Das Christentum und seine Legenden, 1970, S. 101

Die Verbindung des Grals zu den weiblich-mütterlichen Kräften ist unverkennbar, auch wenn die mittelalterlichen, christlichen Adaptationen der Gralsmythen diesen Zusammenhang kaum mehr erkennen lassen. Unverhüllt ist nur noch seine nährende Funktion. Daß aber die Taube, die jährlich den Gral in seiner regenerierenden Kraft mit der himmlischen Hostie versorgt, zum Symbolkreis der Muttergöttin gehört, wird gerne übersehen. Auch die weibliche Dimension des Heiligen Geistes, mit der wir uns noch später ausführlicher beschäftigen werden, gehört hierher, denn er wird durch die Taube symbolisiert. Die Gralsträgerin (Repanse de Schoye), die Gralsbotin (Cundry) und die Gralskönigin (Condwiramurs) sind die Aspekte der dreifachen Göttin, die in der keltischen Mythologie so große Bedeutung besitzt. Demnach ist ein wichtiger Aspekt des Heldenweges vonParzival, die Göttin und ihr Land zu erwerben.*

* Göttner-Abendroth, H., S. 193

Göttner-Abendroth bietet überzeugende Hypothesen zur Aufgabe Parzivals an: Seine Mutter hält den Knaben verborgen, damit er bei gegebener Zeit seine Rolle als neuer Partner der Muttergöttin übernehmen kann. Doch Parzival wendet sich, geblendet von den Rittern, von seiner eigentlichen Aufgabe ab, um selbst Ritter zu werden. Darin wäre bereits ein erster Teil seiner Schuld zu sehen. »Über diese Verirrung versäumt er die Grundkenntnisse der matriarchalen Religion, was seine Unfähigkeit, seine Rolle als Heiliger König zu erfüllen und das Verwüstete Land mit den Menschen dann zu retten, nach sich zog.«* Die Brüder seiner Mutter führen ihn schließlich an seine Schuld und seine eigentliche Aufgabe heran. Parzival entspricht so einem matriarchalen Helden, der nicht durch blutigen Nachfolgekampf, sondern durch sanftes Fragen den Vorgänger ablöst.

* Göttner-Abendroth, H., S. 193

Der zeitliche Verlauf der Ereignisse

Es gibt viele Versuche, den Ablauf der Ereignisse der Gralslegende zeitlich einzuordnen, sowohl in die historische Zeit als auch in seinem zeitlichen Umfang. Aus der Tatsache, daß Wolfram von Eschenbach auf eine Zeitspanne von elf Generationen verweist, die zwischen dem Leben Herzeloydes und seiner Zeit (ca. 1180 n.Chr.) liegen, läßt sich dafür ungefähr 870 n.Chr. rekonstruieren.

Auch die Zuordnung zu historischen Persönlichkeiten ist mehrfach versucht worden. In der Person Hugo von Tours, der bekannteste Biograph Karls des Großen, wird beispielsweise das Vorbild für Trevrizent angenommen. Er war als Gesandter am Hofe Harun-al-Raschids in Bagdad gewesen und als Einsiedler gestorben.* An solche Zuordnungen, so interessant sie sein mögen, bleibt immer das Odium des Spekulativen haften, und sie befriedigen mehr den Forscher selbst.

Die Vermutungen, die sich um die Zeitangabe des ersten Zusammentreffens mit Trevrizent an einem Karfreitag ranken und die besonders von anthroposophischen Autoren angestellt werden, sind nicht genau zu belegen. Diese Zeitrechnung sieht etwa so aus: Wenn man annimmt, daß Parzival an einem Michaelistag

* Ravenscroft, T., Der Kelch des Schicksals, S. 60

Tafel 7: Zeitlicher Verlauf der Ereignisse auf Parzivals Weg

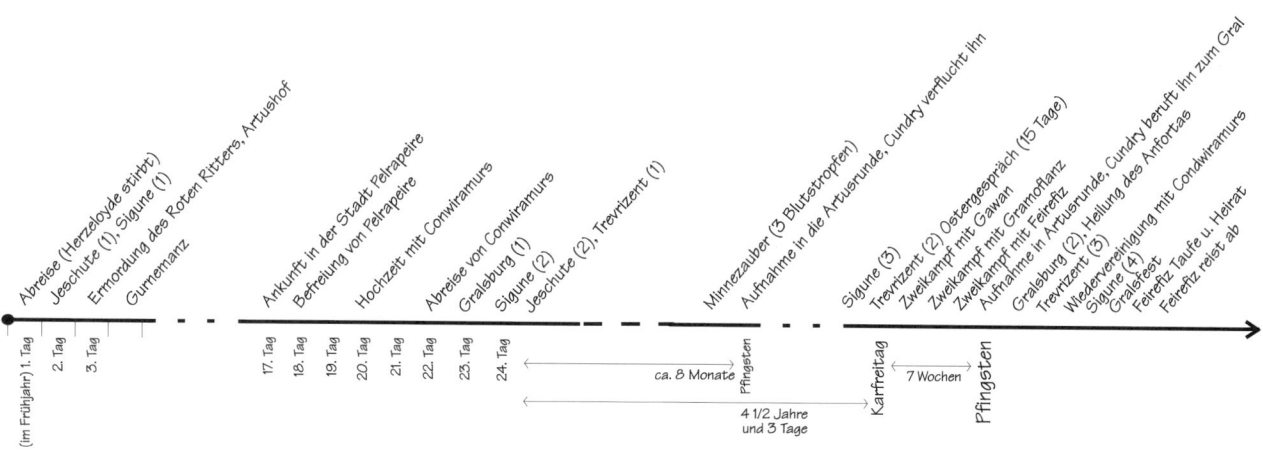

(29. September) das erste Mal auf der Gralsburg war und von hier aus gemäß der Zeitangabe Trevrizents von viereinhalb Jahren und drei Tagen zurück rechnet, kommt man auf den 3. April. Das war im 9. Jahrhundert in den Jahren 823, 828 und 834 ein Karfreitag.* Immerhin bringen solche Spiele ein gewisse Ahnung um die Komplexität der psychologischen Linien.

In der Tafel »Zeitlicher Verlauf« werden die Angaben genau übernommen, wie sie Wolfram macht. Es hat aber den Anschein, daß diese Zeiten, so genau sie auch teilweise sind, doch wohl mehr symbolisch zu verstehen sind. Die menschliche Entwicklung benötigt nun einmal für gewisse Prozesse Zeit, manchmal sogar viel Zeit, und bei Parzival dürfte dies eben auch der Fall gewesen sein.

Bei den Recherchen zur umgebenden Literatur des »Parzival« stieß ich 1986 auf den Artikel »Weg-Figur in der Entwicklung Parzivals« von Werner Liesche, einem anthroposophischen Autor. Ihm gelang es, die vielen Stationen auf Parzivals Weg so auf einer Kurve zu ordnen, daß sich die sehr interessanten Verhältnisse erkennen lassen. Er selbst schreibt darüber (siehe Tafel »Weg-Figur mit den Stationen auf dem Weg zum Gral«):

> Überblickt man den in dieser Weise angeordneten Lebensgang und Handlungsablauf, wird einerseits die strenge, geordnete Führung, die das ganze Werk durchzieht, deutlich, treten Entsprechungen und Symmetrien hervor, ordnen sich alle Einzelheiten der »wilden maere« sinnvoll und zwanglos einem organischen Ganzen ein. Folgerichtig ergibt sich aber auch eine bewußte Gestaltung des ganzen Werkes, die einen tiefen symbolischen Deutungswert hat: die sich ein- und auswickelnde Spirale, das Bild des »Wirbels«, das Zeichen für das Sternbild des Krebses. Die gesamte Handlung schwingt in eine krafterfüllte Mitte ein und gewinnt aus ihr fruchtbare Impulse für einen neuen Aufschwung. Kein anderes Zeichen als dieses des »Wirbels« paßt besser zu Wolframs Werk, das uns das Einmünden alter Menschheits- und Schicksalswege in ein esoterisches Zentrum und den Neubeginn kommender Lebens- und Entwicklungswege aus dem Quellgrund der christdurchdrungenen Herzensmitte so eindringlich, so bilderreich und so wohlgestaltet vor Augen führt.*

* Walter J. Stein beruft sich in seiner »Weltgeschichte im Lichte des heiligen Gral«, Stuttgart 1986, S. 418, auf eine Arbeit von Friedrich Westberg, daß der 3. April als Todestag Christi nachgewiesen sei. Dieses Datum nannte auch Rudolf Steiner in seinem Seelenkalender von 1912/13 als Todestag Jesu. Auf diesen beiden Angaben beruhen die Überlegungen, daß Parzival am Michaelistag zum ersten Mal auf der Gralsburg gewesen sein soll.

* Liesche, W., Wege-Figur

Die Gestaltung dieser Weg-Figur erweist sich als erstaunlich intelligent und vielseitig: Die differenzierte Handlung tritt in ihrer Vielschichtigkeit durch die Art der Figur und ihres Kurvenverlaufes besonders deutlich hervor. Die Übergänge von Gachmuret zu Parzival, von diesem zu Gawan und wieder zu Parzival zurück lassen sich klar erkennen. Auch ist dabei gut zu sehen, wie Parzivals Weg mehr auf dem oberen Teil der Kurve stattfindet. Die von Gachmuret und Gawan bestimmten Wegstrecken zeigen in der Grafik durch ihre andere Liniengestaltung noch mehr ihre tragende Funktion für Parzival.

Die mathematischen Wendepunkte dieser Wirbelkurve befinden sich (abgesehen von kleineren Kurvenschwankungen) bei Parzivals Geburt, am Karfreitag und am Pfingstfest, als Cundry Parzival zum Gral beruft.

Am Verlauf der Kurve läßt sich auch die Dramatik der Handlung ersehen: Mit aller Macht vorwärtsdrängend, steigt die Kurve von Parzivals Geburt zur Gralsburg (I) an und geht abwärts zu Cundrys (I) Verfluchung. Bis hierher war es der Zustand der *tumbheit* (Einfalt, Unerfahrenheit). Jetzt wechselt die Handlung zu Gawan über, bis bei Sigune (III) der Weg zum Wandlungspunkt bei Trevrizent (II) führt. Gawans Weg führt daran vorbei. Später vom Zeitpunkt an, als Gawan und Parzival miteinander kämpfen, wendet sich die Kurve voller Kraft wieder nach oben und wird wieder zum Handlungsweg Parzivals. Von Cundrys Verfluchung (I) bis zur Berufung zum Gral durch Cundry (II) war es der Zustand des *zwîvels* (Zweifel als Ungewißheit, Mißtrauen, Unbeständigkeit), nun kann er in den Zustand der *sælde* (Glück, himmlische Seligkeit) wechseln. Die Zweiheit des *zwîvels*, das Zweigeteilte, die Widersprüche und das schwer Vereinbare, ist nun zu Ende und weicht dem Zustand der Einheit.

In die Abbildung eingebunden sind die zwei neuen Zyklen, die von Parzivals Weg ausgehen: Feirefiz' Sohn, Johann der Priesterkönig, wird in Indien eine Gralstradition weiterführen, mit

Tafel 8: Weg-Figur mit den Stationen im »Parzival« von Wolfram von Eschenbach (angelehnt an W. Liesche)

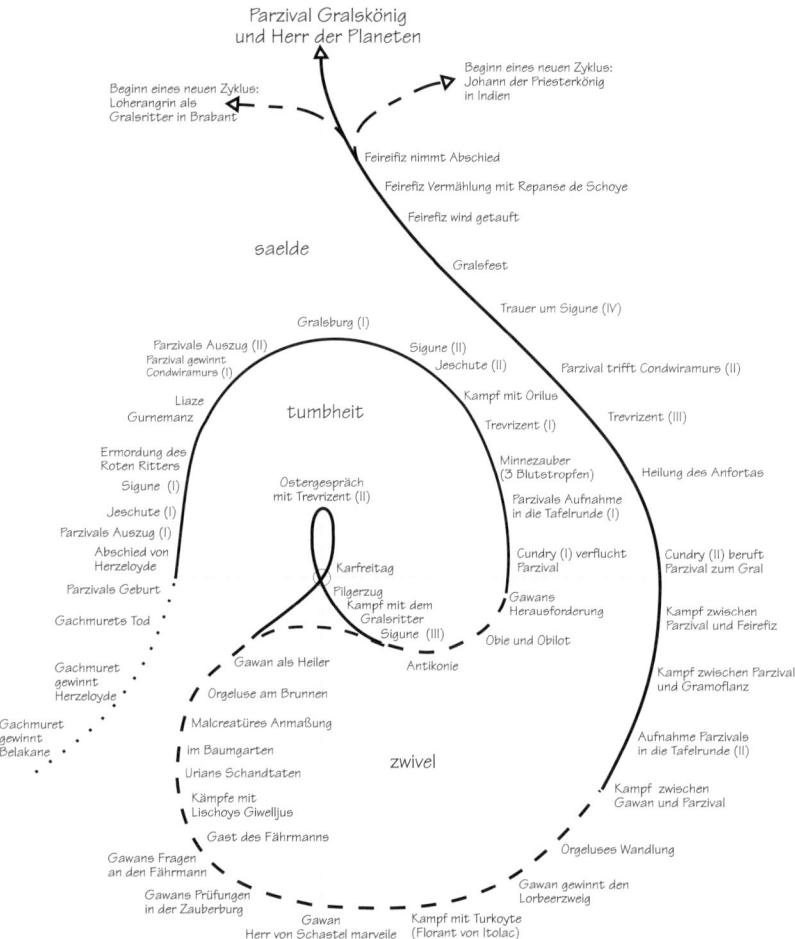

Parzival Gralskönig
und Herr der Planeten

Beginn eines neuen Zyklus:
Loherangrin als
Gralsritter in Brabant

Beginn eines neuen Zyklus:
Johann der Priesterkönig
in Indien

Feireifiz nimmt Abschied

Feirefiz Vermählung mit Repanse de Schoye

Feirefiz wird getauft

saelde

Gralsfest

Trauer um Sigune (IV)

Gralsburg (I)

Parzivals Auszug (II)
Parzival gewinnt
Condwiramurs (I)

Sigune (II)

Jeschute (II)

Parzival trifft Condwiramurs (II)

Liaze
Gurnemanz

tumbheit

Kampf mit Orilus

Trevrizent (I)

Trevrizent (III)

Ermordung des
Roten Ritters

Minnezauber
(3 Blutstropfen)

Heilung des Anfortas

Sigune (I)

Ostergespräch
mit Trevrizent (II)

Parzivals Aufnahme
in die Tafelrunde (I)

Jeschute (I)

Parzivals Auszug (I)

Karfreitag

Cundry (I) verflucht
Parzival

Cundry (II) beruft
Parzival zum Gral

Abschied von
Herzeloyde

Pilgerzug
Kampf mit dem
Gralsritter
Sigune (III)

Gawans
Herausforderung

Kampf zwischen
Parzival und Feirefiz

Parzivals Geburt

Gawan als Heiler

Obie und Obilot

Kampf zwischen Parzival
und Gramoflanz

Gachmurets Tod

Antikonie

Orgeluse am Brunnen

Gachmuret
gewinnt
Herzeloyde

Malcreatüres Anmaßung
im Baumgarten

zwivel

Aufnahme Parzivals
in die Tafelrunde (II)

Gachmuret
gewinnt
Belakane

Urians Schandtaten

Kämpfe mit
Lischoys Giwelljus

Kampf zwischen
Gawan und Parzival

Gast des Fährmanns

Orgeluses Wandlung

Gawans Fragen
an den Fährmann

Gawan gewinnt den
Lorbeerzweig

Gawans Prüfungen
in der Zauberburg

Gawan
Herr von Schastel marveile

Kampf mit Turkoyte
(Florant von Itolac)

150

der neue Mythen und Prozesse verbunden sein werden. Parzivals Sohn Loherangrin wird als Gralsritter in Brabant wirken und von dort aus, auch wenn ihn der Schwan nach nicht allzu langer Zeit wieder abholt und zum Gral zurückbringt, neue Keime unter die Menschen bringen.

Cundrys Funktion als Hüterin der Schwelle ist an der horizontalen Linie gut ersichtlich, an der sie zweimal erscheint (in der Version von Chrétien de Troyes sogar mehrmals). Solche Wächter treten auf, um uns vor unbedachtem Übertreten von uns unvertrauten Grenzen zu schützen. Leider tragen wir eine Neigung in uns, ihre Botschaften und Warnungen zu mißachten, was wir dann regelmäßig mit entsprechenden Symptomen quittiert bekommen: Da die Funktion der Hüter der Schwelle primär darin besteht, uns vor Überforderungen zu schützen, sei es bei körperlichen oder psychischen Anstrengungen, in verantwortungsvollen Situationen usw., erzwingen die im Falle einer Überlastung auftretenden Symptome, daß wir wieder unsere Harmonie erlangen können – vorausgesetzt wir nehmen sie ernst. Cundry bringt Parzival in eine langdauernde Phase der Introversion. Das bringt zwar für ihn neue Gefahren, weil er nun ganz in tiefe Zweifel stürzt und gelegentlich droht, in antidepressiven Aktionen zu erstarren, aber insgesamt hat er durch die Verfluchung die Hilfe gefunden, die er zur Suche seiner wahren Aufgabe benötigte.

Archetypische Gestalten

Die Biographie Parzivals regt sehr dazu an, sie aus ihrer Besonderheit zu befreien, und sie in ihrer archetypischen Qualität zu betrachten. Archetypisch heißt, die allgemein gültigen Aussagen, auf andere, viele oder teilweise auf alle Menschen zu übertragen.

Die nachfolgenden Beschreibungen enthalten noch einmal das Wesentliche der wichtigsten Gestalten, ihre Bedeutung und ihre symbolische Funktion.

Gachmuret ist der typische Grenzgänger und, ohne es selbst zu erkennen, Bindeglied zwischen großen evolutionären Zeitströmungen*. Die Beziehungen zu seinen Frauen zeigen deutlich seine Seiten: Zur Heidin Belakane unterhält er eine sinnliche Verbindung, zur Christin Herzeloyde verbindet ihn mehr eine seelische Beziehung. In der Heirat mit Herzeloyde, der Angehörigen des Gralsgeschlechts – er selbst kommt aus einem Feengeschlecht – sucht er die geistigen Werte. Doch auch diese reichen nicht aus, ihn bei ihr zu halten. Er ist noch weitgehend von zur Verwirklichung strebenden Ichkräften bestimmt und kann deshalb nirgends lange bleiben. Er fällt in der Schlacht, als auf hinterlistige Weise Bocksblut auf seinen diamantenen Helm gegossen wird und dieses den harten Helm weich wie einen Schwamm macht. So durchbohrt ihn eine feindliche Lanze und bringt ihm den Tod. Ist es ein Zufall, dichterisches Spiel oder psychologische Konsequenz, daß Parzivals Schwert am Helm seines Halbbruders zerbricht? Auf alle Fälle hinterläßt dieser Fremdenlegionär seinen Söhnen in psychologischer Hinsicht viele ungelöste Aufgaben, vielleicht auch gerade, weil er dem höchsten Fürsten in dieser Welt dienen möchte.

* Copony, H., S. 72

> Archetypus des Suchenden, der in Gefahr ist, seine Verantwortung zu übersehen.

Parzivals Persönlichkeit ist bei seinem ersten Hinaustreten in die Welt gekennzeichnet von zwei gegenläufigen Haltungen: Eine willensstarke, mutige und hilfsbereite, ritterliche Seite voller Tatkraft drängt nach außen und zur Entfaltung. Gleichzeitig gerät er durch seine dem Vater ähnlichen Ichkräfte in zunehmende Verblendung und schuldhafte Verstrickungen, die er selbst noch gar nicht durchschauen kann. Mit der Aufnahme in die Runde der Artus'schen Tafelritter erreicht er den weltlichen Höhepunkt, als Gralskönig verwirklicht er seine Vision.

> Archetypus des jugendlichen Helden, der zum Gralskönig wird. In seiner Unerfahrenheit stiftet er Unheil, korrigiert dieses aber in den Zeiten seiner Selbstfindung. Er bewältigt die Schwierigkeiten des Zweifels und der Gottesferne und wird als Gralskönig Repräsentant des Göttlichen. Symbol für die Selbstverwirklichung.

Gawan, der edle und makellose Ritter, bleibt immer integer, wenn er auch über weite Teile dabei unbewußt ist. Sein Problem sind die Frauen, von denen er sich leicht verführen läßt.

Archetypus des jugendlichen Helden, der Reife erlangt, aber in seiner Entwicklung stecken bleibt.

Orilus ist der maßlos stolze und selbstherrliche, selbstsüchtige Ritter. Er macht sich schuldig, indem er eifersüchtig und blind für den wirklichen Zustand seiner Gattin ist.

Archetypus des Machos.

Condwiramurs, die schönste Frau auf der Welt, trägt sehr dazu bei, Parzivals männliche Seite zu kultivieren. Durch die Liebe zu ihr wird er feinfühlig: In den beiden ersten Nächten ihres Zusammenseins berühren sich die beiden unschuldigen Menschen auf höchst zarte Weise. Erst in der dritten Nacht finden sie zum körperlich-seelischen Einklang. Ihr bewahrt er die Treue und erhält daraus die Kraft, alle Prüfungen durchzustehen. Sie ist die künftige Gralskönigin in ihrem Adel und ganzen Schönheit.

Archetypus der Königin.

Repanse de Schoye verkörpert die feinen Schwingungen der weiblichen Spiritualität. Sie ist Maria-Sophia, kosmische Königin der Weisheit.

Archetypus der Anima, die für Weisheit steht.

Cundry gehört zur Gralsburg und hat die Funktion, Hüterin der Schwelle zu sein. Wissen in den verschiedensten Künsten, Kenntnis der Weltharmonien, Weisheit und Sternenweisheit ist ihr eigen. Demgegenüber ist ihr Bruder Malcreatüre der gefallene und verzauberte Seelenanteil (er gehört zur Zauberburg).

Archetypus der wegweisenden Anima, der Hüterin der Schwelle.

Orgeluse, »die Stolze«, eine narzißtisch gekränkte Frau, die sich an den Männern für erlittene Schmach rächt und dabei zunehmend in ihrem Haß erstarrt. Sie ist die wunderschöne, magische Verführerin, die daran aber selbst keinen Gefallen findet.

Archetypus der ungeliebten Anima.

Gurnemanz ist eine väterliche Gestalt, die sich weitgehend selbstlos für den jungen Parzival einsetzt. Bei ihm lernt er zielorientiertes und besonnenes Handeln und erfährt neue Einsichten in das Verhältnis Mann-Frau. Der Aufenthalt bei Gurnemanz bildet den eigentlichen Ausgangspunkt für Parzivals Seelenweg.

Archetypus des Vaters

Anfortas, kranker, schwer leidender Gralskönig. In ihm kann Parzival sich selbst als Schuldiger und Leidender wiedererkennen. Er ist trotz seines Alters viel zu sehr Betroffener, als daß er seine Führungsaufgabe übernehmen könnte.

Archetypus des kranken Königs.

Trevrizent ist der Alte Weise. Er hat seine persönlichen Ziele hintangestellt, um dem notleidenden König, seinem Bruder, und dem mitbetroffenen Land zu helfen. Selbstlosigkeit ist sein persönliches Thema. Wenn Parzival auf Trevrizent trifft, so zeigt das den Schritt des ichverhafteten Ritters zu größerer Geistigkeit und die Annäherung an das in der Gralsburg Erlebte und Geschaute.

Archetypus des Alten Weisen.

Titurel hat als Gralskönig ausgedient, aber er kann durch die Nähe des Grals nicht sterben. Alt und weißhaarig wartet er bettlägerig auf den Tod. Nur der Anblick des Grals erhält ihn am Le-

154

ben. Er besitzt nicht mehr die Kraft, um als Alter Weiser in das System hinein wirken zu können.

Archetypus des alten Königs der vergangenen Zeiten.

Diese Gestalten sind in uns zu verschiedenen Lebensphasen anzutreffen. Allein in der Person Parzival findet sich verschiedene Stufen und Reifestadien, die sehr unterschiedlich und gegensätzlich sind. Der junge, dumme Springinsfeld geht nach langer und schwerer Prüfung und Läuterung im erwachsen Menschen auf, der aus seinen Fehlern gelernt hat, ohne sie zu vergessen. Deshalb ergeben sich aus solchen Persönlichkeitsbeschreibungen unmittelbar Fragen an die eigene Person. Wer bin ich? Wer bin ich heute? Stehe ich in Einklang mit den Zielen und Werten, die ich habe? Bin ich mir überhaupt dieser Ziele und Werte bewußt?

Diese Fragen sind nicht als moralischer »Beichtspiegel« gedacht, denn Selbstreflexion hat zunächst mit Moral nichts gemein. Allenfalls besteht die Gefahr, daß das Nachdenken über sich selbst und Introspektion zum Grübeln wird. Der Schritt zum Selbstvorwurf ist dann leider nicht mehr groß. Dann hilft es nur noch, rasch den inneren Beobachter zu aktivieren und sich selbst liebevoll in seinem Denken und Handeln beobachtend zu begleiten. Bei den Gedanken zur Gralssuche werden wir darauf noch einmal zurückkommen.

Der Gral

Der Gral hat Vorgänger in den indogermanischen Mythen. Es lassen sich dort verschiedene »Kesseltraditionen« aufzeigen: Schon bei den Griechen findet sich das unerschöpfliche Füllhorn, das von einer Fruchtbarkeitsgöttin getragen wird. Einen magischen Kessel der Inspiration kennen die Kelten, gefüllt mit Kräutern für ein geistiges Getränk, das die Sänger inspiriert. Im Walhall der Germanen steht der Zauberkessel, in dem der Koch jeden Tag denselben Eber kocht. Dabei reicht das Fleisch immer für alle, und jeden Abend wird der Eber wieder lebendig. Die irische Mythologie besitzt einen Gralskelch, der getragen wird von der Göttin Erin, der Personifikation des Landes Irland. Sie überreicht ihn einem Mann, der als künftiger König ihr Gemahl wird und mit ihr die Heilige Hochzeit vollzieht. Erst danach erstrahlt das Land in neuer Jugend und Schönheit (Frühling und Sommer), nachdem der Winter in Häßlichkeit verbracht werden mußte.* Besonders in dieser letzten Variante läßt sich die Entsprechung zu Parzivals Besuch auf der Gralsburg besonders gut erkennen.

* Göttner-Abendroth, H., S. 192

Das magische Zaubergefäß (auch der Gral als Stein, da er die Funktion eines spendenden Gefäßes besitzt) gehörte zum Symbolkanon der Großen Mutter. So war es ursprünglich kultisch magischer Kessel der Priesterin und matriarchales Fruchtbarkeitssymbol. Als Kelch wurde es schließlich christianisiert und in die Liturgie integriert. Er ist ein Wandlungsgefäß, in dem die Geburt des Geistes und auch seine Taufe stattfindet.*

* Neumann, E., Die Große Mutter, S. 69 u. 274

Im Mittelalter war der Gral ein Hypnotikum par excellence. So groß war der Zauber dieses Symbols, daß nach Chrétien de Troyes eine Flut an Bearbeitungen der Gralslegenden entstand, die andere mythische Stoffe nicht in dieser Weise erfahren haben. Es ist deshalb nicht verwunderlich, daß sich auch sehr verschiedene Konzepte über Gestalt und Funktion entwickelt haben.

Bei Chrétien de Troyes ist es ein die Hostie enthaltendes Gefäß, das Aufnahmebereitschaft und -fähigkeit symbolisiert. Gral bedeutet hier »Schüssel«, Tafelgeschirr, Platte. Bei Wolfram von Eschenbach, der für Edelsteine besonders viel übrig hatte, ist es ein Edelstein (Zentrum), der als Spender aller irdischen Speisen und Getränke, als Born der Gesundheit und Jugend, als lebensspendendes und -erhaltendes Gnadengeschenk Gottes wirkt und erscheint.* Diese besonderen Kräfte erhält der Gral durch eine Hostie, die Gott alljährlich am Karfreitag durch eine Taube

* Karlinger, F., S. 27, verweist auf eine etymologische Ableitung von K. Lokotsch in »Etymolog. Wörterbuch der europäischen Wörter orientalischen Ursprungs«, Heidelberg 1927. »Gral« leitet sich demnach u.U. von »Los, Losstein« ab. Das persische Ghr-al bedeutet »farbenschimmernder Stein«.

* siehe Der Wartburgkrieg, K. Siem-
rock [Hrsg.], Stuttgart 1858

* Cooper, J.C., S.67

** Ravenscroft, T., Der Kelch des
Schicksals, S.181: »In diesem Fall verkörpert die Taube die geläuterten Gefühle des Herzens, die auftauchen, um
das kalte intellektuelle Denken des
Gehirns zu durchdringen und zu ver-
geistigen.«

sendet. Der *lapis exilis*, wie in Wolfram nennt, könnte schon
vom Namen her »der aus dem Himmel gefallene Stein« sein.
(Möglicherweise handelt es sich auch hier um eine legendenhafte Umbildung von *exillis* zu *exilis*. Die erste Bedeutung wäre un-
geklärt.) Auch die Deutung *lapis ex coelis* ergibt Sinn und würde
auf den vom Himmel gefallenen Edelstein verweisen, den Luzifer bei seinem Sturz aus dem Himmel verlor.* Aus dieser Deutung bekommt die Gralssuche einen besondere Wichtigkeit, da
es zur menschlichen Aufgabe würde, das von den Engeln begonnene Werk zu vollenden: Der Stein ist das Symbol des in der Materie gefangenen Menschen, der sich seiner irdischen und
himmlischen Ganzheit bewußt werden muß.

Bei Robert de Boron ist der Gral ein Gefäß aus einem Edelstein. In ihm war von Joseph von Arimathia das Blut Christi aufgefangen und aufbewahrt worden, als am Kreuz mit der Lanze
seine Seite geöffnet wurde. Die Heiligkeit des göttlichen Blutes
hat auch die Schale geheiligt, und sie zur unschätzbaren Reli-
quie werden lassen, um die sich unzählige Legenden ranken.

Gelegentlich ist der Gral ein unstofflicher Gegenstand, unbe-
stimmt und von rätselhafter Natur, also weder aus Stein, Holz
oder Metall, aber fähig zur Eigenbewegung. Eine Mischform
stellt die aus einem Stein geschnittene Schale dar.

Entsprechend finden sich die Symbole für den Gral: ein strahlender Kelch, ein Kelch mit einem Herzen, die Schale, das auf
der Spitze stehende Dreieck, der magische Stein. Die Suche
wird gelegentlich durch das Buch symbolisiert und bedeutet
dann die Suche nach dem verlorenen Wort.* Aber auch Lanze
und Schwert können die Bedeutung eines Gralssymbols bekommen. Als äußeres Symbol des Grals wird häufig das Bild gewählt, daß eine Taube von der Sonne zu einer unsichtbaren
Scheibe fliegt, die in der Sichel des Halbmondes ruht.**

Große Verwandtschaft zum Gral besitzt der *lapis philosopho-
rum*, der Stein der Weisen, der Alchemisten. Er wird aufgrund

langwieriger Prozesse aus der *materia prima* hergestellt und kann unedle Metalle in edle verwandeln. Außerdem kann er verjüngend und heilend wirken.

Der Gral selbst symbolisiert die Wasser des Lebens. Er steht in Verbindung mit dem Allerheiligsten, ist das kosmische Zentrum, das Herz. Als Quelle des Lebens und der Unsterblichkeit aber auch der Quelle des Überflusses, der Fruchtbarkeit, kann er in Mythen und Träumen gleichermaßen auftreten.

Wenn am Ende der Legende der Gral entrückt wird, verkörpert er den Verlust des Goldenen Zeitalters, das verlorene Paradies und die nicht mehr vorhandene Geistigkeit des Menschen, der seine ursprüngliche Reinheit und Unschuld verloren hat. Die Suche nach dem Gral ist die Rückkehr zum Paradies, dem geistigen Zentrum des Menschen und des Universums. Sie folgt dem symbolischen Schema der Initiation durch Bewährungsproben, Prüfungen und Begegnungen mit dem Tod auf der Suche nach der verborgenen Bedeutung und dem Geheimnis des Lebens.* * Cooper, J.C., S. 67

Den Legenden entsprechend besitzt der Gral besondere Kräfte:

1. Leuchtkraft: Er kann den umgebenden Raum erleuchten (»Stein des Lichtes« bei Wolfram von Eschenbach).
2. Er besitzt die Gaben des »Lebens«: Er speist die Gralsritter.
3. Er heilt tödliche Verwundungen und kann Leben verlängern (erhält Titurel und auch Anfortas am Leben).
4. Er verleiht Sieges- und Heldenkraft.
5. Er besitzt eine zerstörende Seite: Er läßt erblinden, schlägt wie ein Blitz ein und kann wie ein Abgrund wirken.* * Evola, J., S. 89
6. Er kann den Gerechten erkennen und zwischen Gut und Böse, Wahrheit und Lüge unterscheiden.

Dieses Symbol besitzt ein großes Wirkspektrum. Doch uneingeschränkt dieser Vielfalt an Wirkungen und Bedeutungen ist es primär ein Symbol des Heiligen Geistes. In dieser Eigenschaft ist er sozusagen der »Atem Gottes« und durchwirkt in dessen

* Waldenfels, H., S. 191

Namen die Materie. Augustinus versteht den Hl. Geist innerhalb der Trinität als die Liebe Gottes in Person, d.h. daß erst der Hl. Geist den Menschen wieder in die Gemeinschaft mit Gott zurückbringt.* Auf dieser Grundlage muß das Geschehen um den Gral gesehen werden, auch wenn die Kirche den Gral niemals anerkannt hat.

Der Zugang zum Gral ist nicht ganz einfach, wie die Geschichte vielfach belegt. Gral und Gralsburg sind mit einem ausgeklügelten System abgesichert und nur dem Berufenen zugänglich. Die Gralsburg befindet sich abgelegen und in tiefen Wäldern verborgen, von einer ständig in Alarm befindlichen Truppe an kampferfahrenen Gralsrittern geschützt. Daß selbst ein so tüchtiger Kämpe wie Parzival dabei Schwierigkeiten bekommt, zeigt der Ausgang seines Zweikampfes mit dem Gralsritter, den er zwar gerade noch gewinnen kann, aber dabei sein Pferd und selbst fast das Leben verliert. Wer bis zur Burg vorzudringen vermag, steht vor den festen, wehrhaften Mauern, den zahlreichen starken Türmen und dem tiefen Burggraben, der die mächtigen, zum Himmel strebenden Paläste schützt. Wenn die Symbolsprache dieses Bildes psychologisch betrachtet wird, dann beweist sie ein intaktes psychisches Abwehrsystem, das in der Lage ist, auch großen Belastungen standzuhalten. Dies gilt nicht nur für Staaten oder Völker, sondern auch für kleinere Gruppen und natürlich das Einzelwesen.

Nun erhebt sich die Frage, warum und was den Gral so schützenswert macht, wo er doch eigentlich zum Wohl der Menschen gedacht ist? Bei den angegebenen Eigenschaften des Grals sind solche zu finden, die angenehm und hilfreich sind (er leuchtet, gibt unbegrenzt Nahrung und Getränk, verleiht Siegeskräfte), jedoch verfügt er auch über Kräfte, die nicht unbedingt jedermanns Sache sind, und die man teilweise als zerstörerisch einstufen muß: Sein Licht läßt erblinden, er kann wie ein Blitz einschlagen und wie ein Abgrund wirken. Wer den Energien des Grals nicht in jeder Hinsicht gewachsen, also nicht ausreichend auf sie vorbereitet ist, dem fügt er Schaden zu. Auch seine Fähigkeit, tödliche Verwundungen zu heilen und Leben zu verlängern, kann – das zeigen die Schicksale von Titurel und Anfortas – Qualen bedeuten. Abgesehen davon würde das oft auch keinen Sinn machen, wie wir das heute immer wieder bei den unglaublichen Fortschritten der Medizin sehen. Wie viele äußerst schwierige ethische Fragen sind mit solchen Wundern verbunden. Zwar werden diese im Falle des Grals von höherer Warte aus entschieden, immerhin ist er Instrument des Hl. Geistes, aber es zeigt sich doch, daß ein Schutz vor solchen Kräften durchaus angemessen erscheint.

Die Fähigkeit des Grals, Gerechte und Ungerechte zu erkennen, und zwischen Gut und Böse, Wahrheit und Lüge unterscheiden zu können, scheint ebenfalls nur auf's erste erstrebenswert zu sein. Immerhin setzt diese Gabe eine beträchtliche Integrität desjenigen voraus, der davon Gebrauch machen möchte. Mit welchen neuen Belastungen müßten Menschen umgehen können, wenn sie immer wüßten, ob ihr Gegenüber lügt oder nicht. Hat es nicht auch gute Gründe, daß der Mensch erst im Laufe seiner Entwicklung, durch mühsam erworbene Lebenserfahrung gelegentlich soweit kommt, die Not der Mitmenschen wahrzunehmen, wenn sie ungerecht, willfährig, autoritär oder gar böse erscheinen? Schützen sich nicht solche Menschen, weil sie wie Orgeluse Erfahrungen machen mußten, die sie oft gar nicht mehr in allen Details erinnern können? Sind es nicht gerade die Schutzsysteme, wie sie auch um den Gral herum etabliert sind, die hier wirken und lebenswichtige Prozesse schützen?

Die Wege Parzivals und Gawans zeigen in minutiöser Präzision alle Schwierigkeiten, die den Menschen im Laufe ihrer Entwicklung entgegentreten können. Sie demonstrieren, wenn man hinter das mittelalterliche Ambiente hindurchschaut, wie unterschiedlich Menschen auf ähnliche Bedingungen reagieren und wie verschieden auch das Ergebnis ihrer Bemühungen sein kann, wenn sie dasselbe tun. Doch entbindet das den einzelnen nicht, seinen Weg auf höchst eigene Weise zu gehen.

Trevrizent versucht, Parzival aufzuzeigen, wie sinnlos es ist, sich auf die Suche nach dem Gral zu begeben, da es nicht in Menschenhand ist, ob man ihn findet oder nicht. Es ist ausschließlich die Gnade Gottes, die darüber bestimmt. Dem Menschen steht nur offen, ernsthaft an seiner Selbstentfaltung im Dienste der Welt zu arbeiten. Aber genau diesen Aspekt hat Trevrizent nicht genügend berücksichtigt, und Parzival beweist, daß seine Beharrlichkeit richtig war. Auch wenn er vielleicht der Meinung ist, sich den Gral ertrotzt zu haben, so erreicht er auf seine Weise Fortschritte in seiner Entwicklung. Er bemüht sich um seinen Schatten, er ringt mit ihm und durchlichtet ihn, ohne den Versuch zu machen, ihn abzuspalten. Auch wenn er gelegentlich auf der falschen Seite kämpft, bleibt er sich selbst treu und bis zuletzt ein aufrichtig Suchender. Das bedeutet, daß sich jeder an der Stelle im Kosmos verwirklichen muß, wo ihn das Leben hingestellt hat.

Aufgrund der zentralen Stellung des Grals (im Zentrum der Burg) repräsentiert er das SELBST, das vereinigende Prinzip, die zentrale Autorität der menschlichen Psyche. Von hier aus erreichen die steuernden Impulse, deren Ziel die Vereinigung der Gegensätze sind, das Ich, schicken ihm Träume, Symbole, und verwickeln ihn hilfreich in seine Umgebung. Häufig werden gerade die Verwicklungen nicht in ihrer hilfreichen Funktion gesehen. Wir betrachten sie als störend und lästig, versuchen den anderen die Schuld daran zu geben. Doch gerade hier beginnt unser Weg zum Gral, der deshalb ein Weg zum wahren Selbst ist.

Das SELBST hat große Entsprechung zum Gral: Wie dieser ist es verborgen und wird gehütet vor dem noch »unfertigen« Ich. Erst wenn das Ich gelernt hat, mit einer gewissen Souveränität mit andrängenden Impulsen umzugehen und sich ohne hybrides Aufblähen zu verhalten, kann es sich an die Kraft des SELBST annähern. Nur so läßt sich eine Ich-SELBST-Inflation vermeiden. Der Weg des Ich führt aus der unbewußten Verbindung zu einem übermächtigen Kollektiv heraus in eine einsame und isolierte Position. Damit ist das eben auf den Weg der Individuierung angetretene Ich unglaublich allein und einer erdrückenden Vielzahl von Ängsten ausgeliefert. Ein äußerst beschwerlicher Weg liegt vor dem Ich, bis es soweit erstarkt ist, die Trennung von den Sicherheit gebenden mütterlichen Bereichen zu ertragen. So ist es möglich, später den Heldenweg mit der beschwerlichen Suchwanderung zu beginnen und schließlich den Gral (verborgener Schatz oder verwunschene Prinzessin) zu finden und zum Ausgangspunkt zurückzukehren. Jetzt ereignet sich die Begegnung mit dem SELBST. Das Individuum (lat. *individuum* bedeutet »unteilbarer Körper«) bekommt nunmehr einen neuen, vertieften Zugang zum Kollektiv, dem Ort, an dem die Entwicklung ihren Ursprung hat. Hierher führt der Weg zurück. Doch nunmehr ist das Erleben ein anderes: Ohne Angst taucht das Individuum in das Kollektiv ein, kann ihm dienen, ohne sich darin zu verlieren.*

Es ist schwierig, solch feine Zusammenhänge zu verstehen, zu beschreiben, da eine eigene Erfahrung dazu erforderlich ist. Häufig wird deshalb dieses Entwicklungsschema mißverstanden und von esoterischen Kreisen auch mißverständlich besetzt. Der Parzival-Mythos umkreist diesen Themenkomplex der Ich-SELBST-Beziehung jedoch ständig und gibt ihm eine ganz herausragende Rolle. Erkennbar ist dies am immer wieder erneuten Auftreten der Archetypen auf dem Suchweg Parzivals und dem Wechselspiel der einsamen Stationen auf dem Weg einerseits und hilfreich auftretenden Gestalten andererseits.

Unter Bedingungen, bei denen das Gemeinschaftswohl wie bei der Gralsgemeinschaft so sehr aus dem Vertrauen auf eine höhere Ordnung ausgerichtet ist, braucht es die Institution Kirche nicht mehr. Trevrizent erteilt als Nichtpriester Parzival die Absolution, Sigune lebt als Klausnerin, ohne die Messe zu besuchen und kann durch die Gralsbotin die Hostie empfangen. Religionsgrenzen treten um den Gral in den Hintergrund. Zwar kann der Heide Feirefiz den Gral nicht sehen, aber er kann in seine unmittelbare Nähe gelangen, auch wenn die letzte Verbindung erst durch die Taufe möglich wird. Der Gral selbst sorgt für

* Genaugenommen stellt sich einem Wesen, das den Weg bis hierher gegangen ist, die Frage nach der eigenen Identität innerhalb der Gemeinschaft nicht mehr. Das Ich, bzw. was von ihm dann noch übrig ist, hat keine Angst mehr, vor dem Verlust der Einmaligkeit, weil es die höheren Ziele und ihre Bedeutung erkannt hat.

die Einhaltung der vorgegebenen Ordnung: Wer sich, wie Anfortas, dagegen stellt, erfährt seine korrigierenden Kräfte. Wer sich jedoch aufgrund der Legitimation göttlicher Berufung betätigt, verwirklicht sich.

Der Gral war Schmelztiegel vieler außerkirchlicher Traditionen. Die Rigidität der Kirche und ihr schwerfälliger Umgang mit den von ihr erzeugten Dogmen begünstigten Entwicklungen, die dem Bedürfnis nach mehr Nähe zur menschlichen Realität Rechnung trugen. Allein die vielen Eremiten des Mittelalters, die besonders häufig die Waldeinsamkeit bevorzugten, bezeugen das große Bedürfnis nach mehr reiner Geistigkeit und Spiritualität. Sie suchten eben Gott und nicht die erstarrten Formen, die ihnen die Kirchen statt dessen anbieten konnten. Es war eine Zeit der mystischen Hochblüte, die kein Gewicht auf das Ich legte, sondern darüber hinaus und sogar seine Auflösung in Gott anstrebte.

Gleichzeitig machte sich aber eine andere Bewegung bemerkbar, die nur oberflächlich einen gewissen Widerspruch hierzu bildet, und die sich am besten durch den Gral symbolisieren ließ. Der Lapis ist ein Symbol der Alchemie, das C.G. Jung als ausgesprochen eremitisches Ideal bezeichnete: »Der Lapis ist das wohlgehütete, kostbare Geheimnis des einzelnen!«* Emma Jung führt dieses Gedanken weiter:

* Jung, C.G., Mysterium coniunctionis, Bd. II, S.128ff

> Wahrscheinlich bedeutet die Entrückung des Graals etwas Ähnliches: nämlich ein Symbol, welches dem *Individuum* den höchsten Wert zuteilt; als solches hat es keinen Platz in der Gemeinschaft der Kirche, sondern lebt nur im Verborgenen, d.h. im Unbewußten weiter, wo es der einzelne finden kann.*

* Jung, E., S.307

Es begann die individuelle Ablösung von kollektiven Tendenzen, die in den vielen Eremiten zum Ausdruck kam. Aber auch die Frage gehört hierher, was die Ritter der Tafelrunde (so die Artussage in der keltischen Mythologie) veranlaßt haben könnte, getrennt auszuziehen, um den Gral zu suchen? Der Grund dafür ist einfach: Der Gral ist als Gemeinschaft nicht zu erringen. Es bedarf dazu der Anstrengung des einzelnen. Das ist auch der Grund, warum Artus seine Ritter beim Auszug nur ein Stück ihres Weges bis zur Grenze begleitet. Von hier aus ist jeder auf sich gestellt.

Was zu damaliger Zeit so heftig begann, konnte mit diesem Tempo nicht weitergehen, da die Zeit für eine solche Entwicklung noch nicht reif war. Das Gralssymbol wurde entrückt, in den Himmel bei Chrétien de Troyes, nach Indien bei Wolfram von Eschenbach, weil »eine Integration dieses Symbols [...] im Bewußtsein des mittelalterlichen Menschen noch nicht vollzogen werden konnte«.* Die Parzivalgeschichten sind ein weit in die Zukunft greifender Versuch – ganz besonders bei Wolfram von Eschenbach –, seelische Vorgänge und damit verbundene Probleme vorwegzunehmen (zu antizipieren), die damals einfach noch nicht verstanden werden konnten.

* Jung, E., S. 307

Im Symbol des Grals war es möglich, die Verbindung des Göttlichen hinein in die Welt des Materiellen bewußtseinsnah zu halten, auch wenn die Antwort auf intellektuelle Weise nicht gegeben werden konnte. Damit korrespondierte das Problem des Bösen, das auch heute noch für viele Menschen – natürlich auch für die Theologie – nicht gelöst sein kann, weil es zu sehr mit der Verarbeitung persönlicher Probleme zusammenhängt. Solange die Welt oder gar der Kosmos in einen guten und einen bösen Teil gespalten werden muß, kann das Böse nicht aufgearbeitet werden. Dann helfen auch kluge wissenschaftliche Werke nicht, denn hier ist die Auseinandersetzung mit unserem Schatten gefragt. Dies wiederum braucht Kraft, Mut und höchste Bereitschaft, die eigenen Anteile und ihre Auswirkungen auf die Welt, auf meine Welt zu sehen und zu verantworten. Es nützt höchstens vorübergehend, sich durch Projektionen zu entlasten, auf Dauer blockiert es unsere Entwicklung. Der Blick auf die eigenen Ängste, die immer im Auftrag der Hüter der Schwelle entstehen, braucht etwas Bereitschaft, die damit verbunden Spannungen zu ertragen. Es hilft dabei, sich klar zu machen, daß alle Ängste der Ausdruck für den Alarm der psychischen Apparate sind. Ohne diese

Alarmsignale wären wir völlig hilf- und ratlos, wären uns der wirklichen Gefahren nicht bewußt – ein sehr beunruhigender Zustand! Mit anderen Worten, nicht die Angst ist das Problem, sondern der Hintergrund, den wir rasch erforschen sollten.

Durch alle Gralslegenden zieht sich das Problem des ungelösten Bösen. Unbewußt wurde dabei die Lösung vom Heiligen Geist, dem Tröster, erwartet, der als Dritter im Bund der Trinität zu einer verbesserten Unterscheidungsfähigkeit hätte beitragen können.

Auf dem Hintergrund der keltischen Einflüsse auf die Gralslegende wird die große Bedeutung der Dreifaltigkeitslehre verständlicher, die diese dort erfährt. Die Trinität von Gott Vater – Gottes Sohn – Heiliger Geist wird in der Gralslegende immer wieder betont und geradezu als tragendes Element des spirituellen Lebens beschworen. Ein Abbild des trinitaren Gottesbildes findet sich sogar in den drei lebenden Gralshütern wieder: Titurel – Anfortas – Parzival. Gleichzeitig entsprechen diese drei Gralskönige den drei Reifestufen Jugend – Reife – Alter, so daß der Aspekt der Ganzheit immer wieder aufleuchtet. Wenn Parzival auf seinem Weg schließlich in diesem Trinitätsaspekt des Grals aufgeht, dann geschieht es durch das Einordnen seines Ichbewußtseins in eine übergeordnete Ganzheit.* Voraussetzung hierfür ist die Befreiung aus jeder Autoritätsgläubigkeit, denn erst aus dieser erworbenen Autonomie und Freiheit heraus ist echte Autorität möglich.

* Jung, E., S. 330

Unter dem Gesichtspunkt der Trinität verkörpert der Gral den Aspekt des Heiligen Geistes, da er in Gestalt der Hostie von der Taube jeden Karfreitag in die irdische Materie herabsteigt und die Brücke zwischen der himmlischen und materiellen Welt bildet. Er verhilft den hoffenden und suchenden Menschen, an der Inkarnation von Gottes Sohn teilzuhaben. Der Gral verkörpert damit die im Unbewußten des Menschen ruhende kostbare Perle, die gefunden werden will – Edelstein ist er nach Wolfram von Eschenbach ohnehin bereits.

Aus dieser Dynamik wird allerdings recht deutlich, daß die Dreiheit ohne den irdischen Sucher eine unvollkommene Drei ist. Erst in der Vierheit finden wir das eigentliche Symbol der Ganzheit: Erst wenn als Viertes der Teufel in die Dreiheit miteinbezogen wird, kommen wir zu einer ganzheitlichen Sicht. In der »Symbolik des Geistes« weist C.G. Jung nachdrücklich auf Satanaël, den ersten Sohn Gottes hin, der trotz seines Sturzes aus dem Himmel ein abgespaltener Teil Gottes bleibt und in der Tiefe der irdischen Materie erkannt und transzendiert werden möchte.

Tafel 9: Die Vierheit

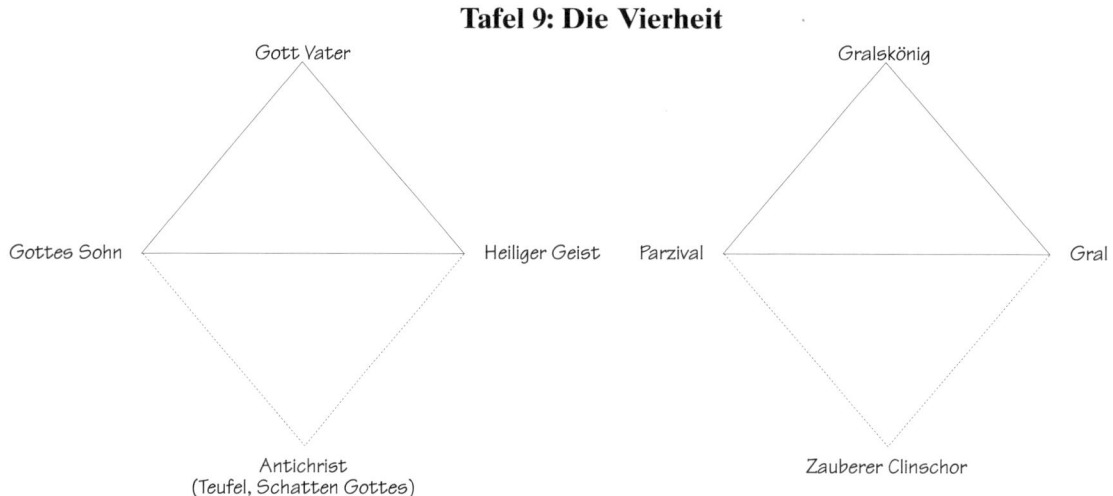

Der verwundete Gralskönig verkörpert den am christlichen Konflikt leidenden Menschen. Parzival bekommt dabei die Rolle und Aufgabe, die Versöhnung zu bringen. Das verlorene Paradies kann zwar nicht wiedergefunden oder -hergestellt werden. Doch in einer zeitgemäßen Form und Gestalt ist es auf einer inneren Ebene des Menschen zu gewinnen, wenn wir Bereitschaft aufbringen können, uns dem Problem des Bösen zu stellen. Das beginnt bereits an der Stelle, daß der Mensch sich nicht auf Dauer von Institutionen (Kirchen oder anderen Organisationen) bevormunden lassen können wird, sondern den Mut aufbringen muß, eigenverantwortlich und gemeinschaftsbewußt gleichermaßen zu denken und zu handeln. Erst dann sind die Voraussetzungen gegeben, sich diesem äußerst heiklen Komplex zu stellen. Außerdem ist es erst mit einem solcherart entwickelten Bewußtsein möglich, daß sich der Mensch, ohne narzißtische Kränkung und die damit verbundene Größenvorstellungen, als Teil eines größeren Ganzen verstehen und sich seine persönliche Begrenztheit eingestehen kann. Erst unter solchen Voraussetzungen läßt sich die Abspaltung des Bösen allmählich angehen. Parzival erzählt am Artushof in der Runde, was Trevrizent ihm mitgegeben hat: »Niemals könne ein Mensch den Gral erkämpfen, der nicht von Gott zu ihm berufen sei.«* Dies kann nur heißen, daß erst die Gnade Gottes den Weg zum Gral freimacht. Indirekt wird allerdings auch dazu ermutigt, sich nicht passiv zu verhalten, sondern sich mutig – wie es Parzival getan hat – weiterhin zu bemühen und alle erforderlichen Anstrengungen zu unternehmen. Wie diese jeweils auszusehen haben, muß der und die einzelne auf dem Lebensweg erkunden und herausfinden.

* P., XV; 786, 5

Gawan und Parzival

Einzelkämpfer im Sinne des eben Beschriebenen sind Parzival und Gawan. Trotz ihrer großen Ähnlichkeit haben sie verschiedene Heldenaufgaben: Parzival reitet an Schastel marveile vorbei. Obwohl er von der Zauberburg weiß, fühlt er sich ganz offensichtlich nicht zur Befreiung aufgerufen. Auch an der schönen Orgeluse reitet er vorbei, wie sie selbst Gawan berichtet. Demgegenüber ergibt sich Gawans Aufgabe aus seiner solaren Männlichkeit, die ihn in einen Gegensatz zum matriarchal strukturierten Bereich der Psyche bringt, wie dies Schastel marveile darstellt.

Gawan verkörpert Treue und Beständigkeit. Unerschütterlich bleibt er sich und seinem Gottvertrauen treu. Daneben ist Parzival geradezu als rastlos und unbeständig anzusehen. Doch das

Muster wird rasch erkennbar: Er ist nicht unbeständig aus einer charakterlichen Störung heraus, sondern ist von seinem eigenen Inneren getrieben, den Gral aus der inneren Bestimmung heraus zu suchen, ohne daß er zunächst darum weiß. Es sind verschiedene psychische Programme, die ihn drängen:

1. Er will der beste Ritter der Welt werden.
2. Er will den Gral suchen.
3. Er will (bewußt) Rache nehmen für die Schmach, die Seneschall Keye der Jungfrau Cunneware und dem Knappen Antanor angetan hat.
4. An ihn ist die Rache für den Raub an den Ländereien seiner Mutter delegiert.
5. Er muß das verdorrte Land retten (im Sinne der Hl. Hochzeit).

Parzival hat demnach völlig andere Aufgaben als Gawan, obwohl auch er im nächsten Abenteuer den Gral suchen muß. Gerade der untadelige Gawan wird mehrfach von Frauen gedemütigt, verschiedentlich beschuldigt, unehrenhaft gehandelt zu haben, und muß ständig seine Integrität beweisen. Aus dieser Haltung heraus ist es für ihn sehr viel leichter, die Beschuldigungen zu ertragen, die Kingrimursel am Artushof gegen ihn vorbringt. Parzival lehnt sich gegen sein Schicksal auf, als Cundry ihn verflucht. Gawan kämpft nie auf der unrechten Seite. Parzival hilft jedoch mehrfach recht zweifelhaften Gestalten und zeigt damit, daß er durchaus noch nicht das rechte Gefühl für Integrität besitzt. Bei alledem ist Parzival der Suchende. Nur in der Liebe zu Condwiramurs ist er beständig, auch wenn er nur von ihr spricht und ihr gelegentlich wieder einmal einige von ihm besiegte Ritter schickt, damit sie vor ihr das Unterwerfungsgelöbnis leisten.

In der nachfolgenden Tabelle werden Parzival und Gawan in ihren Gegensätzen oder Ergänzungen miteinander verglichen.

* Die Angaben in dieser Tabelle beziehen sich auf die beiden Gralsdichtungen von Wolfram von Eschenbach und Chrétien de Troyes.

Tabelle 4: Verschiedenheiten und Gemeinsamkeiten von Parzival und Gawan*

Parzival	Gawan
Verschiedenheiten	
bleibt wach, als er beim Gral ist	schläft ein, als er beim Gral ist
das Schloß ist von **einer** Frau bewohnt	das Schloß ist von **vielen** Frauen bewohnt
erblickt ein Gefäß	erblickt zwei Gefäße
erlöst Gralsburg	erlöst das Zauberschloß (Frauenschloß) Schastel marveile
findet den Gral beim zweiten Mal und wird Gralskönig	findet den Gral nicht wieder und bleibt ein unruhiger Abenteurer
ist introvertiert	ist extravertiert
reflektiert	handelt
zweifelt	glaubt und zweifelt nicht
sucht Gott, weil er ihn verloren hat	hat Gott nicht verloren
Cundry	Orgeluse
Cundry Fluch	Fluch des Zauberschlosses
flieht nach Cundrys Fluch	nimmt sein Schicksal an und stellt sich dem Verdacht
muß Hirsch jagen	muß Löwe besiegen
hat es mit wenigen Frauen zu tun	hat es mit vielen Frauen zu tun
steht dem Weiblichen und den Frauen näher	steht dem Männlichen näher und muß den Frauen länger dienen
reitet an Schastel marveile vorbei	befreit dort die gefangen Frauen
reitet an der schönen Orgeluse vorbei	erliegt der schönen Orgeluse
sucht	kämpft
sucht Gral für sich	sucht Gral für einen anderen
Gemeinsamkeiten	
beide begegnen an der Furt einer gefährlichen Animafigur und auf der anderen Seite einem starken Ritter	
beide begegnen einem Fährmann	
beide finden den Gral und verlieren ihn wieder	
beide finden sich nach dem Gralstag in der Natur wieder, die Burg ist nicht mehr zu sehen (bei Chrétien de Troyes)	
beide haben es mit dem Schwarz-Weiß-Kontrast zu tun	

beide haben es mit einem Ruhebett in einem Schloß zu tun
beide haben es mit einem Schachbrett zu tun
beide kämpfen mit einem Löwen
beide kommen in die Kapelle, in der ein toter Ritter aufgebahrt ist und eine schwarze Hand die Kerze löscht
beide treffen auf eine weinende Frau mit einem Ritter im Schoß
beide verlieren ihre Mutter (Gawan nur vorübergehend)
beide bekommen einen grünen Mantel
Schattenbruder-Motiv
zerbrochenes Schwert

Gawan ist der christlich perfekte Ritter, Parzival wirkt menschlicher und ringt um das religiöse Problem. Er bemüht sich geistig um eine weitere Entwicklungsstufe. In vielen Mythen wird diese Paarigkeit der Helden ausgestaltet. Beispiele sind der sumerische Gilgamesch und sein Schattenbruder Enkidu, Mithras und Sol, Castor und Pollux, Odysseus und Ajax. Durch die Verdoppelung, verbunden mit gewissen Abweichungen, ergibt sich ein verändertes, neues, aber noch nicht festgelegtes Heldenbild.

Gawan ist nicht einfach ein Schattenbruder Parzivals, dazu ist er zu sonnenhaft und geradlinig in seinem Handeln. Aber offensichtlich hat Parzival das naive Ritterideal, das Gawan repräsentiert, wenigstens zeitweise hinter sich gelassen.

> Der *menschlichere Held ist höher bewertet als der konventionell edle Ritter*; denn an sich selber zweifeln zu können und einsam sich seinen Weg unsicher Schritt für Schritt zu ertasten, scheint eine höhere Bewußtseinsleistung darzustellen, als daß man naiv kollektiven Idealen nachjagt.*

* Jung, E., S. 223

Parzival ist einem heutigen Menschenbild sehr viel näher als der etwas geckenhaft wirkende Gawan, dessen Name »der Falke« oder »der mit den schönen Haaren« bedeutet.* Er ist das typische Beispiel des lichten, geistig und männlich bestimmten Ritters, der zur Artusrunde gehört. Mit entsprechender Einseitigkeit und Radikalität trat diese gegen die matriarchalen Struktu-

* Jung, E., Fußnote S. 221: Gawan leitet sich ab von *Gwalchmei* = der Falke, oder von *Gwall*t = der mit den schönen Haaren.

170

ren an und kämpften gegen die heidnisch-animalische Primitivität. Der Kampf fand zu dieser Zeit ausschließlich im Außen statt und wurde auf die Barbaren projiziert, da sich der Gegensatz auf der inneren Ebene noch nicht konstelliert hatte. Parzival ist ein sehr gutes Beispiel für den suchenden Menschen, der nicht mehr ausschließlich dem sonnenhaften Ideal entspricht, sondern als Schuldiger, Suchender, Zweifelnder und Nachdenklicher unterwegs ist. Wenn Parzival an den drei Blutstropfen in eine tiefe Trance verfällt und nur durch das Drängen der fordernden Ritter in den Zweikampf eintritt, so drückt das sein Zögern und seine abnehmende Bereitschaft aus, im Kampf allein sein Heil zu suchen. Hier findet er in der Trance über die Schau seiner geliebten Partnerin gleichsam ein Fenster zu seinem eigenen göttlichen Wesen.

Obwohl er zeitweise regressiv in den Kreis der Artusritter absinkt, bleibt er immer ein Nachsinnender, der introspektiv an seinen Problemen arbeitet. Gawan handelt demgegenüber meist extravertiert und fühlt sich in seinem Urteilen und Handeln sicher. Wo Parzival zweifelt und grübelt, da ist Gawan Strahlemann und weiß immer um Lösungen. Dies bedeutet für Gawan natürlicherweise eine größere Gefahr, als eindeutig männlich Identifizierter in ein defizitäres Verhältnis zum Weiblichen zu geraten. Das erklärt, warum Parzival an den verzauberten Frauen vorbei reiten kann, während Gawan in sich den Ruf nach Erlösung und Befreiung spürt. Wolfram weist darauf hin, daß Gawans erste Geliebte, Inguse von Bachterliez, ihm das Leben rettet. Er ist also bereits früh auf den helfenden Kontakt der Frau angewiesen!

Die Gralswelt liegt über der Artuswelt. Dies kommt auch dadurch zum Ausdruck, daß Gawan trotz seines wahrhaft makellosen Heldentums nicht zum Gral berufen wird. Nichts ist an ihm auszusetzen, er ist stets treu, zuverlässig, opfert sich für Gemeinschaftsinteressen, bleibt immer integer, zweifelt nie an Gott. Doch er bleibt in seinen Zielen auf die Minne beschränkt, und das ist der eigentliche Unterschied zwischen ihm und Parzival, der auf den Gral als eine weitere Daseinsebene ausgerichtet ist.

Gawans Problematik läßt sich in modernem Gewand vor allem bei christlichen »Berufsjugendlichen« beobachten. Immer freundlich und sonnig, fest im Glauben an den Herrn verankert, arbeiten sie unerschütterlich an oft aussichtslosen Stellen. Die Gefahr für ihre Entwicklung besteht hauptsächlich in der verdrängten Schattenwelt, die sie für ihr Älter- und Reiferwerden dringend benötigen, da in ihr der eigentliche Reichtum der Psyche enthalten ist. Diese Menschen leben in dem Glauben, daß sie ihre Lebenswerte ausschließlich auf lichte Werte auszurichten brauchen, um dem »Bösen« zu entkommen. Doch leider lehrt uns der klinische Alltag, daß gerade solche Haltungen im Unbewußten die entsprechenden »dunklen« Gegenpositionen konstellieren. Ein schrecklicher Kampf ergibt sich daraus, der meist zu weiterer Verteufelung des eigenen Trieblebens führt.

Parzival bleibt nicht in Rittertraditionen stecken, er findet durch seine Wirren zu einer Geistigkeit, wie sie Gawan versagt bleibt. Andererseits verfügt Gawan über eine bewundernswerte Eigenschaft, die sich in einem Märchen aus dem Sagenkreis um König Artus erhalten hat. Um seinen geliebten König Artus vor dem sicheren Tod zu retten, willigte Gawan in die Heirat mit einer alten, abgrundtief häßlichen Hexe ein. In der Hochzeitsnacht verlangte die ihm Angetraute ihren Brautkuß. Gawan, der makellos und integere Ritter, entschloß sich, sie nicht nur zu küssen, sondern sie auch zu umarmen. Als er nach dem Kuß die Augen öffnete, lag neben ihm eine wunderschöne junge Frau, die sich als die verzauberte Hexe zu erkennen gab. Doch durch Gawans Zuwendung war sie erst zur Hälfte erlöst, denn sie eröffnete ihm, daß er sich nunmehr noch entscheiden müßte, ob er sie nachts oder tags jung und schön haben wollte. Zur jeweils anderen Tageshälfte mußte sie in der Gestalt der häßlichen Alten verbringen. Nach schwerem Zögern stellte er ihr selbst diese Entscheidung frei, wodurch er sie vollends von ihrem Zauberbann erlöste.

Diese ungewöhnliche Selbstlosigkeit Gawans rettet in diesem Märchen seinem König das Leben und befreit die in ein häßliches Hexendasein verzauberte Jungfrau. Es ist dieselbe Haltung, mit der es ihm gelingt, Orgeluse aus ihrem Stolz zu erlösen.

Die Aufteilung der Wege von Parzival und Gawan ermöglicht es dem Dichter, die Persönlichkeitsaspekte der beiden Helden so zu behandeln, als wären es zwei verschiedene Personen. Doch es sind die zwei Seiten einer Medaille, die entwickelt werden. Gawan tritt immer dann in den Vordergrund, wenn es gilt, an weiteren Voraussetzungen für Parzival zu arbeiten. Die Befreiung der Frauen im Schastel marveile, die mit unglaublicher Geduld und Integrität geführte Begleitung der stolzen Orgeluse, die vielen Bemühungen um Frieden und Schutz der Schwachen, die Heilung des schwer verwundeten Ritters sind nur einige wenige Beispiele für den Anteil Gawans auf dem Weg zum Gral. Ohne Gawans Anstrengungen wäre Parzival niemals ein zweites Mal in Munsalwäsche angekommen, was sich leicht an der Weg-Figur (siehe Tafel 8) ablesen läßt. Gawan arbeitet hier in einer ihm sicher nicht bewußten Konsequenz an der Befreiung und Erlösung der Seelenwelt.

Es scheint, als müßte Gawan während Parzivals Seelenfinsternis, als sich dieser auf dem Höhepunkt seines Zweifels und seiner Gottesferne befindet, das tiefe Vertrauen symbolisieren, das dieser aus der frühen Beziehung zu seiner Mutter heraus erleben und erfahren konnte. Auch wenn er Gott verloren hat und sogar teilweise aus dem sozialen Leben herausgefallen ist, zeigt sich dieses Vertrauen darin, daß er nicht aufgibt und mit unverwüstlicher Beharrlichkeit an seinen Zielen festhält. Selbst wenn er teilweise schon gar nicht mehr weiß, warum er etwas macht, wirkt in ihm aus den tiefen Schichten seiner Psyche das Programm »Selbstverwirklichung«.

Wenn Wolfram das Zusammentreffen von Parzival und Trevrizent am Karfreitag mitten in die Gawan-Episoden hineingestellt hat, so unterstreicht dies noch einmal die tiefere Bedeutung des Gawan-Weges in seinem Zusammenhang zu Parzivals Seelenweg. Parzival drückt in einem Selbstgespräch einmal aus, daß er aus einem Geschlecht stamme, das der Liebe diene, tatsächlich lebt diesen Anteil jedoch über weite Strecken Gawan, sein ihm nicht bewußter Seelenfreund. Was Gawan an Glaubenskraft immer in sich trägt und nie in Zweifel ziehen muß, erringt sich Parzival mühsam unter der behutsamen Führung seines Onkels Trevrizent zurück. Nunmehr verfügt er im Gegensatz zu Gawan über eine Reife, die aus seinen Schmerzen, seinen Zweifeln, seinen Versuchungen und aus seiner überwundenen Selbstüberheblichkeit erwächst.

Der Kunstgriff, in Gawan und Parzival zwei Wesensseiten einer Persönlichkeit darzustellen und sie im Zweikampf wieder zusammenzuführen (»Du bist ich« und »Ich bin du«), symbolisiert den tatsächlichen Seelenzustand, in dem sich suchende Menschen oft befinden. Es scheint, als gingen ganze Persönlichkeitsbereiche völlig verloren, als hätte es sie nie gegeben, bis sie nach einem Wandlungserlebnis wieder auftauchen, nunmehr aber eine andere Kraft und Wirkung entfalten.

Eine wichtigen Anteil an solchen Entwicklungen hat in der Regel die Begegnung zwischen den Geschlechtern, wie dies auch in der Gralslegende mehrfach dargestellt wird. Beide Helden begegnen eindrucksvollen, oft auch den gleichen Frauen, die für beide jeweils sehr verschiedene Bedeutung haben.

Die Aspekte des Weiblichen

Die ungleichgewichtig ausgeprägte Welt von Frau und Mann, die wir heute haben, bestand auch zur Zeit Parzivals. Während sich die Männer bei ihren Turnieren einen grausamen Kampf lieferten, schauten die zur Passivität verurteilten Frauen dieser Reality-Show live zu. Das in eisernen Harnische gezwängte Leben der Männer konte sich nur kämpfend im Außen entfalten, während die Gefühlsseite auf die Frau und die Umgebung projiziert werden mußte. Die Frauen waren in umgekehrter Richtung eingesperrt. Sie trugen keine Rüstungen, gelegentlich allerdings den ihnen von ihren Herzallerliebsten grausam aufgezwungenen Keuschheitsgürtel, waren aber in ihre sozialen Rollen eingezwängt, auf das Gebären und das Pflegen ritterlicher Blessuren reduziert.

Es ist schwierig, durch die Folgen unserer Sozialisation die tatsächlichen psychischen Eigenschaften von Mann und Frau aufzuspüren. Traditionell werden die psychologischen Eigenschaften ungefähr so beschrieben, daß Wort, Urteil, Kraft, Handeln, Zupacken und Schaffen sinnvoller, erkennbarer Ordnung als schöpferische Dynamik des Männlichen gelten und Empfangen, Umhüllen, Austragen und Gebären als weiblichen Eigenschaften angesehen werden.*

* Daniel, R., Archetypische Signaturen, Fellbach 1993; S. 37

So komplex die Frage ist, was die Eigenschaften von Mann oder Frau sind, so läßt sich in einer biologischen Weise eine erste, vorsichtige Antwort geben, die möglicherweise auch für psychische Gegebenheiten Anhaltspunkte zuläßt: Der wesentliche biologische Unterschied besteht darin, daß sich die Frau nach der sexuellen Vereinigung bewahrend verhält, indem sie den Samen des Mannes aufnimmt. Sie zeichnet sich so durch eine Konstanz in ihrem Verhalten aus, die dem Mann genital nicht gegeben ist. Hier ist er vielmehr von Stimmungen abhängig, denn er kann seine sexuelle Bereitschaft nicht in jedem Fall bewußt steuern und ist in diesem Bereich eher Veränderungen unterworfen. Also kompensiert der Mann seiner sexuellen Konstitution gemäß diese Insuffizienz im Außen, indem er sich eine Welt schafft, die er steuert, die ihm gehorcht und in die es ihm erlaubt, so oft zu »können«, so oft er mag. Diese Welt besteht aus Schwertern, Speeren, Maschinen, Geldstücken, Bankgebäuden, den verschiedensten anderen Kulturleistungen und vieles andere mehr.

Die Welt des Körpers, der Frau in der Regel durch die menstruellen Vorgänge meist intensiv vertraut, ist dem Mann meist verschlossen. Die körperliche Organisation der Sexualität ist bei den Geschlechtern konträr und ergänzend angelegt: Beim Mann liegen die Organe im Außen, vor dem Körper, bei der Frau im Körperinneren. Entsprechend ausgeprägt oder unterentwickelt ist beim Mann meist das Verständnis für innere und emotionale Vorgänge.

Die Frau gerät ihrerseits durch ihre Fähigkeit und Bereitschaft, Dinge in sich aufzunehmen und dort zu tragen, in eine kompensatorische Haltung (was durchaus nicht mit einer analen Haltung verwechselt werden darf): Sie tut das, was der Mann nicht kann, und hält die Verbindung zum Problem, zur ungelösten Aufgabe, zum Unangenehmen. Für den Mann ist dies sicher bequem und, bewußt oder nicht, er stellt sich darauf ein und beginnt, es auszunützen. Das Drama nimmt seinen Lauf, denn die Frau wird über kurz oder lang zum masochistischen Opfer des oberflächlich im Berufsleben sich versteckenden Mannes. Selbstverständlich gilt dieses Muster auch auf der gesellschaftlichen, sozio-kulturellen Ebene, die dem ganz entspricht. Auch hier halten die Frauen die Stellung und werden zu dem noch sexuell mißbraucht, wie dies nicht nur in den Kriegen geschieht. Das heißt nicht, daß diese Dynamik in jeder Frau und jedem Mann gleichermaßen ausgeprägt ist. Hier wurde nur etwas überbetont versucht, biologisch-psychisch Analoges zu sehen.

C. G. Jung konnte in seinen Arbeiten zeigen, wie bedeutsam in unserer Entwicklung die uns meist unbewußten gegengeschlechtlichen psychischen Anteile sind. In »Die Ehe als psychologische Beziehung« schreibt er:

> Jeder Mann trägt das Bild der Frau von jeher in sich, nicht das Bild dieser bestimmten Frau, sondern einer bestimmten Frau. Dieses Bild ist im Grunde genommen eine unbewußte, von Urzeiten herkommende und dem lebenden System eingegrabene Erbmasse, ein ›Typus‹ (›Archetypus‹) von allen Erfahrungen der Ahnenreihe am weiblichen Wesen, der Niederschlag aller Eindrücke vom Weibe, ein ererbtes psychisches Anpassungssystem ... Dasselbe gilt auch von der Frau, auch sie hat ein ihr angeborenes Bild vom Manne. Die Erfahrung lehrt, daß man genauer sagen sollte: ein Bild

von Männern, während beim Manne es eher ein Bild der Frau ist. Da dieses Bild unbewußt ist, so ist es immer unbewußt projiziert in die geliebte Figur und ist einer der wesentlichen Gründe für leidenschaftliche Beziehungen und ihr Gegenteil.*

* Jung, C.G., »Die Ehe als psychologische Beziehung« 1925 in GSW Bd. XVII, 1970, Über die Entwicklung der Persönlichkeit, S. 224; zit nach »Erinnerungen, Träume, Visionen ...«, S. 408

Von diesen Bildern werden wir in erheblichem Ausmaß in unserem Alltagsleben beeinflußt. Es gibt dafür viele Beispiele, wobei als eines der berühmtesten die Begegnung des römischen Feldherrn Marcus Antonius und der ägyptischen Pharaonin Cleopatra anzusehen ist. Schon Caesar war dem Zauber dieser schönen Frau erlegen, aber für Marcus Antonius brachte die Begegnung den Untergang. Er projizierte die geliebte Figur auf die Königin und erlag der leidenschaftliche Beziehungen zu ihr. Er war nicht mehr fähig, sich aus dieser Umklammerung, die sich aus seinem eigenen Unbewußten nährte, rechtzeitig lösen.

Glücklicherweise endet das Zusammentreffen mit der Anima nur selten so katastrophal.

> Die Anima ist der Archetypus des Lebens [...] Denn das Leben kommt zum Manne durch die Anima, obwohl er der Ansicht ist, es käme zu ihm durch den Verstand (engl. *mind*). Er meistert das Leben durch den Verstand, aber das Leben lebt in ihm durch die Anima. Und das Geheimnis der Frau ist, daß das Leben zu ihr durch die geistige Gestalt des Animus kommt, obwohl sie annimmt, es sei der Eros, der ihr das Leben bringt.*

* Jung, C.G., Unveröffentlichter Seminarbericht über Nietzsches Zarathustra, 1937, übersetzt aus dem Englischen; zit. nach »Erinnerungen ...«, S. 409

Jolande Jacobi führt diese Gedanken weiter aus und schreibt in ihrer »Psychologischen Märcheninterpretation«:

> Eine Frau, die im Meer des Unbewußten verloren ist, ist in sich selbst unbestimmt und hat weder kritisches Verständnis noch viel Willen. Solch eine undefinierte Frau spielt für Männer leicht die Rolle der Anima. In der Tat kann sie die Rolle der Anima umso besser spielen, je unbewußter sie ist. Aus diesem Grunde widerstrebt es manchen Frauen, bewußt zu werden; wenn sie bewußt werden, verlieren sie die Fähigkeit, die Hexenanima zu spielen, und verlieren folglich ihre Macht über Männer. Genauso verhält sich ein Mann, der im Unbewußten ertrunken ist, wie der Animus einer Frau. Ein besessener Mann – Hitler z. B. – trägt alle Animus-

züge; er wird von jeder Emotion weggespült, ist voller unüberlegter Meinungen und drückt sich schmalzig und schulmeisterlich aus.*

* Jacobi, J.: Psychologische Märcheninterpretation, S. 189

Es ist unverkennbar, daß wir mit einer solchen Auffassung von Anima erhebliche Schwierigkeiten bekommen werden, denn diese Definitionen und Beschreibungen entsprechen einer bestimmten, durch Sozialisation festgelegten Geschlechterrolle und nicht unbedingt, so will ich es vorsichtshalber einfach nennen, der psychosexuellen Realität von Mann und Frau. Der Animus der Frau schneidet in seinen Eigenschaften bei C.G. Jung nicht gut ab und man muß sich fragen, ob dies nicht primär in der schlechten Position begründet ist, die dem Weiblichen – bzw. in der traditionellen psychologischen Sprache, um so mehr dem Männlichen in der Frau – gesellschaftlich in einer von Männern, Patriarchen und verkopften Politikern und Wissenschaftlern beherrschten Welt zukommt.

In der alten chinesischen Philosophie finden wir das schöne Bild, wie im Tai-Chi, dem Allerersten, die beiden Kräfte Yin und Yang als völlig gleichwertige und gleichberechtigte Wirkprinzipien ineinander verschlungen sind und doch getrennt ein Ganzes bilden. Erst aus ihrer Vereinigung entstehen die fünf Elemente (Wandelzustände). In dieses dynamische Zusammenspiel der beiden Naturkräfte, von Himmel und Erde ist der Mensch eingebettet und von ihm sind Mann und Frau gleichermaßen durchdrungen. Dieses Bild sollten wir zur Betrachtung der Anima-Animus-Dynamik heranziehen und uns weitgehend freimachen von den wertenden Begriffen einer patriarchal erstarrten Wissenschaftssprache.

In der Gralslegende gilt es verschiedene Stufen des Weiblichen zu sehen, denn vom Bild der wirklichen Frau, das sich zunächst in der Mutter, Amme oder/und Schwester manifestiert und dann auf andere Frauen übertragen wird, ist es nicht leicht, den Übergang zur Projektion der Anima festzustellen. Erst während des persönlichen Reifungsprozesses kommt es zur Trennung der verschmolzenen Imagines von Mutter und Anima und stellt für den Heranwachsenden einen entscheidenden Vorgang dar, der die weitere Ausdifferenzierung der Animagestalt möglich macht. Aus dem Zusammentreffen und dem Umgang mit den Frauen kann bei Parzival auf die jeweilige Begegnung mit der Anima und die Bewußtseinsentwicklung des Helden geschlossen werden. Von der Anima zu sprechen erscheint erst sinnvoll von dem Augenblick an, wenn das Bild der Anima als Archetypus zu wirken beginnt. Das wird in der Regel dann geschehen, wenn der Kontakt zur Frau nicht mehr ausschließlich auf der biologischen Ebene der Fortpflanzung gesucht oder vermieden wird. Natürlich ist das Bild der Frau in einem Manne wirksam, wenn er auf »Brautschau« geht, auch wenn er dabei vordergründig nur »Schürzen jagen möchte«.

Bei Parzival lassen sich in der Reihenfolge ihres Auftretens folgende Ereignisse feststellen:

- Zunächst finden wir die Mutter, die ihn bei sich zu halten versucht.
- Auf seinem Abenteuer trifft er zuerst auf Jeschute (I). Die Begegnung mit ihr zeigt seine Roheit und Unerfahrenheit.
- Die Jungfrau Sigune (I), die wie eine Pieta den enthaupteten Geliebten in den Armen hält, ist das Bild der göttlichen Anima. Bei ihr erfährt er die Bedeutung des Namens Parzival.
- Am Hofe von König Artus kann die Jungfrau Cunneware wieder lachen. Sie hatte gelobt, erst wieder zu lachen, wenn sie den Mann erblicken würde, der höchsten Ruhm erlangt hat oder erlangen wird. Sie erkennt die Kraft und Bedeutung des jungen Parzivals.
- Liaze, die Tochter Gurnemanz, verkörpert die unschuldige Anima, die ihn für das Leben begeistert.
- Mit seiner Gattin Condwiramurs beginnt sich das Animabild weiter zu differenzieren. Hier kommt eine Frauengestalt hinzu, die Parzival ganz erfaßt und zudem außerhalb der Familienbande steht.
- In der Gralsträgerin (I), Repanse de Schoye, findet sich ein

vorläufiger Höhepunkt. Sie ist die Inkarnation der weiblichen Geistigkeit.

- Später trifft er Sigune (II) wieder. Sie klärt ihn über die Verwandtschaftverhältnisse zum Gralskönig auf und macht ihm Vorwürfe wegen der unterlassenen Fragen.
- Auch Jeschute (II) begegnet er wieder und kann sie mit ihrem Gatten Orilus versöhnen, nachdem er ihn besiegt hat.
- Dann wird es jedoch plötzlich sehr kompliziert durch das Erscheinen Cundrys (I), die den eben in der Artus-Runde gekürten Parzival verflucht. Sie ist die »rauhe Maid« und Hüterin der Schwelle.
- Wieder trifft er auf Sigune (III), die ihm den weiteren Weg zur Gralsburg weist.
- Nach der langen Zeit des Zweifels erscheint Cundry (II) erneut und beruft Parzival zum Gralskönig.
- Die verstorbene Sigune (IV) wird von Parzival bestattet.
- Repanse de Schoye (II), die Gralsträgerin ist die reine Animafigur. Sie ermöglicht die Schau der Inhalte dieser Welt d.h. der Bilder des Unbewußten; Wahrnehmung der Visionen mit einer weiblich empfangenden Haltung (Gegensatz zum männlichen Geist). Sie steht in einem besonderen kompensatorischen Verhältnis zu Condwiramurs.
- Am Ende findet die Vereinigung mit seiner Gattin Condwiramurs (II) statt und beide ziehen mit ihrem Sohn Loherangrin in die Gralsburg.

An Sigunes Gestalt läßt sich der voranschreitende Differenzierungsprozeß besonders gut erkennen: Als Parzival der weinenden Jungfrau Sigune begegnet, erlebt er einen Kontakt mit der Anima auf einer noch sehr fernen Stufe, die das göttliche Urbild im Unbewußten lebt. Wie eine Pieta hält sie ihren toten Geliebten in den Armen. Doch über ihren persönlichen Schmerz hinaus nimmt sie ihr Gegenüber trotzdem wahr und klärt ihn über seine persönlichen und familiären Verhältnisse auf. Der tote Geliebte ist enthauptet, kopflos wie Parzival selbst, der noch zu sehr von seinen emotionalen Reaktionen bestimmt ist und seine Denkfunktion noch aus dem Unbewußten befreien muß. Hier zeigt sich der fehlende Vater, der ihm triangulierend nicht zur Seite stehen konnte. Parzival versucht, in der Welt der Ritter zu leben und wünscht sich, von dieser auch angenommen zu werden, ist jedoch gerade von der väterlichen Seite dafür nicht initiiert.

Die Fragen der Sigune (II) und die gemachten Vorwürfe über das unterlassene Fragen in der Gralsburg lassen, als wichtige Voraussetzung für den weiteren Erkenntnisprozeß, in Parzival Schuldgefühle und Selbstvorwürfe entstehen. Es ist an dieser Stelle die Anima, die sich dem Jüngling in den Weg stellt, nimmt hier zwar überichhafte Formen an, aber ermöglicht ihm weitere Bewußtseinsschritte. Von diesem Erkenntnisschritt an kennt er seine genauen Familien- und Verwandtschaftverhältnisse zum Gralsgeschlecht.

Sigune taucht im Epos an entscheidenden Stellen auf. Sie verdeutlicht immer die Entwicklungsschritte Parzivals und weist ihm den Weg, entweder äußerlich oder innerlich. Mit der verwandtschaftlichen Beziehung zu seiner Mutter (ihrer beider Mütter waren Schwestern; er steht mit Sigune in der gleichen Generation) ist sie in besonderen Weise als Mittlerin zu den inneren Bereichen geeignet.

> Die natürliche Funktion des Animus (sowie auch der Anima) liegt darin, eine Verbindung zwischen dem individuellen Bewußtsein und dem kollektiven Unbewußten herzustellen. In entsprechender Weise stellt die Persona eine Sphäre zwischen dem Ichbewußtsein und den Objekten der äußeren Welt dar. Animus und Anima sollten als Tor zu den Bildern des kollektiven Unbewußten funktionieren, wie die Persona zur Welt eine Art Brücke darstellt.*

* Jung, C.G.: Unveröffentlichter Seminarbericht, Vol. 1, 1925; zit. nach »Erinnerungen ... «, S. 409

Im Verlauf der seelischen Entwicklung müssen wir den Wandel vollziehen, nicht mehr in dem Ausmaß über die Persona mit der Außenwelt zu kommunizieren, sondern in zunehmendem Maße auch den Kontakt mit der Innenwelt, dem eigenen Unbewußten zu verbessern. Als er in der Gralsburg erwacht, deutet sich eine neue Dimension in seinem Denken und Handeln an. Fasziniert vom Erlebnis des Grals und nicht zuletzt von der Gralsträgerin denkt er: »Treu will ich auch der Dame beistehen, die mir gütig diesen Mantel überlassen hat. Stünde ihr doch der Sinn nach meinem Dienst! Ich würde ihr ohne Eigennutz und nicht etwa um den Lohn ihrer Liebe dienen!« Und sich selbst tröstend fährt er fort: »Meine königliche Gemahlin ist schließlich mindestens ebenso schön wie sie, noch schöner.«* Die Trägerin des Grals lebt an der Stelle, wo die Anima nicht auf eine Frau projiziert wird und übernimmt hier die Vermittlung zwischen dem bewußten Ich und dem Unbewußten. Je mehr dieser Aspekt in der Projektion gelebt wird, umso mehr die reale Frau diese Funktion übernehmen muß, desto unbewußter bleibt die Anima im Mann.

* P., V; 246, 18

Bei Chrétien de Troyes beginnt nach dem ersten Besuch auf der Gralsburg eine regelrechter Wirbel an Begegnungen mit Jungfrauen der verschiedensten Eigenschaften. In traumhaft anmutenden Gestaltungen meldet sich dabei die innere Welt in geradezu bedrängender Weise. Mit größtmöglicher Kürze sei dieser Teil der Gralslegende dargestellt, wobei hier beim Lesen mehr auf die Kontakte mit den Frauen geachtet und die Widersprüche zur Version Wolfram von Eschenbachs übersehen werden sollten:

> So findet er z.B. unter einem Mandelbaum ein sich kämmendes Mädchen*, das ihn mit einem Kahn über den Fluß setzen möchte. Unsereiner – gewarnt durch das Wissen um die Legende von der schönen Loreley – durchschaut die Dynamik sogleich. Nicht jedoch Parzival, der erst von anderen gewarnt werden muß, daß ihm hier Gefahr droht. Der Weg führt ihn zu einem Schloß mit einem prächtigen Ruhebett in der Mitte des Raumes. Davor steht ein kostbar bearbeitetes Schachbrett. Er beginnt zu spielen, und die Figuren werden von unbekannter Hand geführt, und er verliert. So wird er dreimal besiegt. In seinem Zorn will er das Schachbrett in das nahe Wasser werfen, als aus der Tiefe ein »berückend schönes Fräulein« auftaucht, bekleidet mit einem roten, mit glänzenden Sternen verzierten Kleid. Es kommt, wie es kommen muß, wenn die Anima erscheint: Parzival will mehr als den gewährten Kuß und bekommt es in Aussicht gestellt, wenn er den weißen Hirsch erjagt und der Schönen dessen Kopf bringt. Damit er leichter das

* Chréstien de Troyes: Irrfahrten und Prüfungen des Ritters Perceval, übersetzt von Konrad Sandkühler, Stuttgart 1977

Schachspiel

Tier erjagen kann, bekommt er die weiße Bracke der Sternenjungfrau mit. Doch das Unheil steigert sich, denn der weiße Hirsch gehört einer anderen. Diese neue Schöne, hier »une pucelle de malaire« (Unglückswesen) genannt, reißt mit der Bracke aus und Parzival muß ihr nach, wenn er seiner neuen Liebe den Hund zurückgeben will. Unterwegs raubt ihm ein Ritter den Hirschkopf. Auf der Suche weist ihm ein Jäger (Intuition!) den weiteren Weg. Er beobachtet wie ein Ritter einen Knappen verfolgt und tötet. Parzival stellt ihn deswegen zur Rede und tötet ihn im folgenden Kampf. Ein alter Ritter auf einem weißen Maultier, der Bruder des ersten roten Ritters, den Parzival mit seinem Jagdspeer getötet hatte, verzeiht ihm seine Schuld und weist ihm den Weg zur Gralsburg. Doch Parzival verliert wieder den Weg aus den Augen und läßt sich in weitere Kämpfe verstricken (Löwe und ein weiterer Ritter). Ein Ritter, ganz im Banne zehn schöner Mädchen, verwehrt ihm den Übergang durch die Furt. Die Suche nach Hirschkopf und Bracke führt ihn zu Condwiramurs, die gleich am anderen Tag heiraten möchte. Doch Parzival drängt weiter und er begegnet einem Ritter mit einem äußerst häßlichen Mädchen, die sich später als die schönste aller Frauen entpuppt. Schließlich findet er den Hirschkopf bei einem Mädchen in rot-weißem Kleid. Wieder muß er mit einem diese Frau beschützenden Ritter kämpfen. Immer ist Parzival der Sieger. Über eine weitere, zauberhaft anmutende Schönheit findet er Hirschkopf und Bracke. Aber es folgt eine gefährliche Prüfung, bei der er eine gläserne Brücke überqueren muß. Hinter ihm bricht dir Brücke krachend zusammen. Noch eine Brücke, diesmal noch gefährlicher, muß er hinter sich bringen, einen Ritter aus dem Grab befreien.

Er begegnet schließlich der Tochter Merlins und dann erst kommt er zu der heißersehnten Sternenmantelfrau, derentwegen dies alles geschehen mußte. Sie gewährt ihm die versprochene Umarmung. Jetzt erst will er weiter zur Gralsburg. Auf dem Weg dorthin sieht er ein Kind in der Krone eines Baumes, das bei seinem Anblick höher in den Baum steigt, trifft nochmals mit Merlins Tochter zusammen, die ihm vertiefte Aufklärung über verschiedene Reisesituationen gibt, und gelangt schließlich und endlich zum zweiten Mal zur Gralsburg.

Die Sternenfrau könnte als eine heidnische Naturgöttin identifiziert werden, die für eine frühere Bewußtseinsstufe steht. Sie taucht aus dem Wasser auf und trägt zwar durch den Sternenmantel höhere Aspekte in sich, aber sie bedarf einer Ergänzung durch andere Gestalten, z. B. durch die Gralsträgerin. Dabei sollten wir sehen, daß in der naturnahen Gestalt der Sternenfrau auch ein geistiger Gehalt vorweggenommen ist, auch wenn er als solcher nicht unmittelbar in den Vordergrund tritt. Sie besitzt das Schachspiel, das nicht nur schwarzweiß, vertikalhorizontal ausgewogen ist, sondern ein Symbol der Auseinandersetzung mit den Gegensätzen ist und ein Bild darstellt, wie eine Ganzheit realisiert werden kann. Auch die Fähigkeit, in überragender Weise vorausplanend zu denken und zu strukturieren, ist ihr eigen. Sie stößt bei Parzival eine weitreichende Entwicklung an, wobei lange Zeit vergeht, bis er ihr wieder begegnet.

Eine weitere, wichtige Stufe stellt das häßliche Mädchen dar. Die Herausforderung, dem Häßlichen mutig zu begegnen, ihm nicht auszuweichen, sondern sich für seine Geschichte und sein Leid zu interessieren, bringt die Voraussetzung für seine Wandlung. Dies gilt in gleicherweise auf der Objekt- wie der Subjektstufe.

Condwiramurs verkörpert die Liebesgöttin – Cundry und Repanse de Schoye die beiden Anteile der Gralsdienerin, die Häßlichkeit und die Schönheit. Häßlich, nicht im optischen, jedoch im charaktereologischen Sinne, ist die Herzogin Orgeluse (»die Stolze«), die für Gawan die Anima verkörpert. Sie, die ehemalige Minnedame Anfortas, ist über alle Maßen verletzt worden, als sie einen Ritter schmäht und er ihr dafür den Geliebten erschlägt. Fortan schikaniert sie die Männer. Erst Gawans Beharrlichkeit kann ihren neurotischen Panzer aufweichen und die Heilung ihrer verletzten Psyche bewirken.

Cundry gehört zur Gralsburg. Ihr Bruder Malcreatüre (der Name steht für »böse, kranke, sich schlecht fühlende Kreatur«) sieht ihr zum Verwechseln ähnlich, nur daß er ein Mann ist. Er gehört zu Clinschors Schloß. Es wird berichtet, wie die Häßlichkeit dieser beiden als Folge moralischer Verfehlungen von Adams Töchter entstanden sein soll. Der in besonderer Weise gelehrte Adam wußte um das Wesen aller Dinge, die Kraftströme der Planeten und um die Kräfte der Pflanzen. Er lehrte alles seinen Töchtern, die jedoch im schwangeren Zustand den Genuß bestimmter Pflanzen hätten vermeiden sollten. Dies taten sie nicht, gaben ihren Begierden nach und gebaren die verunstalteten Geschöpfe.

Secundille, die Königin im fernen Indien und erste Gattin von Feirefiz, hatte vom Gral gehört und die beiden Geschwister zu Anfortas geschickt. Malcreatüre erscheint, als Gawan sich mit Orgeluse von einem Fährmann übersetzen lassen will, und er verhöhnt Gawan wegen dessen Liebe zu Orgeluse. Dies entspricht der Störung durch den eigenen Schatten, den es erst zu bewältigen gilt, bevor der Kontakt mit der Anima vertieft werden kann. Gerade die Assimilation des Schattens ist ein unabdingbares Thema, denn auch ein Mann ist nie ein ganzer Mann. Erziehung und Sozialisation führen dazu, daß nicht alle Persönlichkeitsanteile entwickelt und verwirklicht werden können. Es bleiben deshalb viele Bereiche unbewußt. Von diesen werden die gleichgeschlechtlichen Traumfiguren »Schatten« (Schattenbruder, Schattenschwester) genannt. Ohne die Assimilation des Schattens kann keine befriedigende Beziehung zur Anima erfolgen. Wie fatal die Zusammenhänge sein können, hat sich in der Dämonisierung des Weiblichen und den daraus resultierenden Hexenverbrennungen gezeigt.

* Jung, C.G., GSW Bd. XVI, § 470

C.G. Jung hat den Schatten als das erklärt, was der Mensch nicht sein möchte.* Es ist die Seite, die wir gerne verbergen, vor uns und vor anderen. Jeder wird von seinem Schatten begleitet, was ja gerade ein Kennzeichen materiellen, körperlichen Daseins ist, wie Licht und Schatten zusammengehören. Ohne Schatten ist demnach psychisches Leben nicht möglich. Wir begegnen ihm immer an Menschen unserer Umgebung, die wir dann je nach unserem Temperament entsprechend heftig ablehnen, anfeinden und verurteilen. An diese Gegenspieler unserer bewußten Persönlichkeit bindet uns eine Art Haßliebe, solange wir diesen abgelehnten oder gar bekämpften Teil nicht als Anteil unser selbst wahrnehmen können. Gelingt uns jedoch die Annahme des Schattens, was ohnehin immer nur in Teilen und nie zur Gänze möglich sein wird, dann werden wir freier, durch andere Menschen weniger störbar, weil wir uns selbst nicht mehr im Weg sind. Der Schatten ist das Thema des Menschen und eine Biographie ohne diese Thematik nicht denkbar. Je mehr sich ein Mensch mit seinen ins abseits gedrängten Persönlichkeitsanteilen auseinanderzusetzen bereit ist, umso leichter wird er mit seinem Leben zurechtkommen. Hilfreich sind in diesem Zusammenhang meist die Träume, da sie uns mit den ungeliebten Seiten unserer Persönlichkeit spiegeln.

Obwohl die Gralssuche eine innere Suche ist, ereignet sie sich zunächst im Außen. Dies ist möglich, weil unsere tiefsten Bedürfnisse denen unserer Umgebung meist auf seltsame Weise entsprechen. Im Zuge unserer Sozialisation und Individuation, hier nicht im jungianischen Sinne verstanden, also im Verlauf unserer Separation, leiden wir alle unter einem Gefühl des Getrenntseins. Unterschiedliche und z.T. unbestimmte Sehnsüchte quälen und treiben uns an, obwohl wir uns häufig dieser Zusammenhänge nicht bewußt sind. Noch weniger bewußt ist uns hierbei, daß die Anima als Seelenführerin wirkt und entweder auf der äußeren Ebene als Gefährtin auftritt, oder sich auf der inneren Ebene als Traumgestalt oder auch für einige gar als visionäre Erscheinung zeigt. Wenn wir offen für sie sind, zeigt sie uns die Schwierigkeiten und gibt Hinweise für den Weg.

An Parzivals Beispiel läßt sich dies sehr gut erkennen: Zunächst ist er völlig unbewußt unterwegs, nur vom Gedanken an das Rittertum beseelt. Die sich dahinter ankündigende Gralssuche tritt erst allmählich hervor, und seine Bestimmung bekommt Klarheit und Form. Aber genau dadurch ergeben sich neue Schwierigkeiten, denn jetzt machen sich die Widerstände bemerkbar, mit denen sich jeder Suchende auseinandersetzen muß. Widerstände treten nicht nur dann auf, wenn z.B. in einer analytischen Psychotherapie die derzeitige Abwehrstruktur berührt wird, sondern immer auch, wenn vorhandene Gewohnheiten verändert werden sollen. Das kann z. B. zur Folge haben, daß jemand seine psychohygienische Praxis vernachlässigt, weil es gerade unbequem ist, auf die innere Stimme zu hören, die durchaus keine Über-Ichqualität haben muß.

Der Ruf von Anima oder Animus erfolgt in der Regel im Außen, kommt über unsere Projektionen zu uns zurück. Das bedeutet jedoch nicht, daß er auch im Außen zwingend beantwortet wird. Vereinzelt gelingt es, diesen Impuls im Inneren zu verarbeiten. Ein Beispiel dafür ist Dante, dessen Begegnung mit Beatrice ein tiefes Ergriffensein bei ihm auslöste. Da die Beziehung sich jedoch nicht leben ließ, war er gezwungen, sie auf der inneren Ebene zu leben. Ein bedeutendes literarisches Werk war die Frucht dieser verarbeiteten Liebe (Sublimierung).

Am Anfang besteht zur Anima nur eine lose, distanzierte und unpersönliche Beziehung. Dies entspricht einer frühen Stufe, die sich erst später vertieft zu einer festen, dauerhaften Beziehung wird (s. Dante). Vergleichen wir die Beziehungen andere Helden zu ihren Minnefrauen, so fällt demgegenüber auf, daß z. B. die Beziehung zwischen Tristan und Isolde, Lancelot und Ginover wohl eher als »participation mystique« bezeichnet werden müßte. Dabei verliert der Ritter sein emotionales Gleichgewicht, er verliert seinen Verstand und fällt in die Depression. Diesem Vorgang liegt die totale Projektion der Anima zugrunde, die durch die Pflege des Minnedienstes, *der solcherweise einen Schutz vor dem Ichverlust in einer Beziehung bot*, häufig verhindert werden konnte.

Parzival verliebt sich und heiratet. Den folgenden partnerschaftlichen Reifungsprozeß bricht er ab. In seiner Rüstung eingezwängt, die wir durchaus auch als massiven Charakterpanzer sehen können, quält er sich von einem Zweikampf zum anderen, irrt durch Wald und Heide. Ohne die Begegnungen mit den verschiedenen Frauengestalten, die dieses trostlose Dasein nur geringfügig aufhellen, würde er sich völlig in seinem diffusen Suchen verirren und verlieren.

Auf der spirituellen Suche ist die Anima immer dabei, denn sie ist Teil des göttlichen Urgrundes in uns. Hier ist die Anima die Sophia, wie sie in den alten Traditionen genannt wurde, der Archetyp der heiligen Weisheit Gottes. Im Hohen Lied der Liebe bei Salomo heißt es sinngemäß: »Sprich zur Weisheit, meine Schwester bist du.«* Dies macht den weiblichen Teil dieser Energie besonders deutlich.

* Hld. 5,2

Daß die Sophia für Parzival zunächst in Gestalt der häßlichen Cundry erscheint, darf nicht überraschen, denn sie steht mit ihrer Geschichte und ihrer Gestalt leidvoll für eine verletzte Ordnung, die es wieder herzustellen gilt. Campbell schreibt in einmalig treffender Weise über die Haltung des Mannes zum Weiblichen:

> In der Bildersprache der Mythen stellt das Weib den Inbegriff des Wißbaren dar. Der Held ist derjenige, der zum Wissen gelangt. Wie er in dem langsamen Initiationsprozeß, der das Leben ist, fortschreitet, erfährt die Göttin für ihn eine Reihe von Verwandlungen, sie kann nie größer sein als er selbst, gleichwohl aber immer mehr versprechen, als er gerade zu fassen imstande ist. Sie lockt, leitet und bittet ihn, seine Fesseln zu sprengen. Und wenn er ihrem Drängen entsprechen kann, können beide, der Wissende und das Gewußte, über alle Grenzen hinauswachsen. Das Weib ist die Führerin auf den höchsten Gipfel des sinnlichen Abenteuers. Durch trübe Augen wird sie auf niedrige Stufen heruntergebracht, durch das schlechte Auge der Unwissenheit an Banalität und Häßlichkeit gefesselt. Erlöst aber wird sie durch die Augen des Verstehens.*

* Campbell, J., Der Heros ..., S. 112

Eine Ausflug zu einer kleinen irischen Legende* soll das Dargestellte verdeutlichen:

* »Niall of the Nine Hostages«, bei Matthews, J., Der Gralsweg, 1989, S. 158ff und Campell. J., Der Heros ..., S. 112

Die fünf Söhne des irischen Königs Eochaids verirrten sich eines Tages auf der Jagd und waren von allen Seiten eingeschlossen. Auf der Suche nach Wasser fanden sie einen Brunnen, der von einer alten, gräßlich aussehenden Frau bewacht wurde. Jedes Glied und jedes Teil von ihr vom Scheitel bis zur Sohle war schwärzer als Kohle. Aus dem oberen Teil ihrer Kopfhaut wuchs eine dem Schwanz eines wilden Rosses vergleichbare graue, strähnige Haarmasse. Mit einem grünlich anzusehenden Zahn, der in ihrem Kopf saß und sich bis zu dem Ohr herab bog, konnte sie wie mit einer Sichel den grünen Zweig einer erwachsenen Eiche herunterziehen. Ihre Augen waren geschwärzt und vom Rauch getrübt, ihre Nase schief und mit weiten Nüstern. Außerdem hatte sie einen faltigen und gefleckten Bauch, und krumme, schiefe Beine, massige Knöchel und einem paar gewaltige Schuhe daran, knotige Knie und aschfarbene Nägel.

Der König schickte seine Söhne zur alten Hexe, um das lebenswichtige Wasser zu holen. Die Alte, bereit es zu geben, verlangte jedoch als Gegenleistung einen Kuß auf ihre Wange. Nacheinander wandten sich die vier ältesten Söhne gegrauselt von ihr ab, bis schließlich der Jüngste an der Reihe war. Er kam zu ihr und rief: »Wenn ich dir schon einen Kuß gebe, will ich dich sogar in meine Arme nehmen!« Und während der Jüngste diese grausige Frau umarmte, wurde aus ihr eine wunderschöne Frau, bei der sich die ganze widerwärtige Schilderung zu Beginn in ihr Gegenteil verwandelte. Sie gab sich schließlich zu erkennen als »Königliche Herrschaft«. Und sie sagte zu ihm: »Gehe nun zu deinen Brüdern und nimm' Wasser mit dir; außerdem, dein und deiner Kinder wird für immer das Königreich sein, und höchste Kräfte werden sein ... Und als der erste hast du mich häßlich, tierisch, eklig gesehen – am Ende schön –, genauso ist die königliche Herrschaft, ohne wilden Streit kann sie nicht gewonnen werden; aber im Ergebnis ist er der König von allem, was sich hinfort einladend und stattlich zeigt.« Sie forderte ihn auf, seinen Brüdern erst Wasser zu geben, nachdem sie seine Oberhoheit anerkannt hätten.

Cundry und die alte Hexe verkörpern die Unabhängigkeit, die auf der Bewußtseinsebene verloren gegangen ist. Sie sind frei, die Dinge beim Namen zu nennen! Dies scheint zunächst etwas Banales und wenig Spirituelles zu sein, doch es geschieht im Sinne der in Gefahr geratenen Ganzheit.

Als Cundry zum zweiten Mal an Artus' Hof erscheint, trägt sie einen Umhang, in den Turteltäubchen (das Gralswappen*) eingewirkt sind, das untrügliche Zeichen der Göttin, die ihre Botin schickt, auch wenn von keiner Göttin die Rede oder keine zu sehen ist. Die Taube ist später in den Zeiten, als die Göttin bereits verdrängt war, zu einem Symbol der göttlichen Barmherzigkeit geworden und kündet – gewissermaßen lautlos – von der Existenz der Göttin im männlichen Gott*. So muß hierin auch die weibliche Bedeutung des Heiligen Geistes gesehen werden. »Der Geist« ist eigentlich »eine Geistin« und wirkt als solche in uns, in Mann und Frau.

* »nâch dem insigel des grâles«, P., XV; 778, 23

* Schechinah ist die weibliche Entsprechung des isrealitischen Gottes, vielleicht ist sie sogar seine Gemahlin.

Offensichtlich haben wir in einer von den Kirchen falsch geleiteten Auffassung gelernt, den Heiligen Geist als etwas Leibfernes oder gar Leibfeindliches anzusehen. Tatsächlich zeigt der Blick auf seine Geschichte, daß er/sie die »in alle Lebens- Gefühls- und Gedankenbereiche eindringende Kraft Gottes« ist.* Wieder einmal können wir wahrnehmen, daß es nicht Gott oder sein Geist ist, der vertrocknet, verknöchert, moralisch oder auch sonst geartet ist, sondern wir sind es mit unseren Projektionen, mit denen wir versuchen, uns die Welt entsprechend unseren bewußten und unbewußten Bedürfnissen passend zu machen.

* Schult, A., S. 158

Das Beispiel des irischen Königssohnes, der die alte Hexe umarmt, verrät uns, was zu tun ist, um die Einheit auf einer anderen Ebene wieder zu erlangen. Nicht das symbiotische Verschmelzen ist damit gemeint, sondern ein Vorgang, der sich in verschiedenen Stufen vollziehen läßt:

- Die Anima wird zunächst bejaht, auch wenn sie noch nicht geliebt werden kann,
- aus ihrer Anerkennung ergeben sich vertiefte Kontakte mit ihr,
- die zunehmende Nähe bringt eine integrative Haltung zustande, aus der eine neue Einheit resultiert.

So wird aus einer durch Fremdheit und Unverstandensein leidvollen Beziehung, die eigentlich keine oder nur eine haßvoll pervertierte ist, eine liebende Wertschätzung des zuvor Ungeliebten. Die Gralssuche ist identisch mit dem Weg zu sich selbst, zum SELBST. Dieser Weg beinhaltet, besonders wenn die Anima sich als Führerin eingeklinkt hat, das Bewußtsein um die Not des Mitmenschen, die Anteilnahme an dessen emotionaler Befindlichkeit, was wohl den buddhistischen Bodhisattva-Gelübden entsprechen dürfte, sich solange in dieser Welt zu inkarnieren, bis alle Lebewesen von ihrem Leid erlöst sind. Gewiß kann dies kein Ideal eines Kriegsgottes sein, sondern nur die Resultierende aus der Begegnung mit der Großen Göttin, die in Gott verwirklicht ist.

Selbstverständlich kann dies nur ausnahmsweise in der Abgeschiedenheit des Eremiten erfolgen, vielmehr sollte es vollzogen werden im Hier und Jetzt, das uns doch allen so schwer fällt. In unseren Beziehungen, dem besonderen Bereich der Anima, gilt es, die Erneuerung zu suchen und zu verwirklichen. In diesem Zustand hört der Gral auf, Gegenstand zu sein, und Gral, Gralssuchender/Gralssuchende, Subjekt-Objekt, Gott und Göttin werden eins.

Doch machen wir noch einen letzten Einschnitt und kehren zu den anfänglichen Überlegungen zurück, als die Benachteiligung der Frau in der kulturellen Entwicklung angedeutet wurde. Ob die oben dargestellten Überlegungen zutreffen oder nicht, auf alle Fälle kam es lediglich zur Befreiung des maskulinen, nicht jedoch des femininen Prinzips aus den chthonischen Ursprüngen. Ken Wilber ist der Ansicht, daß Adam und Eva – beide seien stellvertretend für alle übrigen Schöpfungspaare erwähnt – ursprünglich in gleicher Weise in der Großen Mutter enthalten waren. Nach dem Sündenfall eignet sich nur Adam »Wissen, Mentalität, Ackerbau, Disziplin, Kultur und Selbst-Bewußtsein« an. Eva wird daran gehindert, sich kulturell zu betätigen. »Sie soll nicht denken, planen, mitreden, beraten, philosophieren, rechnen.«* Er schreibt weiter: »Adam kam frei von der großen Mutter, während Eva ausschließlich mit der Großen Mut-

* Wilber, K., Halbzeit der Evolution, S. 270

ter, mit dem Körper, mit gefühlsmäßiger Sexualität identifiziert wurde.« »Weg vom mütterlichen Unbewußten« wurde verwechselt mit »weg vom Weiblichen insgesamt«*. Dies entspricht einer umfassenden Mißachtung, Unterdrückung und/oder Ausbeutung der Natur und des Körpers der Frau und ist äußerst folgenschwer für unsere Bewußtseinsentwicklung. Durch die primitive Gleichsetzung von Frau und Körper und deren Vernachlässigung wurde der Körper und das »Mütterlich-Chthonische« nicht transformiert. Ein ganz ungewöhnliches Potential wurde der Menschheit damit vorenthalten, weil es dem Mann unbequem war. »Adam wurde dafür bestraft, daß er auf Evas Stimme gehört hatte, das heißt, daß er dem Weiblichen gestattet hatte, in den mental-kommunikativen Bereich einzutreten.«**

* Wilber, K., Halbzeit der Evolution, S. 270

** Wilber, K., Halbzeit der Evolution, S. 272

Wenn wir uns alternde Mitmenschen anschauen, läßt sich die zunehmende Androgynisierung beobachten, da der menschliche Geist dazu neigt, Geschlechtsunterschiede zu transzendieren. Dieser Vorgang geht umso leichter vonstatten, je ursprünglicher das Individuum sein Eingebettetsein in den Körper transzendieren kann. Mit zunehmender Reife sind Mann und Frau in der Lage, ihre Körperunterschiede zu transzendieren und ihre mentale Gleichwertigkeit und ausgeglichene Identität zu entdecken. Umgekehrt zeigen sich beim weniger entwickelten Menschen durch die geringe Differenzierung von Ich und animalischem Körper umso mehr die stereotypen männlichen oder weiblichen Eigenschaften. Deshalb sei die These gewagt: Je höher man sich entwickelt, desto weniger ist man männlich oder weiblich.*

Damit soll natürlich nicht einer neuen Gleichmachung das Wort geredet, sondern nur an die Voraussetzungen für eine Gleichwertigkeit und Gleichberechtigung der Geschlechter gedacht werden. Erst wenn es uns gelingt, in unserem Denken und Handeln weibliche und männliche Werte völlig gleichwertig und -berechtigt zu sehen und auch so zu leben, sind auch die Voraussetzungen für eine Harmonie auf der psychischen Ebene gegeben.

* Es wäre interessant auszuphantasieren, was am Ende einer solchen Entwicklung, die den Körper integriert und transzendiert, stehen könnte: Aus einer leichten und raschen Beherrschung der Sprache (Muttersprache), verbunden mit lebendiger Logik und Vernunft und doch in lebendiger Verbindung zu Natur und Körper, müßte eine hohe Intuition resultieren, die es ermöglicht, in sozialer und kultureller Hinsicht zu einer völlig neuen Wahrnehmungs- und Denkdimensionen zu gelangen. In unseren sozialen Beziehungen wären wir uns der umgebenden Realitäten bewußt, fähig mit ihr liebevoll, ohne Sentimentalität, ohne Verleugnung unserer eigenen Gefühle und Empfindungen in Verbindung zu bleiben. Welch freudevolles Leben könnten wir miteinander haben.

Die Suche nach dem Gral

Seine ganze Faszination über den Gral drückte der Romantiker Johann G.G. Büsching in »Der Heilige Gral ein wunderbares Gebilde« aus, die besonders der Zeit der Romantik die Menschen ganz neu erfaßte:

> Der Heilige Gral, ein wunderbares Gebilde der Zeit des Mittelalters, ward der Inbegriff desjenigen, was die Dichter jener Zeit von dem Heiligen und Hohen der christlichen Religion auszusprechen wagten. Wie die höchsten Wahrheiten der Religion selbst im Dunkel gehüllt sind und nie dem grübelnden Verstande klar und frei hervortreten, sondern nur der Fantasie erreichbar, der Vernunft erkennbar sind, so auch in diesen Werken, die den Heiligen Gral betreffen, welcher ist wunderbar in seiner Entstehung, mystisch in der Dauer seiner Wirksamkeit, dem gemeinen Haufen entzogen und nur wenigen Geweihten anvertraut, beinahe göttlich, in einen undurchdringlichen Schleier gehüllt, durch sein Verschwinden.*

* Büsching, J. G. G.: Der Heilige Gral ein wunderbares Gebilde, in: Das Buch vom Gral, Hrsg. Kircher, B., S. 73, siehe dort

Um wieviel ergreifender mußte die Idee des Grals für die Menschen des Mittelalters gewesen sein. Wenn die Ritter der Tafelrunde ausgezogen sind, den Gral zu suchen, so hat sie ein mächtiger Ruf ereilt. Trotz der Ungewißheit, ob dieses heilige Objekt überhaupt existiert, haben sie unglaubliche Strapazen auf sich genommen. Wir wissen von den Pilgern nach Jerusalem oder nach Santiago de Compostela (Jakobspilgerweg), mit welchen ungeheuren Opfern die Menschen des Mittelalters sich auf diese Pilgerwege begeben haben. Die unzähligen Gefahren, denen sie dabei ausgesetzt waren, Raubüberfälle, Tätlichkeiten, Verleumdungen, Unfälle, Hunger und Krankheit begegneten auch den Gralsuchenden. Doch was haben diese Menschen tatsächlich gesucht?

> Aus welchem Grunde sollte bitte ein christlicher Ritter zur Suche nach dem Gral ausreiten, wenn ihm an jeder Kapelle der gesegnete Leib und das gesegnete Blut Christi winkten, substantiell gegenwärtig im Sakrament des Altars zur Erlösung und Beseligung der Seele?
>
> Die Antwort lautet naheliegenderweise, daß die Gralsuche ein Abenteuer der individuellen Erfahrung war. Die Hintergründe der Sage liegen im heidnischen, besonders im keltischen Mythos. [...] Insbesondere erzählt die Sage von der Wiederherstellung ei-

nes verödeten Landes [...] Und wir brauchen nicht zu fragen, oder zu raten, worauf sich eine solche Sache bezogen haben könnte oder weshalb die Allegorie zu dieser Zeit so viele Herzen rührte: der oben beschriebene Zustand der Kirche erklärt das zur Genüge.*

* Campbell, J., Mythologie des Westens, S. 577ff

Gralssuche ist nicht nur die Suche nach einer Antwort auf Gott, sondern letztlich auch eine Antwort auf die Frage: »Wer bin ich?«. Diese Frage läßt sich in vielen Variationen stellen: Wer bin ich in dieser Gesellschaft, welche Ausgabe sehe ich dabei für mich? Wer bin ich in meiner Beziehung zu Gott? Wer bin ich in meiner Schau all der Geschehnisse um mich herum, und was heißt das unter Berücksichtigung meiner inneren Welt und deren Bedingungen? Wie viele unzählige Antworten werden sich aus diesen wenigen Fragen ergeben können, wenn sie aufrichtig gestellt und ebenso beantwortet werden?

Zunächst gibt es viele Menschen, die weniger nach innen als vielmehr nach außen fragen und handeln. Es werden immer wieder Versuche bekannt, in denen nach dem Verbleib der Longinus-Lanze oder dem Gralsgefäß geforscht wird. Der Ausgangspunkt der Überlegungen ist dabei, daß es diese Objekte tatsächlich gegeben haben muß, also liegen sie heute irgendwo unentdeckt, versteckt oder vergessen herum. Unter archäologischen Gesichtspunkten mag das sicher interessant sein, aber solche Absichten verkennen völlig den psychologischen und geistigen Hintergrund des Gralserlebnisses. Zu sehr ist damit die Gefahr verbunden, den Gral im Außen zu suchen. Selbst wenn Gral oder Lanze tatsächlich gefunden werden würden, sie wären nicht mehr als wertvolle archäologische Fundstücke. Es ist ein Traum des sehnsuchtsvollen Menschen, solch ein magisches Objekt zu finden, das einem die Existenz Gott bestätigen könnte und einem die Mühen des eigenen Weges erspart. Aber selbst die Beschwernisse des äußeren Weges, also den des Handelns und des Suchens in der materiellen und sozialen Welt, erleben wir als weniger bedrohlich, als die Hindernisse, die sich uns in unserer Innenwelt auftun. Zum Beispiel kennt jeder Meditierende die Phänomene, die sich in der Meditationspraxis entgegenstellen können. Aber nur aus der Paradoxie des Beharrlich-geduldig-Seins und doch Nicht-Wollens ergibt sich der Fortschritt und die Transzendierung der Hindernisse. Diese sehen allerdings bei jedem etwas anders aus. Aber vermutlich ist hierin die eigentliche Schwierigkeit begründet: Wir sind wieder einmal allein! Doch genau diesem Gefühl versuchen wir, auf vielfältigste Weise zu entrinnen und greifen zu allen erdenklichen Ablenkungsmanövern. Und eines der wichtigsten ist dabei das Handeln im Außen! Zudem können wir dieses vor uns und anderen beschreiben, vorweisen oder auch verstecken. Erfolg oder Mißerfolg können wir dabei oft mit anderen teilen. Demgegenüber sind wir auf dem Weg nach innen viel mehr auf uns gestellt, allein mit unserer Selbstdisziplin, allein mit unseren dabei gemachten Erfahrungen usw..

Die Versuchung ist groß, die Suche nach dem Gral entweder gleich als Unsinn zu erklären und so zu entwerten, oder die Suche gleich in die Außenwelt zu verlagern. Eine besonders häufige Variante dabei ist noch die Verschiebung vom Gral weg auf andere Objekte oder Bereiche, um so einen Ersatz dafür zu bilden. Erfolge aller Art, finanzielle, sportliche und andere, Machtausübung in vielfältigster Weise, als Vorgesetzter, Vorsitzender, Leiter in Freizeitaktivitäten usw. können als Ersatz für den Gral fungieren. Erst eine sorgfältige und äußerst gewissenhafte Auseinandersetzung mit den eigenen Motiven und Bedürfnissen kann die gewünschte Klarheit bringen.

Der Gral kann auch in anderer Weise gefunden werden. Die Hindus kennen schon seit langer Zeit den achtfachen Yoga-Pfad. Einer dieser acht Pfade ist der Bhakti-Yoga. Es ist der Pfad des liebevollen Erbarmens seiner Mitmenschen. Damit ist natürlich nicht gemeint, sich jetzt noch mehr seinem eventuellen Helferkomplex zu überlassen. Echte Anteilnahme am Leid und Schicksal des Nächsten, ohne zu glauben, für ihn Verantwortung übernehmen zu müssen, ist keine leichte Aufgabe. Vielfach ist dabei die Herausforderung an das Ich, sorgsam die eigenen Grenzen abzustecken und die rechte Distanz für das liebevolle Engagement zu finden. Aber der Pfad des Bhakti-Yoga – in unserer Zivilisation spricht es sich leichter von Caritas oder Diakonie, obwohl hier nicht die kirchlichen Wohltätigkeitsorganisationen gemeint sind – ist äußerst wertvoll auf der Suche nach dem Gral. Er ist ein Weg, der für viele Menschen leichter begehbar ist als derjenige über die Meditation o.a.. Wir sollten hier auf keinen Fall wertend denken, daß ein Weg besser als ein anderer sei. Die Schwierigkeit besteht vielmehr darin, den eigenen Weg, den für mich gangbaren und geeigneten Pfad aufzuspüren, aber diesen dann auch zu gehen.

Der Parzival-Mythos ist trotz seines historischen Alters von nunmehr ca. 800 und mehr Jahren ein sehr gutes Beispiel. Parzival hatte zwar einen Lehrmeister in den Ritterkünsten und im höfischen Zeremoniell, aber in Liebesangelegenheiten und besonders auf seinem spirituellen Weg war er allein, ganz einfach allein. Es gibt aber viele Situationen, in denen auch uns kein Lehrer zur Verfügung steht. Es gibt esoterische Lehren, die besagen, daß es auf einer bestimmten Stufe der spirituellen Entwicklung keinen Guru gibt. Auf der Stufe des Chela, so heißt das Stadium des Jüngers, ist es sehr wichtig, den Weg alleine zu gehen, trotz oder gerade wegen aller Gefahren, Versuchungen und Illusionsbildungen.

Betrachten Sie einmal Ihr eigenes Leben. Wie gut können Sie alleine sein? Wie lange können Sie es ertragen, daß Sie ohne Musik, Fernsehen, Kaffee, Zigaretten oder Alkohol, Sex oder sonstige Aktivitäten sind? Versuchen Sie ganz ehrlich zu sein zu sich selbst, denn Sie brauchen es ja niemanden zu erzählen. Und Sie müssen sich nicht schämen, wenn Sie feststellen, daß Sie es nicht können. Zudem begegnen wir, sobald wir uns selbst in der Stille gegenübertreten, dem ganzen unaufgeräumten Mist unseres Alltags. Es ist, als säßen wir mit geschlossenen Augen neben einer vielbefahrenen Straße oder auf einer Bank auf einem Kinderspielplatz – es ist ständig etwas los. Erst wenn wir lernen, daß uns diese Geräusche nichts bedeuten und sie für uns nicht wichtig sind, können wir, gewissermaßen durch sie hindurch, in eine andere Erlebnisdimension eintreten. Jetzt erst kommen wir der Stille näher. Leider währt diese Ruhe nicht lange, denn alsbald melden sich neue Störungen. Dieses Mal kommen sie aus unseren tieferen Schichten. Es sind die Bereiche oder Komplexe, mit denen wir noch keinen Frieden gefunden haben.

Die meisten Menschen beenden an dieser Stelle ihr Bemühen, weil es entweder zu anstrengend ist oder auch Angst macht, je nachdem, was sich als Unverarbeitetes hier meldet. Sie kehren entweder zu Praktiken zurück, die ihnen aus früheren Suchbewegungen vertrauter sind, oder sie stellen über längere Zeit oder für immer ihre Suche ein. Denjenigen, die trotz dieser Beschwerden weitermachen, sich der bereits genannten Paradoxie »Durchhalten-und-dabei-doch-nichts-Wollen« stellen, dürfen auf den Gral hoffen. Alle Religionen beschreiben es anders, aber irgendwie kennen es alle, auch wenn es nicht so mythisch oder durch vielerlei Legenden ausgedrückt ist wie im keltisch-christlichen Raum. Die Mystiker aller Religionen beschreiben es als Nirvana, Samadhi, Satori, göttliches Licht usw..

Für viele Suchende war der Gral ein geeignetes Objekt, das außerhalb der Kirche stand und doch zu Gott gehörte. In der geheimnisvollen Funktion, daß der Gral im Dienste des Heiligen Geistes nicht nur nährend wirkte, sondern sich durch das Erscheinen der Inschriften auf ihm unmittelbar Gottes Wille bekundete, mußte die Nähe zum Gral gleichbedeutend mit der Nähe zu Gott sein. Deshalb glaubte man, ihn suchen zu müssen. Deshalb sind Zitate, wie das folgende, bereits fortgeschrittene Aussagen über das Wesen des Gralsreiches:

> Das unzugängliche und unantastbare Gralsreich bleibt eine Wirklichkeit, auch wenn es an keinen Ort, an keine sichtbare Organisation, an kein weltliches Reich, gebunden werden kann.*

* Evola, J., S. 163

Diese Zeit- und Raumlosigkeit will erkannt und verstanden werden, andernfalls droht immer wieder erneut die Versuchung, sich auf eine neue Suchwanderung zu begeben und doch wieder etwas im Außen zu suchen, das dort nicht zu finden ist.

Doch der Gral besitzt nur solange seine Bedeutung, als er im Außen gesucht werden muß. Wer seine wirkliche Bedeutung erkennt, muß ihn nicht länger in der Welt suchen. Wer die Bedeutung und Wichtigkeit der Vereinigung der Gegensätze erkannt hat, braucht nicht länger zu suchen, er weiß, woran er arbeiten muß und kann. Demnach ist es nicht sehr bedeutend, ob der Gral ein heiliges, weibliches Gefäß ist (bei Chrétien de Troyes), das heilende Nahrung spendet und das Symbol und Ort der Vereinigung von Yin- und Yang-Energien ist oder ein Stein, wie bei Wolfram von Eschenbach, der mit seinem geheimnisvollen Licht das SELBST symbolisiert, das es zu verwirklichen gilt. So wird die innere Suche die eigentlichen Geheimnisse freigeben:

> Das Gralsabenteuer – die innere Suche nach jenen schöpferischen Werten, durch die das »wüste Land« erlöst wird – ist heute für jeden eine unumgängliche Aufgabe geworden; denn es gibt keinen festen Horizont mehr, es gibt kein festes Zentrum mehr, kein Mekka, kein Rom oder Jerusalem. Unser Kreis ist heute so, wie Nikolaus von Kues es um 1450 verkündet hat: der Umkreis ist nirgendwo, der Mittelpunkt überall – der Kreis mit dem unendlichen Radius, der zugleich eine Gerade ist.*

* Campbell, J., Mythologie des Westens, S. 594

In der Aussage des Nikolaus von Kues gibt sich ein großer Geist zu erkennen. Er erfaßte philosophische und physikalisch-mathematische Gegebenheiten, die weit über seine Zeit hinausreichten. Welche Ängste und entsprechende Empörung muß eine solche Feststellung ausgelöst haben? Heute überlesen wir gerne derartige Aussagen oder beschäftigen uns damit in unterkühlter intellektueller Manier. Doch was bedeutet es wirklich für uns, daß der Umkreis nirgendwo und der Mittelpunkt überall ist, daß der Kreis einen unendlichen Radius besitzt und zugleich eine Gerade ist? Erst allmählich lernen wir, mit solch paradoxen Aussagen umzugehen und sie als neue Symbole unserer Zeit zu begreifen.

Die Faszination des Grals mit seinen vorchristlichen Hintergründen, die im Orient und im Keltischen zu suchen sind, dürfte in seiner sehr komplexen Struktur begründet sein. Er befriedigte die mystischen Bedürfnisse des mittelalterlichen Menschen, die in der christlichen Heilslehre nicht umfassend genug gelebt werden konnten. Den mittelalterlichen Menschen ist mit ihren zahlreichen Legendenbildungen, von denen die Gralslegende vermutlich die umfangreichste und tiefsinnigste ist, gelungen, Unfaßbares in seiner Unaussprechlichkeit in der Symbolsprache bewußtseinsnah zu halten, damit es irgendwann assimiliert werden konnte. Vieles ist ihnen damit geglückt, doch das im Wesen des Grals Enthaltene haben sie wieder verloren, denn dieser wurde schließlich entrückt – in den Himmel oder nach Indien. Die im Symbol »Gral« verdichteten Inhalte waren zu komplex, zu weitreichend, aber voller Hoffnung auf Ganzheit. Die kirchlichen Traditionen berücksichtigten zu wenig die Entwicklung des Kollektivs. Es wurde an einem Christusbild festgehalten, das man dringend hätte korrigieren müssen: Zu sehr wurde von der Kirche im Bild Christi der lichte Aspekt übermittelt. Damit konnte man jedoch auf Dauer nicht zurecht kommen, da es einfach nicht der menschlichen Realität entspricht. Die Reduktion auf die ausschließlich lichte Seite brachte die dunklen Aspekte, zu denen vor allem die Leiblichkeit gehörte, in eine gefährlich inferiore Situation, was sich für die Entwicklung des Individuums wie des Kollektivs als hemmend auswirken mußte.

Zur Zeit des Mittelalters hat die Bewußtwerdung der Seele einen gewaltigen Schub gemacht, wozu die starke Symbolbildung (zahlreiche Legenden und religiöse Phantasien) erforderlich war. Parzival verkörpert den natürlichen Menschen, der in einem großen Prozeß der Bewußtwerdung ringt. Da er diese Entwicklung erfolgreich bewältigt, wird er selbst zu einem Symbol und verkörpert schließlich selbst einen kollektiven Inhalt. Er wird zum Hoffnungsträger und Vorbild. Daß er dies mit seiner Gestalt zusammen mit dem Gral werden konnte, liegt vermutlich auch an der Assimilierung vieler vorchristlicher, heidnischer Elemente, die durch die Christianisierung ihren seelischen Wert nicht verloren hatten, aber diese dringend ergänzen mußten. Die Psyche des mittelalterlichen Menschen und die religiöse Symbolik waren auf die Komplettierung durch Inhalte auch anderer Kulturkreise angewiesen, da das offizielle Lehrgebäude der Kirche der fortschreitenden kollektiven Entwicklung nicht mehr entsprechen konnte. Auch heute läßt sich etwas Ähnliches beobachten, wie ergänzende religiöse Inhalte vor allem aus östlichen Religionen aufgesaugt werden. Vor allem die Gralssuchenden sind es, die hier umherirren und verzweifelt suchen und oft unsicher sind in ihrem Urteil, was von all dem auf dem esoterischen Markt Angebotenen brauchbar und für sie wirklich hilfreich ist.

Leider erkennen unsere Kirchen immer noch nicht, wie groß das Bedürfnis der Menschen geworden ist, ihre Individualität zu leben. Dabei dürfte es nicht schwer sein, mit einem kurzen Blick auf die Menschheitsentwicklung der letzten 4000 Jahre festzustellen, wie sich in den Mythen und Märchen aller Völker – in ihnen bildet sich der kollektive Zustand am besten ab – der Drang zu einer individuellen Entwicklung abzeichnet. Das Verlangen nach dieser Erfahrung ist immer mächtiger geworden und fand in der Zeit um die erste Jahrtausendwende n. Chr. einen Höhepunkt. Im Abenteuer der Gralssuche symbolisierte sich diese Sehnsucht.

Parzival ist selbst zu einer christusähnlichen Erlösergestalt geworden. Im übertragenen Sinne geht es auch für den heutigen Gralssuchenden darum, Voraussetzungen zu erarbeiten, um aus den Zweifeln an der eigenen Existenz herauszufinden. Die *tumbheit* bzw. die Einfalt und Unerfahrenheit läßt sich von alleine nicht auflösen. Dazu bedarf es einer entsprechenden Begegnung mit der Umwelt, die meist durch ein erschütterndes Erlebnis geschieht. Cundrys Fluch ist für Parzival eine solche Erfahrung, die seine Entwicklung in Gang bringt. Danach aber herrschen Zweifel und Ungewißheit.

Der Wunsch nach einer solchen individuellen Erfahrungen, wie es die Suche nach dem Gral ist, kann verschiedene Motive haben: Es kann ein Versuch sein, die Defizite aus der frühen Beziehung zur Mutter (zum Mütterlichen) zu kompensieren. Eine unglaubliche Sehnsucht nach einer haltenden und nährenden, Geborgenheit gebenden Instanz hält diese Menschen gefangen. Dabei dürfte sich bald zeigen, daß bei dieser Ausgangssituation die Kraft für den langen Weg der Entbehrung und Einsamkeit nicht ausreichen wird. Zu häufig werden die Suchenden in Situationen und Beziehungen geraten, die für das Gralserlebnis gehalten werden und das Gefühl entstehen lassen, endlich angekommen zu sein. Da der Gral bis dahin ja noch nie zu Gesicht oder ins Gefühl gekommen ist, werden immer wieder eigene Illusionen Verwirrung stiften.

Ein weiterer Grund kann die Kluft sein, die sich zwischen der Stumpfheit des alltäglichen Lebens und der gewünschten Transzendenz des Augenblicks vorstellen läßt. Meist steht die quälende Frage dahinter: War es das? Soll das schon alles gewesen sein? Leichtfertig wird dies gerne als Krise der mittleren Lebensjahre abgetan. Dieser zweite Grund, der Menschen auf die Suche bringt, resultiert aus einem gewissen Lebensüberdruß. Der Alltag ist zu einem Leben in einer Sackgasse geworden, in dem es keine Spiritualität gibt. Doch diese Menschen spüren, daß es da »noch etwas anderes« gibt, ohne das aber klar mit Worten benennen zu können. Oft ist diese Krise von depressiven Stimmungen oder auch einer Zeit mit wechselnden Krankheiten begleitet.

Hinter der Gralssuche kann sich der Wunsch bemerkbar machen, den Schatten aufzuarbeiten, die Gegensätze in der eigenen Person zu vereinigen und dem SELBST näher zu kommen. Das Leid um die eigene Problematik ist zu groß geworden, man will nicht noch länger leiden, hat aber erkannt, daß man selbst die Ursache für den mangelnden Fortschritt ist. Über Träume oder Gespräche mit Freunden hat man das Schlummern von Potenzen im eigenen Unbewußten erkannt, kann sie selbst aber direkt nicht erschließen. Doch leider weiß man nicht, wie das zu bewerkstelligen ist. Das Ziel wird erahnt, der Weg ist noch unbekannt. Es sind nicht viele Menschen, die an diesem Punkt angekommen sind. Die meisten sträuben sich, solange es irgend geht, gegen die Wahrnehmung des eigenen Defizits. So müssen sie – und dadurch meist auch ihre Mitmenschen – lange leiden, bis die Ahnung über die eigene Verursachung des Leides aufsteigt.

Der Mensch ist an einem Punkt angekommen, an dem das Leitmotiv für das weitere Leben fehlt. Entweder ist es bisher noch gar nicht bewußt gewesen oder es ist verloren gegangen. Nun hat er es wiedergefunden und will dieses Ziel verwirklichen bzw. sucht den Weg, der ihn dorthin bringt. Diese Gruppe ist leider nicht sehr groß, da viele nicht den Mut aufbringen, ihr Leben zu korrigieren, wenn sie ihr Leitmotiv wieder entdecken. Daß solche Motive, die sich schon in der Kindheit oder Jugendzeit bemerkbar machen, in Vergessenheit geraten, ist eine Folge unserer Sozialisation, die oft zu wenig Wert auf die persönliche Verwirklichung des einzelnen legt, auch wenn es demgegenüber einen durchaus überzogenen, individualistischen Drang nach »Selbstverwirklichung« gibt. Allzu oft entscheiden sehr pragmatische Haltungen des Elternhauses, welche Ausbildungsziele bei den Kindern verfolgt werden. Diesen fehlt oft die Kraft, sich gegen das Elternhaus durchzusetzen und finden sich in Tätigkeiten oder Berufen, die mit ihren Träumen nicht mehr viel gemeinsam haben. Oft sind es aber in diesem Sinne gar keine Träume, sondern ein tiefes Gefühl für die persönlichen Möglichkeiten und Fähigkeiten. Hier geht es aber weniger um die konkrete Umsetzung eines Berufszieles als das Verwirklichen von Leitmotiven, die immer etwas mit unseren Idealen und vermutlich auch mit unseren geheimen Größenvorstellungen zu tun haben. Die finden wir eben auch bei Parzival, der ja der Welt bester Ritter werden will. Doch allmählich treten bei der konsequenten Verfolgung dieses Zieles noch andere Motive zu tage, die vermutlich aus den Erziehungsgrundsätzen seiner Mutter erwuchsen: Nächstenliebe, Lieben aber auch ganz generell als Fähigkeit, das Eintreten für höhere Ziele, wenn er auf seinem Weg resümiert: »Ich entstamme einem Geschlecht, das der Liebe dient!« Wenn dann in späteren Lebensphasen wieder Platz für solche erwachenden Phantasien ist, können die wieder er-

202

wachten Leitmotive zu wirken beginnen und einen mächtigen Antrieb zur Gralssuche bedeuten.

Eine andere Gruppe von Menschen kämpft mit ihren religiösen Zweifeln und versucht vergeblich, sich in einer Welt ohne Gott einzurichten. Diese Gruppe zweifelt nicht nur an der Existenz Gottes, sondern – weil es echte Zweifler sind – auch an der Berechtigung ihrer Zweifel. Auf ihrer Seite ist jedoch die Aufrichtigkeit vor sich selbst. Die erforderlichen Erfahrungen und Anstrengungen, um aus dieser mißlichen Lage frei zu kommen, unterscheiden sich jedoch nicht von denen der anderen Gruppen.

Bei anderen findet die Suche im Vorfeld eines Berufungserlebnisses statt. Dieser Punkt besitzt große Ähnlichkeit mit der Verwirklichung des persönlichen Leitmotivs. Im Leben dieser Menschen gibt es ein Ereignis, das sich im Außen ebenso konstellieren kann wie im Inneren, das als Berufungserlebnis angesehen werden muß. Dies kann während eines Vortrags, einer TV-Sendung, beim Lesen eines Buches, im Gespräch mit anderen Menschen, aber auch in einer Meditation oder ganz einfach beim Einschlafen oder Aufwachen geschehen. Doch bis diese innere Klarheit auftaucht, ist es ein weiter Weg. Auch der Weg danach bis zur Verwirklichung bringt in der Regel noch viele Schwierigkeiten. Meist müssen erst noch eine entsprechender Ausbildungsweg gesucht oder andere äußere Voraussetzungen geschaffen werden, was häufig genau den Qualitäten der Gralsabenteuer entspricht. In der Zeit jedoch, bis das Berufungserlebnis stattfindet, befinden sich diese Menschen verständlicherweise meist in schweren Krisen, da sich in ihrer Psyche eine neue Entwicklungsmöglichkeit vorbereitet, die von den Betroffenen selbst nicht verstanden werden kann. An Parzivals Verhalten zwischen Verfluchung und Berufung läßt sich das deutlich wiederfinden: Depressiv, gottfern, gelegentlich am Rande der Gesellschaft lebend, fast durchweg an sich selbst zweifelnd, ob alles seine Richtigkeit hat, lebt es sich ohne Höhepunkte so dahin, bis die innere Stimme soweit an Kraft und Klarheit gewonnen hat, um zum Bewußtsein durchzudringen.

Auch in einer Gesellschaft, die wenig von höheren oder göttlichen Instanzen hält, finden Berufungserlebnisse statt. Es sind nicht nur geistliche oder soziale Berufe, bei denen dies geschieht, denn selbst in naturwissenschaftlichen Bereichen können sich Menschen von einem Ruf ereilt fühlen. Im Berufenen erhebt sich das Gefühl, zu einer konkreten Aufgabe bestimmt zu sein. Dazu bedarf es keinesfalls göttlicher Kräfte, es genügt die entstehende Gewißheit, daß die eigenen Möglichkeiten und Fähigkeiten hier zu Einsatz und Entfaltung kommen müssen.

Der Antrieb zur Gralssuche kann aus den verschiedensten Quellen stammen. Für den einzelnen ist damit immer eine existentielle Dimension verbunden, was die Suche so bedeutsam macht. Unvermeidlich gehört dazu die Einsamkeit des Gralsuchenden, da es zum Wesen der Gralsuche gehört, eine individuelle Erfahrung zu erleben. Hermann Hesse schreibt: »Einsamkeit ist der Weg, auf dem das Schicksal den Menschen zu sich selber führen will.«* Bevor solch schöne Aussagen aus einer gewissen Distanz heraus formuliert werden können, müssen viel Leid und psychischer Schmerz ertragen und erlitten werden. Die einen werden leichter damit fertig als andere, die mit der Einsamkeit und ihren Begleitumständen nicht zurecht kommen. In dieser Situation ist der Mensch mit allem allein, seinen Zweifeln, selbst mit seinen Erfolgen, wenn er sie noch hat, seinen Stimmungen und seiner Sexualität. Gerade bei der immer wieder stattfindenden Verherrlichung der Selbstfindung und Selbstverwirklichung wird der Aspekt der Sexualität verharmlost oder unterschlagen. In ihr verbirgt sich die schöpferische Kraft, ohne die der Gral nicht gefunden werden kann. Die Sexualität des einsamen Individuums kann zwangsweise nicht erfüllend sein, wenn noch so große Ziele vor ihm liegen, von denen es zu diesem Zeitpunkt noch viel zu wenig weiß. Vor allem fehlt das Bewußtsein für die erforderlichen Schritte, die erst mühsam ertastet werden müssen. Die unbeantworteten Fragen des »Wer bin ich?« binden soviel Kraft und Energie, daß eine ausreichende Hingabe – dies gilt für Mann und Frau in gleicher Weise – in eine partnerschaftliche Beziehung nicht zustande

* Hesse, Hermann

kommt. Erst später, im vorangeschritten Reifeprozeß, ist wieder mehr Öffnung für den Partner oder Partnerin möglich. Bis dahin hat die Sexualität weniger die Funktion personaler Genitalität als die Bedeutung des Schöpferischen. Durch die Leibfeindlichkeit eines falsch verstandenen Christentums wurde die Spiritualität der Sexualität völlig verkannt. Sexualität ist das unfreiwillige Replizieren des Göttlichen in der Welt des Menschen. Wer hier mit moralischen Kategorien zu Werke geht, bleibt von den Hintergründen der die Welt bewegenden Sexualität ausgeschlossen und wird nie das in ihr enthaltene Göttliche wahrnehmen können.

Wer hinaus in die Welt geht, die schützende Kinderwelt verläßt, Wagnisse eingeht, sich selbst als schuldverursachendes Prinzip zu begreifen lernt und erfaßt, daß die gezeugten Kinder (auch die nichtfleischlichen »Kinder« des schöpferischen und lebenszugewandten Menschen) immer auch fordernde Wesen sind und sie trotzdem liebt und pflegt, lebt auf dem Boden der Sexualität. Sie ist mit ihrer zeugenden Kraft eine wichtige Voraussetzung für die Entwicklung des Erwachsenen. Deshalb umgibt sie in besonderem Maße den Gralssuchenden und verlangt von diesem eine Antwort auf das Leben.

Parzival bekommt seine Zeit zugestanden, in der er umherirren und suchen kann. Aber er steht dabei unter dem unausgesprochenen Druck – den jeder in einer solchen Situation zu spüren bekommt, obwohl er von niemandem ausgeübt wird –, auf seinem Erkenntnisweg weiter voranzuschreiten. Er befindet sich, wie alle depressiven Menschen und Suchenden, in einem ständigen Erkenntnisdefizit gegenüber sich selbst, das er nur auf der Basis seiner sexuellen Kraft überwinden kann. Sie ist das »Antriebsaggregat« und solcher Art »göttlicher Pfadfinder«, das, so wie es Begierden schafft, Leiden verursacht und doch die Grundlage zu deren Erkennen und Transzendieren bildet.

Dieser »Parzival« ist in jedem von uns, auch wenn ihn nicht jeder in sich so deutlich erlebt. Vor allem sexuelle und andere

Spätentwickler werden sich in ihm wiederfinden und manche biographische Ähnlichkeit entdecken, im Gegensatz zu den vielen »Nestflüchtern«, die das Leben voller Expansionsdrang angehen und entdecken.

Es muß ja nicht so pathetisch formuliert werden, wie es durch den anthroposophischen Autor von dem Borne geschieht:

> Sobald der Mensch zum Kämpfer für das Höhere wird, zum Sucher nach diesen bewußtseinserweiternden Kräften und zu einem auf diesem Feld Erkenntnisübenden, ist er ein Parzival.* * von dem Borne, G., S. 219

Höhere Werte darf man jedem Suchenden unterstellen, der mehr über sich erfahren und in seinem irdischen und vielleicht auch kosmischen Kontext begreifen möchte. Allerdings warten hier auf ihn unzählige Versuchungen und Verführungssituationen, die sich keinesfalls als solche zu erkennen geben. Der Weg durch sie hindurch – und hoffentlich an vielen auch vorbei – bleibt keinem erspart, bis er zu spüren und zu begreifen beginnt, daß es hierbei nicht auf gelehrte Theorien und wundersame Aussagen über die Psyche des Menschen und seine Stellung im Kosmos ankommt, sondern nur auf ihn selbst. Dann beginnt in ihm das SELBST, weiter Gestalt anzunehmen:

> Wie die Fäden eines Gewebes zu einem Bilde gewirkt werden, so wird das Selbst – als der Gottheit lebendiges Kleid – gewirkt aus den vielen, an sich vielleicht geringfügigen Entscheidungen, zu denen wir uns im Verlauf unseres Lebens veranlaßt sehen. Solch Anlässe bieten sich auf jeder Lebens- und Intelligenzstufe und in jedem Milieu; es kommt allein auf die Antwort an, ob sie zur Offenbarung des Selbst führen oder nicht.* * Jung, E., S. 141

Das SELBST ist nicht fertig, sondern bedeutet nur eine vorhandene Möglichkeit in uns und kann nur im Verlauf eines bestimmten Prozesses offenbar werden.* Dies geschieht in den Erfahrungen des alltäglichen Lebens, die gleichzeitig von dem Gefühl der Einmaligkeit unseres Wesens begleitet sein kann, ohne daß damit eine hybride Einstellung des Ichs gemeint ist. * Jung, E., S. 141

Dem Psychoanalytiker Hans Schmid gelingt es, diese Dynamik prägnant zum Ausdruck zu bringen:

> »Den« Menschen gibt es nicht. Es gibt Sie, es gibt mich. Sie wie nur Sie, mich wie nur mich. Sie Ihr »Selbst«, ich mein »Selbst«. Jeder seines, in seiner »kosmischen Identität«, was heißt: in seiner einmaligen, unvergleich- und unwiederholbaren *Möglichkeit* der Inkarnierung kosmischer Energie oder des unerforschten Prinzips. Meine »Werde-Gestalt«, Ihre »Werde-Gestalt«, die solange wir leben, nicht zum Abschluß kommt, sondern erst in dem, was wir Tod nennen, weil wir weiter nicht sehen.*

* Schmid, H., S. 170

Eltern können ihren Kindern dabei helfen oder es ihnen auch schwer machen, je nachdem wie sie selbst ein Gefühl für die seelischen Ausgangsbedingungen der Kinder entwickeln. In jedem Fall ist ein Gefühl für sich selbst die Voraussetzung dafür, ein Prozeß, der allerdings ein Leben lang anhält:

> Sehe ich das alles zusammen, dann, so scheint mir, brauche ich nicht einen Sinn außerhalb oder oberhalb *von* mir zu suchen. Er ist *in* mir: mich zu verwirklichen als die nur mir mögliche und nur mit mir »gemeinte« Variante des Kosmos. Denn die Ewigkeit ist nicht »irgendwann«. Sie *ist* längst, heute und hier. Jetzt wirke ich, wirken Sie, auf den Kosmos, der Kosmos auf Sie, auf mich: diese Variante, die der Kosmos braucht. Jede!*

* Schmid, H., S. 170

Dieser Vorgang ist nicht unbedingt identisch mit dem von C.G. Jung beschriebenen Individuationsprozeß, der die Selbstwerdung des Menschen zu einem ganzen, unteilbaren Individuum bedeutet. Der psychologische Gehalt dieses Zitats weist in eine einfache und existentielle Richtung: Du bist jemand, ob du dir dessen bewußt bist oder nicht. Du hast hier in diesem Kosmos eine Aufgabe, eine bedeutsame Funktion, auch wenn sie noch so gering oder unwert erscheint. C.G. Jungs Individuation beinhaltet darüber hinaus eine Entwicklung der individuellen Persönlichkeit innerhalb des Kollektivs (also nicht in der Isolation).* Mit einer solchen Entwicklung ist ein Gegensatz zur Kollektivnorm verbunden. Individuation ist demnach eine geglückte Fortsetzung dessen, was Hans Schmid so treffend für jedes Wesen postuliert. Dabei sind wir dem Gralserlebnis sehr nahe,

* »Der Mensch wird sich bewußt, in welcher Hinsicht er ein einzigartiges Wesen ist und in welcher er andererseits zugleich auch nicht mehr ist als ein gewöhnlicher Mann oder eine gewöhnliche Frau.« Samuels, A. et. al., S. 106

denn Jung hat an anderer Stelle festgestellt: »Individuation ist das Leben in Gott.«* Die Grallegende – besonders in der Version von Wolfram von Eschenbach – veranschaulicht in ihren feinen, psychologisch gezeichneten Linien, wie notwendig individuelle Entwicklungen sind, ohne daß sie in Widerspruch zu kollektiven Interessen geraten müssen. Das ist ein Kennzeichen für der Weg der Individuation.

* Jung, C.G., GSW Bd. 18/2 § 1624, zit nach Samuels, A., S. 110

Wenden wir uns noch einmal der Frage zu, welcher Aspekt der Anima den Individuationsprozeß fördert. Zunächst wissen wir, daß Parzival, nachdem er als Mann bei Condwiramurs die wirkliche Frau erlebt und sie dennoch bald verläßt, um nach seiner Mutter zu sehen. Ohne dieses Verlassen hätte er möglicherweise den weiteren Weg zur Anima, zur Gralsträgerin, nicht oder sehr lange nicht gefunden. Er ist also den Gefahren der ersten Projektion entronnen, nicht darin stecken geblieben, und kann seinen Individuationsprozeß fortsetzen. Das Verwirrspiel, dem Parzival in seiner letzten Wegstrecke vor der Gralsburg ausgesetzt ist, hat seine Bedingungen in der noch sehr begrenzten Fähigkeit, mit seiner Anima in Kontakt zu stehen. Durch die Aufspaltung in gegensätzliche Figuren ist sein Bewußtsein solange hin- und hergerissen, bis es sich auf die Aufgabe der Individuation besinnt. Emma Jung beschreibt es so:

> Erst wenn der Mann gleichsam das SELBST hinter der Anima zu ahnen anfängt, findet er den Boden, von dem aus er ihrem Hin- und Herzerren entrinnen kann; solange hingegen das Bild der Anima mit dem Bild des SELBST kontaminiert ist, kann der Mann ihrem Doppelspiel nicht entkommen, denn sie will ihn ins Leben verstricken und ihn diesem zugleich entziehen, ihn erleuchten und täuschen, bis er sich selber und einen Ort jenseits des paradoxen Spiels gefunden hat.*

* Jung, E., S. 269

In unserer Sprache finden wir fatale Projektionsmechanismen: In dieser personifizierten Form sprechen wir von der Anima immer als Gestalt einer Frau, der wir auf diese Weise etwas unterstellen, dessen Grund wir jedoch selbst sind: Nicht die Anima ist launisch, verstrickt, erleuchtet oder zerreißt den Mann usw. Der durch Sozialisation, Verdrängung und anderen Ursachen von seiner sensiblen Seite getrennte und im Übermaß mit seiner Vernunft und der »Fiktion seines Ichs« identifizierte Mann ist es, der in der Folge von seinem eigenen Unbewußten von Emotionen, Gereiztheit, Unbeherrschtheit, Launen und Depressionen gequält wird. Er ist in Gefahr, der Rücksichtslosigkeit eines tyrannischen und anmaßenden Wesens zu erliegen. In der jungschen Terminologie ausgedrückt, wären dies Schatteneigenschaften des Logosprinzips.

Gerade die erotischen Begegnungen bringen in festgefahrenen Entwicklungen die Chance für einen Neubeginn, auch wenn zunächst oft katastrophale Zustände das Bild bestimmen. Für viele Ehen bedeutet das leider das »Aus« und Ende, obwohl es doch erst der Anfang für eine reichere und gehaltvollere Beziehung sein könnte. Es ist ja gerade nicht die andere Frau oder der andere Mann, wie alle Betroffenen in der Regel glauben. Nein, sie selbst sind es, in deren Innerem sich der neue Entwicklungsschritt vorbereitet hat und nun in der erotischen Begegnung ans Licht gedrungen ist.

Wir haben oben bei der Einsamkeit des Gralsuchenden von seiner Sexualität gesprochen: Hier zeigt sie sich noch einmal in ihrer ganzen Kraft und ganz im Dienst des schöpferischen Aufbruchs. Nur durch ihre Gegenwart bekommen die Anima, der Animus die Chance, die vermittelnde Kraft zum Unbewußten zu entfalten und die derartige Erschütterungen zu bewirken, so daß die erforderlichen Veränderungen geschehen können. Es ist wie im Märchen, wenn der Held oder die Heldin ihrem Traumpartner begegnen und in Gefahr geraten, in einer solchen Begegnung hängen- oder steckenzubleiben. Daß man so einen Traummenschen nicht heiraten dürfte, ist damit nicht gemeint, sondern daß es nach wie vor um die eigene Entwicklung, die Individuation geht. Nun müssen wir erkennen, was eine solche Begegnung oder Beziehung für unser persönliches Leben bedeutet. Im Laufe der menschlichen Biographie kommt der Punkt, an dem es darum geht, sich aus überkommenen Mustern zu befreien und für die absolute Einmaligkeit des eigenen Lebensmusters einzutreten. So sucht jeder Mensch mit seiner Variante der Teilhabe an diesem Kosmos auch seine Variante des Grals. Das bedeutet zunächst, daß sich die Suchenden über die Notwendigkeit dieser Aufgabe klar werden müssen, da sonst keine Energie für die Suche nach den erlösenden schöpferischen Werten vorhanden sein wird.

Rudolf Steiner stellt das Streben nach Selbsterkenntnis in seiner Sprache dar:

> Der Mensch der neueren Zeit trägt die Doppelnatur in sich: strebender Parsifal – und verwundeter Amfortas*. So muß er sich selbst fühlen in seiner Selbsterkenntnis. Daraus quellen dann die Kräfte, die eben aus dieser Zweiheit heraus zur Einheit werden müssen und den Menschen wieder ein Stück weiterbringen sollen in der Weltentwicklung. In unserer Verstandes- und Gemütsseele, in den Tiefen unseres Inneren müssen sich treffen der an Leib und Seele in gewisser Beziehung verwundete moderne Mensch, der Amfortas, und Parsifal, der Pfleger der Bewußtseinsseele.**

* Amfortas und Parsifal sind andere Schreibweisen für Anfortas und Parzival.

** Steiner, R., 4. Vortrag vom 7. 2. 1913, zit. nach von dem Borne, G., S. 237

Strebender Parzival und verwundeter Anfortas verkörpern die Spannung des Menschen. Progressive Kraft und ein schwer faßbarer Widerstand, den der Strebende selbst entfaltet und gegen sich arbeitet, sind die sich gegenüberstehenden Positionen. Der Strebende und Suchende scheint mit allen Fasern seines Wesens begierig nach Erkenntnis und Bewußtseinserweiterung zu verlangen. Und doch stellt sich ihm das Bedürfnis nach Sicherheit entgegen, die er sich in seiner bisherigen Welt geschaffen hat. Auch unbearbeitete Schattenanteile können hier zum Hindernis werden, wenn man sich ihnen gegenüber ablehnend oder gar feindlich verhält. Diese Spannung findet sich in allen Biographien, da sie wohl aus dem besonderen Verhältnis von Geist und Körper (Materie) resultiert.

Dem Zitat Rudolf Steiners entsprechende Lebensgeschichten sind häufig bei katholischen Priestern zu finden, die durch ihr Zölibat in schwere Konflikte geraten. Es ist auf Dauer schwer für sie, die beiden Anteile, den am Erlösungswerk arbeitenden Parzival und den liebeshungrigen Anfortas miteinander in Einklang zu bringen. Durch Beziehungen zu Frauen verletzen sie ihr Gelübde und kommen in Zustände, die dem des verletzten und dahinsiechenden Anfortas sehr ähnlich sind. Doch wie soll dieser Zustand zu lösen sein, wenn die Begegnung mit der Frau (Anima) unausweichlich und für die eigene Entwicklung, besonders der spirituellen, notwendig ist? Da sich solche Beziehungen auch nicht steuern lassen, braucht es zu ihrer Klärung viel psychische Energie.

Schwere Identitäts- und Glaubenskrisen können sich auch bei Menschen ergeben, die durch ihre Ablösung vom Elternhaus ihr altes Gottesbild verloren und noch kein neues gefunden haben. Ein junger Mann formulierte seinen ganzen Schmerz: »Nichts funktioniert mehr! Ich kann nicht mehr beten, weil ich nicht mehr weiß, wie's richtig ist. So wie ich's bei meinen Eltern gelernt habe, funktioniert es nicht mehr!« Auf solche Menschen wartet noch ein langer Weg, bis sie den Mut finden, sich als wirkliche Individuen in dieser Welt zu begreifen, und nicht ständig in ihrer Angst auf die alten überkommenen Lebensmuster ihrer Eltern zurückzugreifen. Für sie gibt es allerdings auch noch viele Lebensmöglichkeiten zu entdecken, die sie sich aus ihren Elternbindungen heraus nicht einmal träumen können.

Unser heutiges Problem unterscheidet sich von dem Parzivals besonders darin, wenn wir von Äußerlichkeiten absehen, daß er den Gott seiner Eltern verliert und diesen später durch Trevrizent – der auch Teil seiner Eltern ist – in der gleichen Form wiederfindet. Seit dieser Zeit haben die Menschen in ihrer Geistesentwicklung damals begonnene, große Veränderungen gemacht. Heute ist vielen Menschen ein Gottesbild zugänglich, das den Eltern- oder Vatergott überwunden hat und in feinere Dimensionen hineinsieht. Viele Menschen besitzen eine spirituelle Weitsicht, die früher nur vereinzelten Mystikern möglich war. Da wir heute durchschnittlich über eine wesentlich größere Abgelöstheit und Trennung zur Welt unserer Eltern verfügen, müssen uns die von ihnen und der Gesellschaft übermittelten Gottesvorstellungen nicht mehr in dieser ausschließlichen Weise in unserem Leben begleiten. Wir können individuelle Vorstellungen entwickeln und diese auch gegenüber unserer Umwelt vertreten. Diese Meinungsvielfalt entspricht einer Erlebnisvielfalt. Dem steht jedoch gegenüber, daß es sicher noch sehr lange dauern wird, bis ein größerer Teil der Menschen ihre Verhaftung an ichhafte, egoistische Haltungen überwinden kann. Ken Wilber weist wichtige Wege:

> Ich behaupte, daß die Tiefenstrukturen aller höheren Ebenen im unbewußten Urgrund vorhanden sind, wo sie darauf warten, sich in jedem Individuum zu entfalten, das danach strebt, genau so wie sie sich hierarchisch bei den einstigen Helden entfaltet haben. [...] In unserer gegenwärtigen historischen Situation bedeutet dies, daß der Mensch seine mental-ichhafte Struktur sterben lassen, sich von ihr differenzieren und sie transzendieren muß.*   * Wilber, K., S. 366

Der einstige Heldenweg, bei dem Jungfrauen aus der Gefangenschaft des Drachens befreit werden mußten, sieht heute immer noch so aus, auch wenn es keine realen Prinzessinnen oder Drachen sind. Im psychischen Sinne verkörpert die Prinzessin Persönlichkeitsanteile, die durch uns selbst oder unsere Erziehung ins Abseits des Unbewußten geraten sind. Erst die mühsame und anstrengende Auseinandersetzung mit den eigenen Eltern oder auch gesellschaftlichen Kräften vermag das verlorene Potential wieder zurück zu bringen. Parzivals Weg besitzt so durchaus eine zeitlose Komponente.

Auf seinem Weg erfährt der Gralsuchende die besondere Wirkung des Grals, da der Gral sich auch als ein Bild der sogenannten transzendenten Funktion verstehen läßt.* Diese ist in der jungschen Psychologie eine seelische Funktion, die vereinigende Symbole erzeugt und die Synthese des Bewußtseins mit dem Unbewußten bewirkt. Dadurch wird die Bewußtwerdung der seelischen Ganzheit, des SELBST, möglich. Wenn Parzival in der ersten Nacht auf der Gralsburg bis zum frühen Morgen von bösen Träumen gequält wird, so korrespondiert dies mit dieser

* Jung, E., S. 162ff

Eigenschaft des Grals. Das Unbewältigte und Unverarbeitete will, angeregt durch die Vision des Grals, Anschluß finden an das bewußte Ich und drängt mit Macht dorthin. Mit dieser symbolbildenden Funktion stellen sich Träume und Phantasien leichter ein und bringen eine lebendige Verbindung zum Unbewußten zurück.

Im Unbewußten schlummert außer den schöpferischen Kräften unser Schatten. Für ihn gibt es in der unsere Kultur mitprägenden hebräischen Mythologie den Sturz der Engel als Vorbild: Voller Stolz war Luzifer in seiner ganzen strahlenden Schönheit in Eden spazieren gegangen, als ihm die Idee kam, sich auf dem Thron zu setzen und so Gott gleichzukommen. Gott, der Luzifers ehrgeizige Bestrebungen beobachtet hatte, warf ihn auf die Erde und von dort in die Hölle. Dabei zerfiel er zu Asche und seitdem irrt sein Geist ruhelos durch die tiefe Finsternis.* Diese Mythe wurde schon mit den Gralslegenden verwoben, indem der Gral aus einem Edelstein aus Luzifers Krone gefertigt worden war. Die heile Welt zerfiel bereits am dritten Schöpfungstage und neben dem lichten Himmel Gottes gab es von nun an einen von ihm abgespaltenen, ruhelosen, dunklen Luzifer. Der Schatten Gottes hat sich demnach schon früh konstelliert. Seither gilt die Sehnsucht des Menschen dieser verlorenen Einheit, und es scheint, als gäbe sich der Mensch selbst Schuld daran, wenn Martin Buber schreibt: »Nur wenn du ungeteilt bist [d.h. wenn du die innere Zweiheit durch die Entscheidung überwunden hast], hast du teil an Jahwe deinem Gott.«* Es ist gewiß ein Aufschrei, der sich durch alle Mythen dieser Welt zieht, zu diesem verlorenen Paradies zurückzufinden und die eigene Einheit, Ganzheit zu gewinnen. Das bedeutet, sich dem Problem des Schattens zu stellen und sich nicht durch moralische Werte in die Enge drängen zu lassen. Ohne dieses Bemühen um den Schatten ist eine Annäherung an die Ganzheit nicht möglich. Wenn jedoch das Selbst einmal spürbar zu wirken begonnen hat, kann sich der Mensch »in seiner einmaligen, unvergleich- und unwiederholbaren Möglichkeit der Inkarnierung kosmischer Energie«, wie es Hans Schmid genannt hat, erkennen.

* Ranke-Graves, R., S. 70

* Buber, M., Vom Geist des Judentums, Leipzig 1916, zit. nach Schwarzenau, P., Das göttliche Kind, S. 167

213

Der Mensch muß seinen Schatten bewußt annehmen, ihn erleiden und Erfahrungen mit ihm machen. Es ist das Unbewußte selbst, das ihm die Stufen der Erhellung mitteilt. [...] Der helle Mensch, der höhere Mensch, der ein Mensch des Bewußtseins und des ethischen Willens ist, wird dann »durchgrünt«, wird lebendig gemacht und erweitert durch die Naturkräfte des Unbewußten und darin zugleich zur unverwechselbaren Individualität, zum Selbst.*

* Schwarzenau, P., Das Kreuz, S. 201

Dieses »Durchgrünen« zeigt sich in wunderbarer Klarheit bei der Heilung des Anfortas: »Sein Anlitz erstrahlte wieder in dem Glanz, den der Franzose ›flori‹ – das heißt blühend – nennt.«*

* P., XVI; 796, 5

Da auch das die Burg umgebende Land wieder ergrünt, scheint in der Legende die Integration des Schattens gelungen zu sein.

Tafel 10: Heiratsquaternio

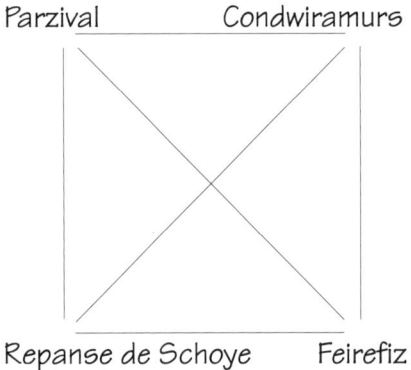

Parzival — Condwiramurs
Repanse de Schoye — Feirefiz

Wolfram von Eschenbach löst seine Version der Gralslegende mit einer für die damalige Zeit ganz ungewöhnlichen Variante auf, wenn er auf der Gralsburg Parzival mit Condwiramurs und Feirefiz mit der Gralsträgerin, Repanse de Schoye, zusammenführt. Im Gegensatz zu den meisten Dichtern, die mit einer übermäßigen Vergeistigung der Ereignisse um den Gral dem Schatten eine Absage erteilt hatten, gipfelt Parzivals Weg in einem Bild der psychologischen Harmonie. Jung nannte dieses wichtige Motiv der Individuation »Heiratsquaternio«. Es setzt

214

sich aus spannungsvollen Gegensatzpaaren zusammen, die sich mehrfach kombinieren oder gegenüber stellen lassen:

1. das Paar aus dem Gralsgeschlecht: Parzival und Repanse
2. das Paar außerhalb des Gralsgeschlechts: Feirefiz und Condwiramurs
3. die Heiratspaare: Parzival – Condwiramurs, Feirefiz – Repanse
4. die gegensätzlichen Menschen: Parzival – Feirefiz, Condwiramurs – Repanse

Diese Vierheit bedeutet zuallererst Ganzheit, was noch deutlicher wird, wenn man sich die hinter den hier zusammengefügten Personen vergegenwärtigt: Parzival und Feirefiz verkörpern völlig unterschiedliche Kulturen. Trotzdem vereinigen sie sich hier in familiar-verwandtschaftlicher Weise. Ihre Gegensätze werden damit nicht aufgehoben, sondern vereinigt. Hier werden symbolisch Ansätze für eine kulturelle Assimilierung dargestellt, die selbst für uns heute nur zum Teil nachvollzogen werden können. Der Gegensatz zwischen Condwiramurs und Repanse erscheint weniger krass und weist mehr auf kulturinterne, unterschiedliche Sozialisationsmuster hin: Condwiramurs scheint primär als Gattin und Mutter disponiert, Repanse bleibt länger im Banne der Gralsfamilie und des Vaters und benötigt den andersartigen Orientalen, der sie dort herausführt.

Die Vierheit ist ein Symbol mit besonders weiter Verbreitung und ist oft der Ausdruck oder die Darstellung der Bewußtwerdung des psychologischen Prozesses. Sie beinhaltet die allmähliche Unterscheidung des Individuums von der Kollektivpsyche und das Bestreben, die Entwicklung zur individuellen Persönlichkeit voranzutreiben. Jung schreibt, daß zwar die Individualität a priori gegeben sei, aber nur unbewußt als Anlage existiere, deren Verwirklichung nicht so eo ipso zustande kommt, da sie unweigerlich eine Auseinandersetzung mit der Umwelt mit sich bringt, der sich das Individuum oft nicht gewachsen fühlt. Mit seiner kämpferischen Kraft gelingt es Parzival, sich mit seiner Umwelt auseinanderzusetzen und in seinem Entwicklungsprozeß Fortschritte zu machen. Die *tumbheit* hält dabei nur wenige Monate an, um aber dann von einer grausamen, langen Zeit des *zwîvels* abgelöst zu werden. Jahre wird es dauern, bis er den Zustand der *sælde* und das ersehnte Glück erreicht.

Richard Wagner hat in seinem Bühnenweihfestspiel »Parsifal« eine eigene Version der Gralslegende gedichtet und komponiert. Bei ihm besitzt die erlösende Frage keine Bedeutung: Der von einem Speer verwundete Amfortas wird von Parsifal auch mit einem Speer geheilt. Kundry wird ebenfalls abweichend dargestellt: Sie steht zunächst ganz im Banne des Zauberers Klingsor, der von ihr verlangt, Parsifal zu verführen und von seiner Berufung abzuhalten. Nachdem ihr dies nicht gelingt, verflucht sie Parsifal. Später findet sie doch noch zum Gral, ganz von dem Wunsch durchdrungen, ihm zu dienen.

Immer, wenn der Gral wieder in den Handlungsmittelpunkt rückt, erklingt ein eindrucksvolles musikalisches Thema, das in Quartschritten C-G, A-E von Harfe und Bässen zusammen intoniert wird. Diese einfache und klare Motiv bildet in der Tiefe den Kristallisationspunkt und läßt die Heiligkeit des Grals erleben. Wagner schließt seinen »Parsifal« entsprechend seiner persönlichen Intention ganz anders ab: Im Zentrum der Szene ruft Parzival: »Enthüllet den Gral, öffnet den Schrein!« und verweilt kniend im Gebet vor dem Gral umgeben von den Gralsrittern. Während vom Chor leise die Worte kommen: »Höchsten Heiles Wunder! Erlösung dem Erlöser!« schwebt über Parzival, der den Gral in den Händen hält, eine weiße Taube nieder und Kundry sinkt entseelt vor Parzival zu Boden.

In diesem märchenhaft-symphonischen Schlußbild ist Wagner eine sehr symbolkräftige Aussage gelungen, die in anderer Weise als Wolframs Heiratsquaternio einen psychologische Höhepunkt bedeutet: Im aufrecht stehenden Parsifal vereinen sich in diesem Augenblick die göttliche Kraft des Hl. Geistes, den die weiße Taube symbolisiert, und die aufwärts zu Gott strebende Seele der sterbenden Kundry. Es ist ein Bild der Harmonie, die

Tafel 11: Hexagramm, Durchdringung und Vereinigung der abwärts und aufwärts gerichteten Energien

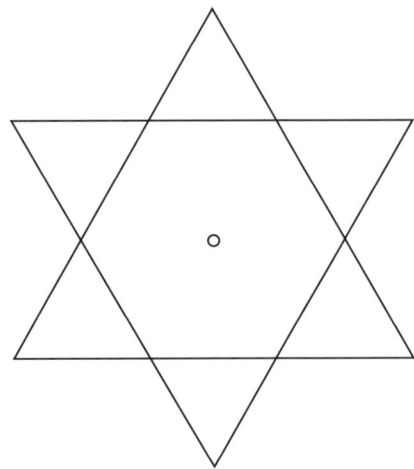

ganz im Zeichen der weiblichen Energien steht, die durch die weiße Taube, seit dem Altertum das Symboltier und Botin der Göttin, und Kundry verkörpert sind. Im Hexagramm, das auch David- oder Venusstern genannt wird, begegnen sich die Energien des Feuers und des Wassers. In ihm durchdringen sich wechselseitig die Gegensätze, wobei jedes das Abbild des anderen ist. So vereinigen sie sich und bilden ein vollkommenes Gleichgewicht der komplementären Kräfte, und der Mensch schaut in sein eigenes Wesen. Irdische und himmlische Natur werden zur Ganzheit und erheben den Menschen zum kosmischen Wesen. Diese Energien, Geist und Seele, geistige Macht und körperliche Existenz, bringt Parsifal zum Einklang.

Auf einem weiten, langen und anstrengendem Weg aus der Unbewußtheit heraus konnte er das Potential seiner dunklen Seele, seines Schattens finden und integrieren. Darüber hinaus war er sensibel genug, sich dem Göttlichen in sich zu öffnen und es zur Entfaltung bringen. Wenn er nun den Gral in seinen Händen hält und im Rund der Gralsritter steht, repräsentiert er den neuen König, symbolisch die höchste Stufe der menschlichen Entwicklung in der zeitlichen Welt. Sein Reich ist nunmehr innen und außen.

Im Schlußbild des »Parsifal« von Richard Wagner entsteht, wenn man über gewisse sentimental anmutende Akzente hinwegsieht, in szenischer Gestaltung und Musik ein Fenster zum Göttlichen, durch das Parsifal nicht nur hindurchsehen, sondern hindurchtreten kann. Szenisch gestaltet in der oben ausgeführten hexagrammartigen Personenfigur Taube-Parsifal-Kundry, vereint Parsifal die Kräfte und Energien der beiden anderen. Musikalisch endet Wagner mit einem leisen Des-Dur-Akkord in der zweiten Umkehrung. Es ist nicht das schlichte C-Dur und nicht das festliche D-Dur, sondern das geheimnisvolle Des-Dur, das zu einem Zwischenreich hinüberführt. Durch die Vereinigung der verschiedenartigen und gegensätzlichen Persönlichkeitsanteile ist ein Zustand entstanden, in dem das Göttliche in der Banalität des Alltäglichen wahrgenommen werden kann.

Parsifal ist es auf seiner Suche nach dem Gral gelungen, in sich einen Zustand der Harmonie zu erreichen, der mit der Verwirklichung des Selbst einhergeht. Er hat Gott gefunden, ähnlich dem Mystiker Angelus Silesius, der sein mystisches Erleben im »Cherubinischen Wandersmann« in einem Vers zum Ausdruck bringt*:

> Halt an, mein Christ, wo läufst du hin?
> Der Himmel ist in dir:
> Suchst du Gott anderswo,
> Du fehlst Ihn für und für.

Parzival hat nicht vergeblich gesucht. Durch Introspektion und Selbstreflexion hat er zu einer seelischen Verfassung gefunden, in der die Formel Mensch-Welt-Gott aufgeht.

* * *

* Der »Cherubinische Wandersmann« ist eine mystische Dichtung, die 1674 entstand und das mystische Erlebnis des Einsseins mit Gott zum Inhalt hat.

Die nachfolgende Darstellung der Verwandtschaftsverhältnisse orientiert sich an der Museumsschrift des Wolfram von Eschenbach-Museums in Wolframseschenbach und den »Mythogischen Stammtafeln« in Obleser, Horst: »Gedanken zur tiefenpsychologischen Bedeutung des Gralsmythos«, Nachwort in Kübler, Roland: Die Sagen um Merlin, Artus und die Ritter der Tafelrunde, Waiblingen 1988

Tafel 12: Verwandtschaftsverhältnisse im »Parzival« von Wolfram von Eschenbach

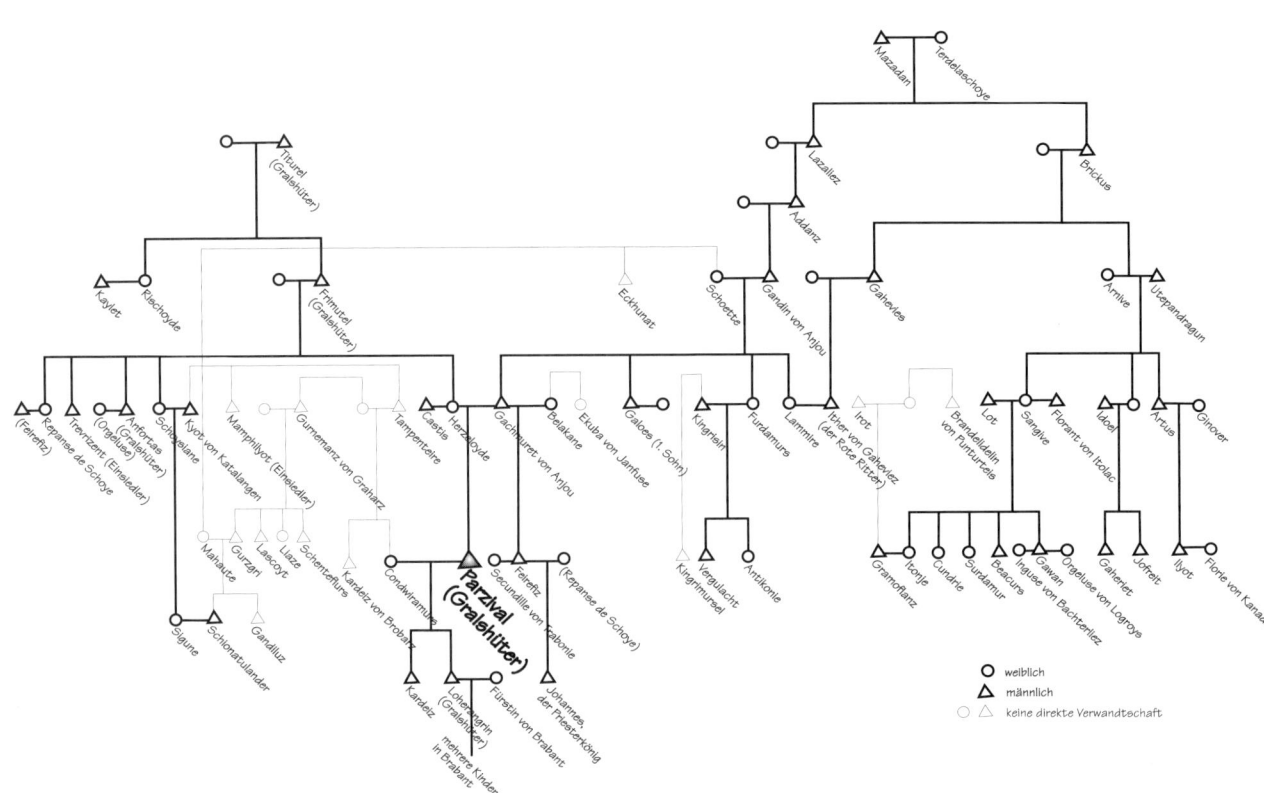

Glossar

	Taube vom Himmel und trägt eine Hostie zu ihm. Daraus bezieht er seine Kraft.
Gramoflanz	Hüter des Lorbeerbaumes, vermählt sich mit Itonje, der Schwester Gawans; er war von Orgeluse verschmäht worden
Gurnemanz von Graharz	Lehrmeister Parzivals in den ritterlichen Künsten und höfischen Gepflogenheiten
Gurzgri	Sohn von Gurnemanz, Gatte von Mahaute, Vater des Schionatulander
Herzeloyde	Mutter Parzivals, Königin von Valois und Norgal
Ilynot	Sohn von König Artus und Ginover
Inguse von Bachterliez	erste Geliebte Gawans, sie rettet ihm das Leben
Ither von Gaheviez	»der Rote Ritter«, König von Kukumerland, Gatte von Lammire, der Schwester von Gachmuret, war Gachmurets Schildknappe, wird von Parzival getötet
Itonje	Schwester Gawans, wird mit Gramoflanz verbunden
Jeschute	Gattin von Herzog Orilus von Lalant, Bruder von Erec, ihr Vater ist König Lac von Karnant
Johannes	der Priesterkönig , Sohn von Feirefiz und Repanse de Schoye, lebt in Indien
Josef von Arimathia	römischer Decurion; der Legende nach nahm er den Leib Christi vom Kreuz und nahm die Schale des Abendmahls in Verwahrung
Kardeiz	Sohn Parzivals, Bruder Loherangrins, wird König,
Kardeiz von Brobarz	Bruder von Condwiramurs
Keye	Seneschall von Artus
Kingrimursel	Landgraf, geniest hohes Ansehen wegen seiner Weisheit
Kingrun	Seneschall Clamides
Kundry	Gestalt in Wagner Bühnenweihfestspiel »Parsifal«, die Parsifal im Banne des Zauberers Klingsor verführen soll, später jedoch zum Gral findet
Lähelin	Herzog von Brabant, Bruder von Orilus und Cunneware, raubt Herzeloydes Ländereien
Lancilot	Ritter der Tafelrunde des König Artus
Lascoyt	Sohn von Gurnemanz
Lazaliez	Sohn des Mazadan, Bruder des Brickus, → Verbinder der Seligen
Liaze	Tochter von Gurnemanz, Parzivals erste Liebe
Loherangrin	Sohn Parzivals, später Gralshüter, wird vom Gral nach Brabant geschickt, heiratet die dortige Fürstin, muß sie jedoch verlassen, als sie ihn nach seiner Identität und dem Woher fragt
Malcreatüre	mißgestalteter Bruder der Cundry, ursprünglich von Secundille zusammen mit Cundry wegen dem Gral zu Anfortas geschickt (X. Buch, 517)
Merlin	weiser Magier, der im Umkreis von König Artus tätig ist
Munsalwäsche	Name der Gralsburg
Obie	Schwester der Obilot, Liebesstreit mit König Meljanz
Obilot	kleine Schwester der Obil, hilft Gawan
Orgeluse von Logroys	Herzogin, Geliebte von Anfortas; wird später mit Gawan vermählt, → die Stolze

Orilus von Lalant	Herzog, Gatte von Jeschute, die Parzival küßt und ihr den Ring raubt
Parzival	Sohn von Herzeloyde und Gachmuret, späterer Gralskönig und Gatte von Condwiramurs, → mitten hin durch, dring' durchs Tal
Pelrapeire	Stadt Condwiramurs
Repanse de Schoye	Trägerin des Grals, Schwester von Herzeloyde, Anfortas und Trevrizent, → Spenderin der Freude, wird Gattin von Feirefiz
Rischoyde	Kayets Gattin, Base Herzeloydes
Robert de Boron	anglonormannischer Ritter (Ende des 12. Jh.), Verfasser des »Joseph von Arimatia«, »Merlin« und Perlesvaux«
Sangive	Mutter Gawans, Schwester von Artus
Schanpfanzun	Stadt Kringrimursels, Ort des Gerichtszweikampfes
Schastel marveile	Zauberschloß, in dem 400 Jungfrauen gefangen sind, wird von Gawan erlöst
Schenteflurs	Sohn von Gurnemanz, wird von Clamide getötet
Schionatulander	enthaupteter Ritter, Geliebter der Sigune, Sohn von Mahaute und Gurzgri, Knappe des Gachmuret
Schoysiane	vermählt mit dem Herzog Kyot von Katalangen, Schwester von Herzeloyde, Anfortas und Trevrizent, starb bei der Geburt ihrer Tochter Sigune
Secundille	1. Gattin des Feirefiz in Indien, sie machte ihn zum Herrscher über Tribalibot (= Indien)
Segramurs	König, Verwandter von Ginover
Sigune	Base von Herzeloyde, Geliebte des Schionatulanders, später Einsiedlerin, wöchentlich bringt ihr Cundry Nahrung vom Gral
Soltane	Einöde, Wohnsitz von Herzeloyde
Surdamurs	Schwester Gawans, liebt den Griechen Alexander
Tampenteire	König, Vater von Condwiramurs, seine Gattin ist die Schwester von Gurnemanz
Terdelaschoye	Stammutter der Anjou- und Artusgeschlechter, Gattin des Mazadan, → »Land der Freude«
Titurel	1. Gralshüter und -könig, Vater von Frimutel, Urgroßvater Parzivals, kann nicht sterben, solange er regelmäßig den Gral zu Gesicht bekommt
Trebuchet	Schmied des Gralsschwertes, → der Hinkende (trébucher = straucheln, hinken)
Trevrizent	Einsiedler, Onkel Parzivals, Bruder von Anfortas und Herzeloyde, → Baumheiliger
Utepandragun	(auch: Uther-Pendragon) Bruder des Addanz, Sohn des Brikkus
Vergulacht	König von Ascalun, Bruder der Antikonie, Sohn von Herzeloydes Schwester Flurdamurs
Wolfram von Eschenbach	mittelhochdeutscher Dichter (vielleicht *um 1170, gest. etwa 1220), hat sehr wahrscheinlich das Parzival-Epos zwischen 1200 und 1210 geschrieben

Tabelle 6: Auswahl einiger Präfigurationen

Symbol	1. Stufe	2. Stufe	3. Stufe
Anima	Mutter	Condwiramurs	Gralsträgerin
Gral	goldener Becher bei Artus	goldener Becher auf Gralsburg	Gralskelch
Gralsburg	Artusburg	1. Gralsburg	2. Gralsburg
Kleidung	welsches Kleid	Rote Rüstung	Gralsmantel
König	Gachmuret	Artus	Gralskönig
Lanze	Ithers Lanze	bemalte Lanze (bei Trevrizent)	Gralslanze
Pferd	Klepper	Ithers Pferd	Gralspferd
Ritter	Roter Ritter	Artusritter	Gralsritter
Tisch	runde Artustafel	Gralstisch aus Granathyazint	Abendmahltisch
Vater	Gachmuret	Gurnemanz	Trevrizent

Stichwortverzeichnis

Verzeichnis der Tafeln und Tabellen

Bildnachweis

Literatur

Beit von, Hedwig: Symbolik des Märchens, Bd. I und II, Bern 1971

Birkhan, Helmut [Hrsg]: Keltische Erzählungen vom Kaiser Arthur, Bd. I und II, Kettwig 1989

Borne von dem, Gerhard: Der Gral in Europa, Stuttgart 1976

Boron de, Robert: Die Geschichte des Heiligen Gral, übersetzt von Konrad Sandkühler, Stuttgart 1979

Boron de, Robert: Merlin, der Künder des Grals, Übersetzung von Konrad Sandkühler, Stuttgart 1980

Brotherody, Sylvia u. Brotherody Paul F.: Lexikon der keltischen Mythologie, München 1992

Bumke, Joachim: Höfische Kultur, Literatur und Gesellschaft im hohen Mittelalter, München 1994

Campbell, Joseph: Der Heros in tausend Gestalten, Frankfurt 1953 und 1989

Campbell, Joseph: Mythologie des Westens, Die Masken Gottes, Basel 1992

Chrestien de Troyes: Gauwain sucht den Gral, übersetzt von Konrad Sandkühler, Stuttgart 1986

Chrestien de Troyes: Irrfahrten und Prüfungen des Ritters Perceval, übersetzt von Konrad Sandkühler, Stuttgart 1977

Chrestien de Troyes: Perceval der Gralskönig, übersetzt von Konrad Sandkühler, Stuttgart 1983

Chrestien de Troyes: Perceval oder die Geschichte vom Gral, übersetzt von Konrad Sandkühler, Stuttgart 1983

Clarus, Ingeborg: Keltische Mythen, Olten 1991

Clarus, Ingeborg: Vom männlichen und weiblichen Seelenbild des Menschen in Analytische Psychologie, Vol. 19, Nr. 2, 1988

Cooper J.C.: Illustriertes Lexikon der traditionellen Symbole, Leipzig 1986

Copony, Heita: Parzival und die Suche nach dem Gral, Grafing 1994

Daniel, Rosemarie: Archetypische Signaturen, Waiblingen 1993

Duden, Konrad: Etymologisches Wörterbuch, Mannheim 1963

Eschenbach, Wolfram von: Parzival, übersetzt von Wolfgang Spiewok, Reclam, Stuttgart 1981

Eschenbach, Wolfram von: Parzival, übertragen von Hertz, Wilhelm, Stuttgart, 1912

Every, George: Das Christentum und seine Legenden, Klagenfurt 1970

Evola, Julius: Das Mysterium des Grals, München 1954

Franz von, Marie-Louise: Psychologische Märcheninterpretation, München 1986

Gebrüder Grimm: Kinder- und Hausmärchen, Bd. I und II

Gebrüder Grimm: Kinder- und Hausmärchen, Originalanmerkungen, Bd. III, Stuttgart 1983

Göttner-Abendrot, Heide: Die Göttin und ihr Heros, München 1980

Hand, Robert: Das Buch der Transite, München 1984

Herrmann, Bernd [Hrsg.]: Mensch und Umwelt im Mittelalter, Wiesbaden 1996

Hesse, Hermann: Mit Hermann Hesse durch das Jahr, Frankfurt a.M. 1976

Jacobi, Jolande: Die Psychologie von C.G. Jung, Zürich 1940 u. 1989

Jung, C.G.: Aion, GSW Bd. VIII, Zürich 1951

Jung, C.G.: Die Ehe als psychologische Beziehung, 1925 in GSW Bd. XVII, 1970, Über die Entwicklung der Persönlichkeit

Jung, C.G.: Die Psychologie der Übertragung 1946, in GSW XVI, 2. Aufl. 1976, Praxis der Psychotherapie

Jung, C.G.: Erinnerungen, Träume, Gedanken, [Hrsg. Aniela Jaffé], Olten 1982

Jung, C.G.: Psychologie und Alchemie, GSW Bd. XII, Olten 1987

Jung, C.G.: Psychologische Typen, GSW Bd. VI, Olten 1980

Jung, C.G.: Symbole der Wandlungen, Olten 1935

Jung, C.G.: Theoretische Überlegungen zum Wesen des Psychischen 1946 in GSW Bd. VIII, Olten 1967, Die Dynamik des Unbewußten

Jung, C.G.: Unveröffentlichter Seminarbericht, Vol. 1, 1925

Jung, Emma u. von Franz, Marie-Louise: Die Graalslegende, Olten 1980

Jung/Kerényi: Das Göttliche Kind, Zürich 1951

Karlinger, Felix: Der Graal im Spiegel romanischer Volkserzählungen, Wien 1996

Kircher, Bertram [Hrsg.]: Das Buch vom Gral, Mythen, Legenden und Dichtungen um das größte Geheimnis des mittelalterlichen Abendlandes, München 1989

Kühn, Dieter: Der Parzival des Wolfram von Eschenbach, Frankfurt a.M. 1986

Kuprian, Nicole: Zum literarischen Motiv des Fährmannes, Ein Symbol der Wandlung? in: Märchenspiegel, Februar 1997, 8. Jahrgang

Lampo, Hubert u. Koster, Pieter Paul: Artus und der Gral, München 1985

Leyen von der, Friedrich: Nachwort, in: Parzival, übertragen von Wilhelm Herzt, Stuttgart 1912

Leyen von der, Friedrich: Deutsches Mittelalter, Frankfurt a.M. 1980, daraus: Wolfram von Eschenbach: Parzival; Titurel

Liesche, Werner: Weg-Figur in der Entwicklung Parzivals – Symmetrie und Rhythmus im Epos des Wolfram von Eschenbach, in: »die drei«, Zeitschrift für Wissenschaft, Kunst und soziales Leben, Stuttgart 1986, 56. Jahrgang, 12. Heft, Dez.

Lievegoed, Bernhard: Lebenskrisen – Lebenschancen, München 1985

Malory Sir, Thomas: Die Geschichten von König Artus und den Rittern der Tafelrunde, Bd. I – III, übertragen von Helmut Findeisen, Leipzig 1977

Matthews, John: Der Gralsweg, 1989, Niall of the Nine Hostages

Meyer, Rudolf: Zum Raum wird hier die Zeit, Stuttgart 1980

Mohr, Gerd Heinz: Lexikon der Symbole, Düsseldorf 1972

Neumann, Erich: Die Große Mutter, Zürich 1956

Neumann, Erich: Ursprungsgeschichte des Bewußtseins, München 1968

Ninck, Martin: Wodan, Jena 1935

Obleser, Horst: Gedanken zur tiefenpsychologischen Bedeutung des Gralsmythos; Nachwort in Kübler, R.: Die Sagen um Merlin, Artus und die Ritter der Tafelrunde, Waiblingen 1988

Peronnik, Ein bretonisches Märchen aus der Sammlung Souvestre, Stuttgart 1984

Ranke-Graves von, Robert u. Patai, Raphael: Hebräische Mythologie, Reinbek bei Hamburg 1986

Rath, Wilhelm: Das Buch vom Gral, (E. Hucher: Le Grand Saint Graal, Le Mans 1875, aus dem Altfranzösischen übersetzt und kommentiert von Rath, Wilhelm), Stuttgart 1980

Ravenscroft, Trevor: Der Kelch des Schicksals, Die Suche nach dem Gral, Basel 1992

Ravenscroft, Trevor: Der Speer des Schicksals, Die Geschichte der heiligen Lanze, München 1988

Rhyn am, Otto Henne: Geschichte der Kreuzzüge, Leipzig 1884

Rhyn am, Otto Henne: Geschichte des Rittertums, Reprint

Sakoian, Frances u. Acker, S. Louis: Das große Lehrbuch der Astrologie, München 1973

Samuels, Andrew, Shorter, Bani u. Plaut, Fred: Wörterbuch Jungscher Psychologie, München 1991

Schmid, Hans: Jeden gibt's nur einmal, Stuttgart 1981

Schult, Arthur: Die Weltsendung des Heiligen Grals im Parzival des Wolfram von Eschenbach, Bietigheim 1975

Schwarzenau, Paul: Das göttliche Kind, Stuttgart 1984

Schwarzenau, Paul: Das Kreuz, Stuttgart 1990

Schwarz-Winklhofer, I. u. Biedermann, H.: Das Buch der Zeichen und Symbole, Graz 1972

Stein, Walter Johannes: Weltgeschichte im Lichte des heiligen Grals – Das neunte Jahrhundert, Stuttgart 1986

Suabó, Zoltán: Astrologie der Wandlung, München 1985

Wagner, Richard: Parsifal, herausgegeben von Michael von Soden, Frankfurt a.M. 1983

Waldenfels, Hans [Hrsg.]: Lexikon der Religionen, Freiburg 1987

Weiss, Dieter J.: Die Geschichte der Deutschordens-Ballei Franken im Mittelalter, Neustadt a. d. Aisch 1991

Wilber, Ken: Halbzeit der Evolution, München 1984

Williams, Strephon K.: Durch Traumarbeit zum Selbst, Interlaken 1984

Zimmer, Heinrich: Mythen, Märchen und Abenteuer, Düsseldorf 1977